Machine Learning for Business

비즈니스 머신러닝

아마존 세이지메이커와 주피터를 활용한
빠르고 효과적인 머신러닝 활용법

비즈니스 머신러닝

아마존 세이지메이커와 주피터를 활용한 빠르고 효과적인 머신러닝 활용법

초판 1쇄 발행 2020년 12월 23일

지은이 더그 허전, 리처드 니콜 / **옮긴이** 김정민, 문선홍, 정용우 / **펴낸이** 김태헌
펴낸곳 한빛미디어(주) / **주소** 서울시 서대문구 연희로2길 62 한빛미디어(주) IT출판부
전화 02-325-5544 / **팩스** 02-336-7124
등록 1999년 6월 24일 제25100-2017-000058호 / **ISBN** 979-11-6224-365-7 93000

총괄 전정아 / **책임편집** 이상복 / **기획** 김지은 / **교정 · 전산편집** 김철수
디자인 표지 이아란 내지 박정화
영업 김형진, 김진불, 조유미 / **마케팅** 박상용, 송경석, 조수현, 이행은, 고광일 / **제작** 박성우, 김정우

이 책에 대한 의견이나 오탈자 및 잘못된 내용에 대한 수정 정보는 한빛미디어(주)의 홈페이지나 아래 이메일로
알려주십시오. 잘못된 책은 구입하신 서점에서 교환해드립니다. 책값은 뒤표지에 표시되어 있습니다.

한빛미디어 홈페이지 www.hanbit.co.kr / 이메일 ask@hanbit.co.kr

지금 하지 않으면 할 수 없는 일이 있습니다.
책으로 펴내고 싶은 아이디어나 원고를 메일(writer@hanbit.co.kr)로 보내주세요.
한빛미디어(주)는 여러분의 소중한 경험과 지식을 기다리고 있습니다.

Machine Learning for Business

비즈니스 머신러닝

아마존 세이지메이커와 주피터를 활용한
빠르고 효과적인 머신러닝 활용법

더그 허전, 리처드 니콜 지음
김정민, 문선홍, 정용우 옮김

MANNING   한빛미디어
Hanbit Media, Inc.

책 표지에 대하여

표지 그림 제목은 '모든 민족의 일상복Costumes civils actuels de tous les peuples connus'입니다. 이 그림은 1797년 프랑스에서 출간한 자크 그라셋 드 소뵈르Jacques Grasset de Saint-Sauveur(1757-1810)가 여러 나라에서 수집한 드레스 컬렉션에서 하나 가져온 것입니다. 컬렉션의 각 삽화는 아주 정교하게 그려졌으며 손으로 일일이 채색했습니다.

그라셋 드 생 소뵈르의 풍부한 컬렉션은 불과 200년 전까지도 세계 각 지역 및 마을의 문화가 얼마나 차이가 있었는지 생생하게 보여줍니다. 서로 고립된 지역의 사람들은 서로 다른 방언과 언어를 사용했습니다. 과거에는 도시에서든 시골에서든 복장만 보고도 어디 사는 사람인지, 어떤 일을 하는지, 신분이 무엇인지 알아차리기가 쉬웠습니다.

그 후 옷을 입는 방식은 달라졌고 풍부하던 지역적 다양성이 사라졌습니다. 오늘날엔 의상만으로는 다른 마을, 지역, 국가는커녕 다른 대륙의 사람들조차 구별하기 어려워졌습니다. 아마도 문화적 다양성 대신 다양해진 개인 생활과 빠르게 변하는 기술을 누리는 생활을 선택했기 때문이라 생각합니다.

요즘 컴퓨터 책들 사이에는 차이점이 별로 없습니다. 매닝 출판사는 컴퓨터 비즈니스의 독창성과 자주성을 기념하기 위해 두 세기 전 풍부한 지역 다양성을 보여주는 그라셋 드 생 소뵈르의 그림을 책 표지로 선정했습니다.

지은이 · 옮긴이 소개

지은이 **더그 허전** Doug Hudgeon

시드니에 본사를 둔 비즈니스 자동화 및 통합 기업 Managed Functions의 CEO다. 파이썬이나 주피터 노트북으로 비즈니스 프로세스를 자동화하는 통합 머신러닝 플랫폼을 구축했다. IT 및 비즈니스 프로세스 아웃소싱 산업에서 20년간 근무했으며 여전히 배움에 대한 적극적인 태도를 지니고 있다.

지은이 **리처드 니콜** Richard Nichol

Faethm의 수석 데이터 과학자다. 더그와 함께 조달 소프트웨어 회사에서 근무했었다. 호주 시드니 대학교에서 데이터 사이언스 석사 학위를 받았다.

옮긴이 **김정민** jeongmin@gmail.com

GS ITM 기술전략팀 부장. 새로운 기술을 많은 사람에게 공유하고 전파하기 위해 관련 서적을 번역하는 데 관심이 많은 데이터 분석 엔지니어다. 분산처리 기술을 활용하여 음악과 영상 서비스의 스트리밍 솔루션 개발자로 출발해 20년 동안 대기업과 벤처기업에서 다양한 서비스를 개발했다.

옮긴이 **문선홍** orpheous09@gmail.com

GS ITM 기술전략팀 부장. GS ITM 기술전략팀에서 클라우드 환경에서 AI 플랫폼을 개발하고 있다. 중견 기업부터 엔터프라이즈 기업까지 25년간 다수의 IT 서비스 프로젝트 수행 및 솔루션을 개발했다. 또한 빅데이터 기반 텍스트와 AI 분석을 진행했었다.

옮긴이 **정용우** sigmoidx@gmail.com

GS ITM 기술전략팀 부장. AWS상에서 세이지메이커의 기능 및 데이터 분석 알고리즘을 개발하고 있다. 머신러닝 및 딥러닝을 사용하여 다양한 빅데이터를 사용한 프로젝트에 참여한 경험이 있다. 뉴욕 주립 대학교 버펄로에서 전자공학과 인공지능 박사과정을 졸업했다.

아마존 세이지메이커를 전문으로 다루는 책은 해외에서도 손에 꼽을 만큼 적어서 진입 장벽이 높습니다. 국내에서 양질의 세이지메이커 입문서가 출간된다는 소식을 듣고 매우 기뻤습니다. 이 책은 세이지메이커의 주요 콘셉트, 정형 데이터, 자연어 처리, 이상치 검출, 시계열 데이터, 모델 배포 모두를 포함하므로 AWS 클라우드상에서 머신러닝을 시도하려는 데이터 과학자나 개발자에게 강력히 추천합니다.

_ **김대근, AWS 코리아**

영화 〈인셉션〉에서는 '꿈 설계사'라는 기술자가 등장해 단 한 명이 꿈 안에서 거대한 도시를 설계하고 또 그것을 구현해냅니다. 사람의 생각만으로 이루어지는 꿈이라는 공간이어서 설득력 있게 다가오지만 클라우드 컴퓨팅은 현실 세계에서 이것을 가능하게 해줍니다. 클라우드 컴퓨팅이 가져온 것은 가상화를 통한 IT 인프라 구성에 대한 자유뿐만이 아닙니다. 최신 기술의 대중화라는 측면에서도 누구나 클라우드 컴퓨팅 회사의 기술 지원을 통해 머신러닝 같은 최신 기술을 손쉽게 사용할 수 있게 되었습니다. 이 책에서 소개하는 세이지메이커는 클라우드 1위 업체인 아마존 웹서비스에서 머신러닝에 관련된 모든 작업을 쉽게 사용할 수 있도록 만든 머신러닝계의 스위스 아미 나이프라 부를 수 있는 서비스입니다. 이 책은 비즈니스적인 문제를 해결하기 위해서 이 세이지메이커로 머신러닝을 어떻게 구현해야 하는지를 실무자의 관점으로 친절하게 설명합니다. 이 책을 통해 여러분도 세이지메이커로 〈인셉션〉의 꿈 설계사처럼 거대한 머신러닝 서비스를 자유자재로 구현하는 자유를 누리길 바랍니다.

_ **정도현, AWS 코리아**

옮긴이의 말

오랜 시간 IT 엔지니어로서 일해온 지금, 머릿속에 들어오는 것보다 빠져나가는 것이 많은 나이가 다가오는 것을 느낄 때면 두렵곤 합니다. 하지만 여전히 새로운 기술과 아이디어를 접할 때면 두근거리고 즐거운 마음이 더 크다는 것에 엔지니어로서 큰 행복을 느낍니다.

처음 하는 번역 작업이기 때문에 좋은 책을 만들려고 노력했지만 부족함을 많이 느꼈습니다. 이 책에서 저자 더그 허전과 리처드 니콜은 머신러닝 기술이 왜 필요한지, 왜 지금 머신러닝을 시작해야 하는지에 대해 독자를 간절히 설득합니다. 기술 서적임에도 글이 많다고 느낄 수 있지만, 초보자도 이 책으로 머신러닝을 어렵지 않게 시작할 수 있으리라 생각합니다. 머신러닝을 프로덕션에 구현하기 위해 무엇이 필요한지, 어떻게 진행해야 하는지에 대한 친절한 안내와 독자 스스로 무엇을 준비해야 하는지에 대한 방향을 제시해줍니다.

이 책은 회사의 의사결정권자에게는 머신러닝 서비스에 대한 이해와 도입 검토를 위한 좋은 안내서가 될 것입니다. 만약 머신러닝에 대한 이해가 없는 엔지니어라면 머신러닝 입문서로서 적합하며, 머신러닝에 익숙한 분석가에게는 아마존 세이지메이커를 통해 머신러닝 모델을 어떻게 개발하고 어떻게 배포하면 되는지에 대한 좋은 자습서가 되리라 생각합니다.

좋은 책을 번역할 기회를 주신 한빛미디어 출판사와 AWS의 정도현 님, 김대근 님, 그리고 책이 나오기까지 꼼꼼하게 잘 챙겨주신 김지은 님께 감사의 말을 드립니다.

지은이의 말

이 책은 기업에서 머신러닝을 적용하여 비즈니스 프로세스를 더욱 빠르고 유연하게 변경하는 방법을 보여줍니다. 머신러닝 여정을 시작하는 사람들이나 머신러닝을 실제로 어떻게 적용하는지 알고 싶은 사람들을 위한 책입니다.

비즈니스 프로세스 자동화 및 머신러닝 애플리케이션 구현에 대한 경험을 바탕으로 누구나 회사에서 머신러닝을 시작할 수 있는 책을 쓰고 싶었습니다. '누구에게나'라는 단어는 특정한 기술 배경을 지닌 사람보다 코드 실행 시 무슨 일이 일어나고 왜 일어나는지 이해하는 데 개인 시간을 할애할 수 있는 사람을 의미합니다.

미지급금(공급 업체 송장), 시설 관리(전력 소비 예측), 고객 지원(지원 티켓) 및 판매(고객 유지)에 이르기까지 회사 내의 다양한 기능을 살펴봅니다. 이는 머신러닝의 잠재적인 애플리케이션 범위와 규모에 대한 통찰력을 제공하고 스스로 새로운 비즈니스 애플리케이션을 발견하도록 하기 위한 것입니다.

이 책의 두 번째 목적은 아마존 세이지메이커 클라우드 서비스를 사용하여 신속하고 비용 효율적으로 비즈니스 아이디어를 실현하는 방법을 보여주는 것입니다. 필자가 제시하는 대부분의 아이디어는 다른 서비스(예: 구글 클라우드, 마이크로소프트 애저)를 사용하여 구현할 수 있습니다. 각 클라우드의 차이점을 설명하는 것은 이 책의 범위를 벗어나므로 간략하게 다룹니다.

독자 여러분이 이 책을 즐기고 회사 내에 기술을 적용하여 생산성을 획기적으로 향상할 수 있기 바랍니다.

이 책에 대하여

기업은 생산성이 크게 향상되고 있습니다. 오늘날 수천 명의 사람이 한 소스에서 정보를 가져와 다른 장소에 저장하는 프로세스 작업에 참여하고 있습니다. 조달과 지급 업무를 예로 들어보겠습니다.

- 조달 직원은 고객의 구매 주문 작성을 도와주고, 작성된 구매 주문서를 공급업체에 보냅니다.
- 공급업체의 주문 처리 직원은 구매 주문서를 받아 주문 처리 시스템에 입력하고, 이후 시스템은 주문을 처리하고 주문한 고객에게 배송합니다.
- 고객 회사의 하역장에 있는 직원은 주문한 물품을 받고, 회계 담당 직원은 회계 시스템에 청구서 내역을 입력합니다.

향후 10년 안에 이러한 프로세스는 대부분 회사에서 완전히 자동화될 것입니다. 이때 머신러닝은 이 프로세스의 각 단계에서 해야 하는 의사결정 요소를 자동화하는 데 큰 역할을 하게 될 것입니다. 예를 들어 머신러닝이 도울 수 있는 기업의 의사결정 요소들은 다음과 같습니다.

- 주문을 승인하는 사람이 승인할 권한이 있습니까?
- 품절된 품목에 대해 다른 제품으로 대체해도 괜찮을까요?
- 공급업체가 제품을 다른 제품으로 대체했을 때 고객이 이를 수용할까요?
- 청구서를 그대로 지불 승인해야 할까요, 아니면 추가적인 질의를 해야 할까요?

머신러닝을 비즈니스에 적용할 때 진정한 이점은 변화에 탄력적인 의사결정 애플리케이션을 구축할 수 있다는 것입니다. 시스템에 수십 또는 수백 개의 규칙을 프로그래밍하는 대신 과거의 올바른 결정과 잘못된 결정의 예시를 머신러닝 애플리케이션에 입력하기만 하면 됩니다. 그러면 머신러닝 애플리케이션은 현재 시나리오가 과거의 예와 얼마나 유사한지에 따라 스스로 의사결정을 내릴 수 있게 됩니다.

이 시스템의 장점은 이전에 없던 새로운 입력이 들어왔을 때도 시스템이 중단되지 않는다는 것입니다. 문제는 머신러닝 프로젝트를 수행할 때는 일반 IT 프로젝트와는 다른 새로운 사고방식과 접근 방식이 필요하다는 것입니다.

일반 IT 프로젝트에서 시스템의 정상 동작을 확인하려면 시스템의 각 규칙에 대해 테스트하면 됩니다. 하지만 머신러닝 프로젝트에서는 알고리즘이 테스트 시나리오에 적절하게 응답했는지 여부만 확인할 수 있고, 새로운 패턴의 입력에 대해서는 어떻게 반응할지 전혀 알 수 없습니다. 적절하게 대응하지 않았을 때 이를 확인하는 안전장치를 마련한다고 해도 이 장치를 신뢰하기 위해서는 업무 담당자와 이해 관계자가 이러한 불확실성에 익숙해질 필요가 있습니다.

대상 독자

이 책은 파이썬 같은 프로그래밍 언어보다 엑셀 사용이 더 편한 사람을 대상으로 합니다. 각 장에는 예제 데이터셋과 주피터 노트북 파일이 포함되어 있으며, 예제 주피터 노트북으로 각 장의 예제 데이터셋에 대한 머신러닝 모델을 만들고 배포하여 실행할 수 있습니다. 코드를 실행하고 결과를 보기 위해 별도로 코딩할 필요는 없습니다.

또한 각 장의 예제 코드를 잘 이해할 수 있도록 단계별로 설명하고 있습니다. 따라서 간단한 수정만으로 독자의 데이터를 코드에 적용할 수 있습니다. 여러분이 책을 끝까지 읽을 무렵에는 회사 내의 다양한 머신러닝 프로젝트를 수행할 수 있게 될 것입니다.

책의 구성

이 책은 다음과 같이 3부로 구성되어 있습니다.

1부 '비즈니스를 위한 머신러닝'에서는 먼저 기업이 경쟁력을 유지하기 위해 생산성을 지금보다 높여야 하는 이유를 설명하고, 효과적인 의사결정이 생산성 향상에 얼마나 중요한지 설명합니다. 그런 다음 비즈니스에서 의사결정 시 머신러닝이 왜 좋은 방안인지 그 이유를 살펴봅니다. 그리고 아마존 웹 서비스Amazon Web Services, AWS에서 제공하는 도구와 오픈 소스 도구를 사용하여 실제 비즈니스에서 많이 이루어지는 의사결정 사항에 머신러닝을 적용하는 방법을 살펴봅니다.

2부 '비즈니스를 위한 머신러닝 6가지 시나리오'에서는 머신러닝을 사용하는 시나리오 6가지
(각 장당 1개의 시나리오가 있습니다)를 살펴보고 직접 작업해볼 수 있습니다. 각 시나리오는
실제 비즈니스에서 이루어지는 의사결정에 머신러닝을 어떻게 사용할 수 있는지 보여줍니다.
그리고 이 시나리오는 페이스북, 구글, 아마존같이 머신러닝을 많이 사용하는 회사가 아닌 일
반 기업이 머신러닝을 사용하는 방법에 초점을 맞추고 있습니다.

3부 '프로덕션에 머신러닝 적용하기'에서는 웹에서 머신러닝 모델을 설정하고 공유하는 방법을
배우게 됩니다. 이를 통해 현재 회사 업무의 의사결정 과정에 머신러닝을 적용할 수 있을 것입
니다. 그런 다음 몇 가지 사례를 통해 의사결정 과정에 머신러닝을 적용했을 때 발생하는 변화
관리 방법을 보여줍니다.

시나리오 소개

각 장의 시나리오에서는 일반적인 회사의 운영 영역을 다룹니다. 3장과 4장(유지 및 지원)은
고객에 대해 다룹니다. 2장과 5장(구매 승인 및 청구서 감사)은 공급업체에 대해 다룹니다. 6장
과 7장은 설비 관리(전력 사용량 예측)에 대해 다룹니다.

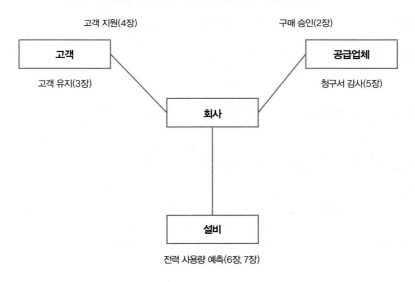

예제 코드

2부의 각 장에서는 주피터 노트북 파일과 샘플 데이터셋을 제공하는데, 이 파일들을 AWS 세이지메이커^{SageMaker}에 업로드하여 실행할 수 있습니다. 3부에서는 웹에서 예측 서비스를 제공하기 위해 서버리스^{serverless} API를 설정하는 코드를 제공합니다.

2부에서 사용하는 코드는 AWS 세이지메이커에서 작성하고 실행하게 됩니다. 따라서 이 코드를 작업할 때 로컬 컴퓨터에 아무것도 설치할 필요가 없고, 인터넷에 접근 가능한 컴퓨터만 있으면 됩니다(어떤 종류의 컴퓨터여도 상관없고, 심지어 구글 크롬북도 가능합니다). 다만 3부에서 서버리스 API를 설정할 때는 로컬 컴퓨터(윈도우, 맥OS, 리눅스)에 파이썬을 설치해야 합니다.

이 책에는 많은 소스 코드 예제가 포함되어 있으며, 코드 예제는 번호가 매겨진 예제와 일반 텍스트로 구성되어 있습니다. 두 경우 모두 소스 코드는 평범한 텍스트와 구분하기 위해 고정폭 폰트를 사용했습니다.

원본 소스 코드를 책에 수록할 때는 포맷을 조금 변경했습니다. 예를 들어 책의 폭에 맞추기 위해 줄 바꿈을 하거나 들여쓰기를 추가했습니다. 중요한 개념을 강조하기 위해 예제에 주석을 추가했으며, 코드를 별도로 설명할 때는 예제에서 주석을 제외했습니다.

이 책의 예제 코드는 매닝 웹사이트, 매닝 깃허브, 옮긴이의 깃허브에서 내려받을 수 있습니다.

- **매닝 웹사이트**

  https://www.manning.com/books/machine-learning-for-business?query=hudgeon

- **매닝 깃허브[1]**

  https://git.manning.com/agileauthor/hudgeon/tree/master/manuscript

- **옮긴이 깃허브**

  https://github.com/K9Ns/ml4biz

---

1 옮긴이_ 이 책의 원서 출판사인 매닝에서 운영하는 깃 저장소로 회원 가입 후 예제 코드를 내려받을 수 있습니다.

한국어판 부록: 예제 코드 수행을 위한 사전 지식

- AWS의 세이지메이커 파이썬 SDK가 2020년 9월에 1.x 버전에서 2.x 버전으로 업그레이드되면서 예제 코드의 일부가 수행되지 않을 수 있습니다.
- 이 책의 코드는 AWS의 세이지메이커 파이썬 SDK 버전 1.x에서 작성되었습니다. 이 책의 예제들을 수정 없이 실행하려면 세이지메이커의 주피터 노트북을 실행할 때 다음 작업을 먼저 실행해야 정상적으로 동작합니다.

1. 세이지메이커 버전 확인

먼저 다음과 같이 세이지메이커의 파이썬 SDK 버전을 확인합니다.

```
# 버전 확인
import sagemaker
print(sagemaker.__version__)
```

```
2.16.1
```

만약 위 결과와 같이 버전이 2.x면 다음 단계를 수행해야 하고, 1.x면 다음 단계를 수행하지 않아도 됩니다.

2. 세이지메이커 버전 변경

노트북의 맨 첫 번째 셀 또는 별도의 노트북을 생성해 다음 코드를 이용해 세이지메이커 파이썬 SDK 1.x 버전을 설치합니다.

```
# sagemaker v1 설치

import sys
!{sys.executable} -m pip install sagemaker==1.72.1
```

위 코드를 실행하면 다음과 같이 1.72.x 버전이 설치됩니다.

```
# sagemaker v1 설치

import sys
!{sys.executable} -m pip install sagemaker==1.72.1

Collecting sagemaker==1.72.1
  Downloading sagemaker-1.72.1.tar.gz (299 kB)
     |████████████████████████████████| 299 kB 2.3 MB/s eta 0:00:01
Requirement already satisfied: boto3>=1.14.12 in /home/ec2-user/anaconda3/envs/python3/lib/python3.6/site-packages (from sagemake
r==1.72.1) (1.16.9)
Requirement already satisfied: numpy>=1.9.0 in /home/ec2-user/anaconda3/envs/python3/lib/python3.6/site-packages (from sagemaker=
=1.72.1) (1.18.1)
Requirement already satisfied: protobuf>=3.1 in /home/ec2-user/anaconda3/envs/python3/lib/python3.6/site-packages (from sagemaker
==1.72.1) (3.11.4)
Requirement already satisfied: scipy>=0.19.0 in /home/ec2-user/anaconda3/envs/python3/lib/python3.6/site-packages (from sagemaker
==1.72.1) (1.4.1)
Requirement already satisfied: protobuf3-to-dict>=0.1.5 in /home/ec2-user/anaconda3/envs/python3/lib/python3.6/site-packages (fro
m sagemaker==1.72.1) (0.1.5)
Collecting smdebug-rulesconfig==0.1.4
  Downloading smdebug_rulesconfig-0.1.4-py2.py3-none-any.whl (10 kB)
Requirement already satisfied: importlib-metadata>=1.4.0 in /home/ec2-user/anaconda3/envs/python3/lib/python3.6/site-packages (fr
om sagemaker==1.72.1) (1.5.0)
Requirement already satisfied: packaging>=20.0 in /home/ec2-user/anaconda3/envs/python3/lib/python3.6/site-packages (from sagemak
er==1.72.1) (20.1)
Requirement already satisfied: jmespath<1.0.0,>=0.7.1 in /home/ec2-user/anaconda3/envs/python3/lib/python3.6/site-packages (from
boto3>=1.14.12->sagemaker==1.72.1) (0.10.0)
Requirement already satisfied: s3transfer<0.4.0,>=0.3.0 in /home/ec2-user/anaconda3/envs/python3/lib/python3.6/site-packages (fro
m boto3>=1.14.12->sagemaker==1.72.1) (0.3.3)
Requirement already satisfied: botocore<1.20.0,>=1.19.9 in /home/ec2-user/anaconda3/envs/python3/lib/python3.6/site-packages (fro
m boto3>=1.14.12->sagemaker==1.72.1) (1.19.9)
Requirement already satisfied: six>=1.9 in /home/ec2-user/anaconda3/envs/python3/lib/python3.6/site-packages (from protobuf>=3.1-
>sagemaker==1.72.1) (1.14.0)
Requirement already satisfied: setuptools in /home/ec2-user/anaconda3/envs/python3/lib/python3.6/site-packages (from protobuf>=3.
1->sagemaker==1.72.1) (45.2.0.post20200210)
Requirement already satisfied: zipp>=0.5 in /home/ec2-user/anaconda3/envs/python3/lib/python3.6/site-packages (from importlib-met
adata>=1.4.0->sagemaker==1.72.1) (2.2.0)
Requirement already satisfied: pyparsing>=2.0.2 in /home/ec2-user/anaconda3/envs/python3/lib/python3.6/site-packages (from packag
ing>=20.0->sagemaker==1.72.1) (2.4.6)
Requirement already satisfied: urllib3<1.26,>=1.25.4; python_version != "3.4" in /home/ec2-user/anaconda3/envs/python
3.6/site-packages (from botocore<1.20.0,>=1.19.9->boto3>=1.14.12->sagemaker==1.72.1) (1.25.10)
Requirement already satisfied: python-dateutil<3.0.0,>=2.1 in /home/ec2-user/anaconda3/envs/python3/lib/python3.6/site-packages
(from botocore<1.20.0,>=1.19.9->boto3>=1.14.12->sagemaker==1.72.1) (2.8.1)
Building wheels for collected packages: sagemaker
  Building wheel for sagemaker (setup.py) ... done
  Created wheel for sagemaker: filename=sagemaker-1.72.1-py2.py3-none-any.whl size=386572 sha256=84699f8ae3197474ff73afc763d4c73c
78b9c11deed93f4dd93a134b2741b340
  Stored in directory: /home/ec2-user/.cache/pip/wheels/65/21/9e/e0cfa0f2891e29445c2e241cd9eb4d9dbee64a0a8554f1cf7f
Successfully built sagemaker
Installing collected packages: smdebug-rulesconfig, sagemaker
  Attempting uninstall: smdebug-rulesconfig
    Found existing installation: smdebug-rulesconfig 0.1.5
    Uninstalling smdebug-rulesconfig-0.1.5:
      Successfully uninstalled smdebug-rulesconfig-0.1.5
  Attempting uninstall: sagemaker
    Found existing installation: sagemaker 2.16.1
    Uninstalling sagemaker-2.16.1:
      Successfully uninstalled sagemaker-2.16.1
Successfully installed sagemaker-1.72.1 smdebug-rulesconfig-0.1.4
WARNING: You are using pip version 20.0.2; however, version 20.2.4 is available.
You should consider upgrading via the '/home/ec2-user/anaconda3/envs/python3/bin/python -m pip install --upgrade pip' command.
```

더 자세히 말하자면, 외부 모듈을 설치하기 위해 sys 모듈을 호출한 후 세이지메이커 파이썬 SDK 1.72 버전을 설치한 것입니다. 설치 명령을 내리면 위 그림과 같이 터미널에 메시지들이 나타나면서 설치 과정을 보여줍니다.

3. 주피터 노트북의 커널 재시작

설치가 끝나면 다음과 같이 주피터 노트북의 커널을 재시작합니다.

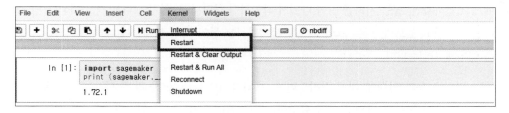

4. 변경된 세이지메이커 버전 확인

정상적으로 세이지메이커 버전이 설치되었는지 다음 코드를 작성하여 세이지메이커 파이썬 SDK의 버전을 확인합니다.

```
# 버전 확인
import sagemaker
print(sagemaker.__version__)
```

```
1.72.1
```

감사의 글

이 책을 쓰는 데는 많은 작업이 필요했지만, 리치가 노트북 코드를 작성하고 각 장의 아이디어를 제공하지 않았다면 훨씬 더 많은 작업이 필요했을 것입니다. 기술 서적을 작성하려는 사람에게 조언하자면, 공동 저자를 찾아 나눠서 작업하길 바랍니다. 리치와 나는 서로 다른 코딩 스타일을 가지고 있으며, 나는 그의 코드를 문서화하는 동안 특정 문제들에 대해 대처하는 방법을 배우게 되었습니다.

매닝 팀의 도움과 안내에 대해 감사드리며, 특히 Toni Arritola가 많은 시간을 할애해 책을 작성하느라 바쁜 두 사람의 요구를 유연하게 처리해준 것에 감사드립니다. 매닝의 제품 편집자 Deirdre Hiam, 원고 편집자 Frances Buran, 교정자 Katie Tennant, 기술 개발 편집자 Arthur Zubarev, 검토 편집자 Ivan Martinović, 기술 교정자 Karsten Strøbæk 등 모든 분께 감사드립니다. Aleksandr Novomlinov, Arpit Khandelwal, Burkhard Nestmann, Clemens Baader, Conor Redmond, Dana Arritola, Dary Merckens, Dhivya Sivasubramanian, Dinesh Ghanta, Gerd Klevesaat, James Black, James Nyika, Jeff Smith, Jobinesh Purushothaman Manakkattil, John Bassil, Jorge Ezequiel Bo, Kevin Kraus, Laurens Meulman, Madhavan Ramani, Mark Poler, Muhammad Sohaib Arif, Nikos Kanakaris, Paulo Nuin, Richard Tobias, Ryan Kramer, Sergio Fernandez Gonzalez, Shawn Eion Smith, Syed Nouman Hasany, and Taylor Delehanty 등 모든 리뷰어에게 감사드립니다. 여러분의 제안이 이 책을 더 나은 책으로 만드는 데 도움이 되었습니다.

또한 집필이 완성될 때까지 인내심을 갖고 기다려준 아내와 가족에게 감사의 말을 전하고 싶습니다.

_ 더그 허전

더그가 이 책의 공동 저자로 참여해달라고 요청한 것뿐만 아니라 그의 창의성, 긍정적인 면, 우정, 유머감각에 대해서도 감사합니다. 작업하는 동안 많은 일이 있었지만 그것 또한 즐거웠습니다.

오랜 시간을 견디며 주말을 함께 보내지 못한 부모님, 가족, 친구들에게 특별한 감사를 전하고 싶습니다. 무엇보다도 이 책뿐만 아니라 제가 학업을 마치는 동안 더 많은 시간과 관심을 주지 못한 아내 제니에게 항상 곁에서 응원해줘서 고맙다는 말을 전하고 싶습니다. 어떤 남편도 그녀보다 더 나은 아내를 얻을 수 없고, 내가 그녀와 함께할 수 있다는 것이 얼마나 큰 행운인지 그녀에게 감사할 따름입니다.

_ 리처드 니콜

CONTENTS

Part 1 비즈니스를 위한 머신러닝

CHAPTER 1 머신러닝이 비즈니스에 적용되는 방식

Part 2 **비즈니스를 위한 머신러닝 6가지 시나리오**

CHAPTER **2** **기술 담당자에게 구매 결재 검토 요청을 전달해야 하는가**

CHAPTER **3** **이탈 조짐을 보이는 고객 찾기**

CONTENTS

CHAPTER 4 고객 문의 사항을 고객지원팀에 전달 여부 결정

CHAPTER 5 공급업체가 보낸 청구서에 대해 추가 질의 여부 결정

CONTENTS

CHAPTER 6 월간 전력 사용량 예측

CHAPTER 7 월간 전력 사용량 예측 성능 향상

CONTENTS

Part 3   프로덕션에 머신러닝 적용하기

CHAPTER 8 웹 서비스로 예측 모델 제공하기

CHAPTER 9 사례 연구

CONTENTS

비즈니스를 위한 머신러닝

향후 10년간 시간이 많이 소모되는 작업은 자동화될 테고 그에 따라 비즈니스 생산성이 크게 증가할 것입니다. 이러한 작업의 예로는 구매 주문 승인, 고객 이탈 위험 평가, 고객지원팀에 즉시 전달해야 할 트윗 구분, 공급업체의 청구서 감사, 전력 사용량과 같은 운영 추세 예측 등이 있습니다.

1부에서는 이러한 추세가 발생하는 이유와 이러한 추세를 견인하는 머신러닝의 역할을 살펴봅니다. 이러한 추세를 따라잡지 못하는 기업은 경쟁업체보다 뒤처질 것입니다.

비즈니스를 위한 머신러닝

## CHAPTER 1

머신러닝이 비즈니스에 적용되는 방식

이 장의 내용

- 우리 비즈니스 시스템이 엉망인 이유
- 머신러닝이란 무엇인가?
- 생산성을 위한 핵심 요소로서의 머신러닝
- 업무 자동화에 머신러닝 적용하기
- 회사 내 머신러닝 구축하기

기술 전문가들은 지난 몇십 년간 회사들이 생산성에 급격한 향상이 있으리라 예측했지만 지금까지 그러한 일은 일어나지 않았습니다. 회사 대부분은 여전히 미지급금, 청구금, 급여, 클레임 관리, 고객지원, 시설 관리 등 반복적인 업무를 할 사람들을 고용합니다. 예를 들어 다음과 같은 간단한 의사결정조차 직원들이 기대하는 것만큼 즉시 결정되지 않고 지연되며 효율적이지도 못합니다.

- 휴가 신청서를 제출하기 위해 12단계를 클릭해야 합니다. 각 단계에서 시스템이 이미 알고 있는 정보를 입력하라고 요구하거나 시스템이 사용자의 목적을 확인하기 위해 선택할 것을 요구하기도 합니다.
- 이번 달 예산에 큰 타격을 받은 이유를 찾기 위해 재무 시스템에서 수동으로 추출한 스프레드시트에서 100행을 스크롤해야 할 수도 있습니다. 시스템은 어떤 행에서 오류가 발생하는지 판단할 수 있어야 하며, 이를 사용자에게 알려줄 수 있어야 합니다.
- 조달 부서의 직원이 새로운 의자 구매 주문서를 제출할 때 구매 승인을 수동으로 인사팀에 해야 할지 재무팀에 해야 할지 같은 사소한 결정을 내려야 합니다.

프로세스를 지연시키는 사소한 의사결정을 머신러닝 애플리케이션이 자동화할 수 있으면 앞으로는 지금보다 훨씬 더 나은 시스템으로 일하게 될 겁니다. 향후 10년 내에 더 자동화되고 생산성 높은 회사가 그렇지 못한 회사를 앞서나갈 것이고, 머신러닝은 이런 변화를 가능하게 하는 핵심 도구 중 하나가 될 것입니다.

이 책은 회사에서 업무 프로세스를 가속화하기 위한 머신러닝과 의사결정 시스템을 어떻게 구현하는지 보여줍니다. '그런데 내가 그것을 할 수 있을까요?' 혹은 '나는 기술을 좋아하는 사람이고, 엑셀을 사용하는 게 굉장히 익숙하지만 어떤 프로그래밍도 해본 적이 없습니다'라고 말할 수 있습니다. 다행히도 우리는 기술을 선호하는 직원이 회사의 생산성을 획기적으로 향상시키는 방법을 배울 수 있는 시점에 와 있습니다. 이 책은 이러한 여정을 안내합니다. 이 여정에서 다음과 같은 사항을 배우게 될 것입니다.

- 머신러닝이 회사 내 다음 영역에서 극대화된 이익을 창출할 수 있는지 알아내는 방법
  - 백오피스 재무 시스템(미지급금과 청구금)
  - 고객지원과 고객유지
  - 판매와 마케팅
  - 급여와 인적 자원 관리
- 회사에서 사용할 수 있는 머신러닝 애플리케이션을 구축하는 방법

1.1 왜 우리 비즈니스 시스템은 엉망인가

> "홀로 여행하는 사람은 오늘이라도 출발할 수 있지만 다른 사람과 같이 여행하는 사람은 다른 사람이 준비될 때까지 기다려야 한다."
>
> _ 헨리 데이비드 소로 Henry David Thoreau

머신러닝이 어떻게 회사를 더 생산적으로 만들 수 있는지 설명하기 전에 개인적으로 사용하는 시스템보다 회사에 구축된 시스템이 왜 더 복잡한지 살펴보겠습니다. 개인 재무를 예로 들면 개인은 지출을 관리하기 위해 자금 관리 앱을 사용할 수 있습니다. 이러한 앱은 어디에 얼마나 소비하는지 알려주고, 저축을 늘리는 방법을 추천해줍니다. 심지어 자동으로 지출 금액에서 얼마이하의 금액을 반올림하고 잔돈을 저축 계좌로 옮깁니다. 비즈니스에서 비용 관리는 큰 차이가 있습니다. 팀의 예산을 추적하기 위해 재무팀에 요청을 보냅니다. 그리고 난 후 그다음 주에 재무팀으로부터 답변을 받게 됩니다. 따라서 예산에서 특정 항목을 자세히 분석하려면 어려움이 따를 수 밖에 없습니다.

비즈니스 시스템이 엉망인 두 가지 이유가 있습니다. 첫째, 개인의 습관을 바꾸는 것도 쉽지 않지만 집단의 특성을 바꾸는 것은 더더욱 어렵습니다. 개인 생활에서 새로운 재무 관리 앱을 사용하고 싶을 때는 바로 사용하면 됩니다. 앱이 어떻게 작동하고 사용자의 프로필이 어떻게 설정되는지 배워야 해서 약간 번거로울 수 있지만 쉽게 배울 수 있습니다. 그러나 회사가 비용 관리 시스템을 도입하게 되면 모든 직원이 새로운 방식으로 전환해야 하므로 큰 도전이 될 것입니다. 둘째, 비즈니스 시스템 여러 개를 관리하는 것은 매우 어려운 일입니다. 개인 생활에서도 은행 시스템, 이메일, 일정, 지도 등과 같은 시스템을 수십 개 사용할 수 있습니다. 하지만 회사는 수백 개, 심지어 수천 개의 시스템을 사용합니다. 이 모든 시스템 간의 상호작용을 관리하는 것이 IT 부서 입장에서는 어려운 일이겠지만, 회사는 직원에게 **엔드투엔드 엔터프라이즈 소프트웨어 시스템** end-to-end enterprise software system을 가능한 한 많은 작업에 사용하도록 권장합니다.

SAP와 오라클 같은 소프트웨어 회사에서 만든 엔드투엔드 엔터프라이즈 소프트웨어 시스템은 회사 전체를 운영할 수 있도록 설계됐습니다. 이 엔드투엔드 시스템은 재고 처리, 임금 지불, 재무부서 관리를 수행하며 그 외 비즈니스의 대부분을 처리합니다. 엔드투엔드 시스템의 장점은 모든 것을 통합할 수 있다는 것입니다. 회사 IT 카탈로그에서 제품을 구매하면 카탈로그는 직원 레코드를 사용하여 누가 구입했는지 식별합니다. 이것은 인사팀이 직원의 휴가 요청을 보관하고 급여를 지급할 때 사용하는 직원 정보와 같은 것입니다. 엔드투엔드 시스템은 회사의 전체 작업을 처리하기 때문에 특정 작업에 대해서는 엔드투엔드 시스템보다 더 나은 시스템이 존재합니다. 이러한 시스템을 **유형별 최적화 시스템** best-of-breed system이라 부릅니다.

유형별 최적화 시스템은 한 가지 작업에 대해 전문화되어 있습니다. 예를 들어 회사는 소비자의 사용 편의성 측면을 고려한 개인의 자산 관리 애플리케이션과 같이 특화된 비용 관리 시스템을 사용할 수 있습니다. 그러나 문제는 이 비용 관리 시스템이 회사에서 사용하고 있는 다른 시스템과 통합이 어려울 수 있습니다. 또한 어떤 기능은 다른 시스템에 있는 기능과 중복될 수 있습니다(그림 1-1). 예를 들어 비용 관리 시스템에는 승인 프로세스가 내장되어 있습니다. 이 승인 프로세스는 직원 휴가 승인과 같이 다른 부분에서의 승인 프로세스와 중복됩니다. 회사가 유형별 최적화 비용 관리 시스템을 구현할 때 다음과 같은 사항들을 선택해야 합니다.

- 비용 관리에 최적화된 승인 워크플로를 사용하고 두 가지 다른 승인 프로세스를 사용하도록 직원들을 훈련해야 하는가?
- 엔드투엔드 시스템 안에서 비용 승인을 하고, 비용 관리 시스템에 승인 내역을 반영할 수 있도록 비용 관리 시스템을 엔드투엔드 시스템과 통합해야 하는가?

그림 1-1 유형별 최적화된 승인 기능이 엔드투엔드 시스템의 승인 기능과 중복

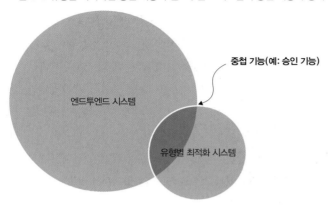

엔드투엔드 시스템과 유형별 최적화 시스템의 장단점을 파악하기 위해 포장도로에서 출발해 사막을 지나 진흙을 헤치고 나가는 랠리(자동차 경주) 운전사를 상상해볼 수 있습니다. 전지형형 all-terrain 타이어를 장착할 것인지, 포장도로에서 사막으로, 사막에서 진흙으로 덮인 도로로 이동할 때 특화된 타이어를 교체할 것인지 선택해야 합니다. 타이어를 구간마다 교체한다면 각 구간을 신속하게 빠져나올 수 있지만 지형이 바뀔 때마다 차를 세우고 타이어를 교체해야 하기 때문에 시간 소비가 크게 됩니다. 여러분은 어떤 것을 선택하겠습니까? 타이어를 빠르게 교체할 수 있고, 타이어 교체가 각 지형을 보다 빠르게 가는 데 도움이 된다면 지형이 바뀔 때마다 타이어를 교체하게 될 것입니다.

이제 운전사가 아닌, 경주에서 운전사들에게 타이어를 제공하여 운전사를 지원해주는 일을 하게 되었다고 생각해봅시다. 타이어 총책임자 chief tire officer 로서 세 가지가 아닌 수백 가지의 서로 다른 지형을 지원해야 하며, 몇 명이 아닌 수백 명의 운전사를 지원해주는 경우를 생각해봅시다. 타이어 총책임자로서 의사결정은 단순합니다. 특별한 타이어가 필요한 아주 특수한 지역을 제외한 다른 모든 지역에서는 전지형형 타이어를 선택하려고 할 것입니다. 운전사 입장에서는 타이어 총책임자의 의사결정이 때로는 불만일 수 있습니다. 개인 생활에서 다양한 목적으로 사용하는 시스템보다 오히려 더 어설픈 시스템을 사용해야 하기 때문입니다.

향후 10년 동안 머신러닝이 이러한 종류의 문제를 해결할 것이라고 믿습니다. 경주에 대한 비유로 돌아가서, 머신러닝 애플리케이션은 서로 다른 지형을 여행할 때 타이어의 특성을 자동으로 변경할 수 있습니다. 이러한 방식은 회사의 엔드투엔드 솔루션의 기능을 활용하면서 동급 최고의 성능을 유지함으로써 두 가지 장점을 모두 누릴 수 있습니다.

다른 예로, 유형별 최적화된 비용 관리 시스템을 구현하는 대신 다음과 같은 작업을 하는 머신러 닝 애플리케이션을 구현할 수 있습니다.

- 지출 비용이나 공급업체 이름과 같은 비용 정보 식별
- 비용을 발생한 직원 결정
- 비용 청구를 받는 승인자 결정

승인 기능이 중복되는 예시로 돌아가서, 여러분의 엔드투엔드 시스템과 함께 머신러닝을 사용하 면 유형별 최적화 시스템에 대한 패치 작업 없이 회사의 프로세스를 자동화하고 개선시킬 수 있 습니다(그림 1-2).

그림 1-2 엔드투엔드 시스템의 기능을 향상시키는 머신러닝

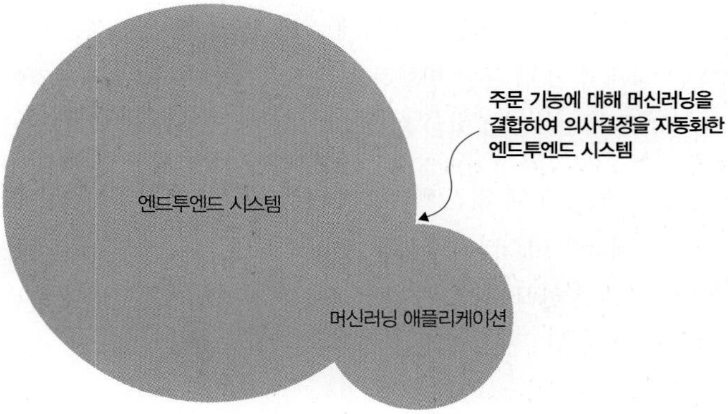

주문 기능에 대해 머신러닝을 결합하여 의사결정을 자동화한 엔드투엔드 시스템

엔드투엔드 시스템

머신러닝 애플리케이션

엔터프라이즈 시스템에서 유형별 최적화 시스템이 사용될 일은 없을까?

엔터프라이즈 시스템 안에서 유형별 최적화 시스템이 사용될 수는 있겠지만 지난 20년 동안 해온 역할과는 다를 것입니다. 다음 장에서 살펴보겠지만 컴퓨터 시대(1970부터 현재까지)는 비즈니 스 생산성 향상에 크게 기여하지 못했습니다. 유형별 최적화 시스템이 비즈니스 생산성 향상에 성 공적이었다면 비즈니스 성과에 큰 영향을 미쳤어야 하는데 결론적으로 그러지 못했습니다.

그렇다면 앞으로 유형별 최적화 시스템은 어떤 역할을 하게 될까요? 사용자 관점에서 최적화 시 스템은 다음과 같이 변화될 것입니다.

- 기업의 엔드투엔드 시스템에 더 많이 통합될 것입니다.
- 기업이 시스템의 일부 기능만 선택할 수 있도록 좀 더 모듈화될 것입니다.

이러한 유형별 최적화 시스템의 공급업체는 경쟁업체의 제품과 차별화하기 위해 특정한 문제를 해결하는 데 특화하거나 고객 회사 내에 구축한 솔루션을 기반으로 머신러닝 애플리케이션을 사용하는 비즈니스 사례를 만들게 될 것입니다. 반면 더 많은 기업이 유형별 최적화 시스템을 구입하는 것보다 머신러닝 애플리케이션을 자체적으로 구축하는 기술을 개발함에 따라 공급업체의 이윤은 압박을 받을 것입니다.

1.2 지금 왜 자동화가 중요한가

오늘날 우리는 비즈니스 생산성 측면에서 극적인 향상의 시작점에 있습니다. 1970년 이후 미국이나 유럽 같은 선진국 경제에서도 컴퓨터 처리 성능의 변화에 비해 비즈니스 생산성은 변화가 거의 없었습니다. 이러한 경향은 현재 수십 년 동안 명확하게 드러나고 있습니다. 이 기간에 비즈니스 생산성은 두 배 정도 향상됐지만 컴퓨터의 처리 능력은 2천만 배나 향상됐습니다!

컴퓨터가 정말로 생산성 향상에 도움이 됐다면 왜 훨씬 빠른 컴퓨터들이 생산성을 높이는 것을 주도하지 못했을까요? 이것은 현대 경제학에 미스터리로 남은 것 중 하나입니다. 경제학자들은 이 미스터리를 **솔로 패러독스**Solow Paradox라고 합니다. 1987년에 미국의 경제학자인 로버트 솔로Robert Solow는 다음과 같이 비꼬아 말했습니다.

"컴퓨터 시대가 도래했다는 사실이 도처에서 확인됐지만 단 한 곳 생산성 통계만은 예외다."

비즈니스 생산성 향상의 실패가 다만 비즈니스상의 특징일까요? 현재 비즈니스 생산성이 극대화된 상태일까요? 그렇지는 않을 겁니다. 몇몇 회사에서 솔로 패러독스에 대한 해답을 찾고 생산성을 빠르게 개선시키고 있습니다. 그리고 다른 많은 회사가 그들과 함께 할 것이라 생각합니다. 여러분도 그러길 바랍니다.

[그림 1-3]은 영국은행의 최고 경제학자인 앤디 홀데인Andy Haldane이 2017년에 발표한 생산성에 관한 연설에서 발췌한 자료입니다.[1] 2002년 이후 최상위 5% 회사가 생산성을 40%까지 증가시킨 반면 그 외 95%의 회사는 생산성을 거의 증가시키지 못한 것을 보여줍니다.[2] 이러한 저성장 경향은 거의 모든 선진국 경제에서 발견됩니다.

---

1 www.bis.org/review/r170322b.pdf
2 앤디 홀데인은 상위 5% 회사를 **선도 기업**(frontier firm)으로 명명했습니다.

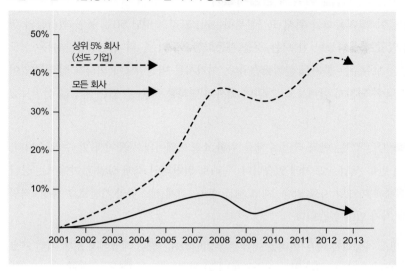

그림 1-3 선도 기업(상위 5%) 대비 모든 회사의 생산성 비교

1.2.1 생산성이란

생산성은 GDP를 연간 근무 시간으로 나누어 국가 단위로 측정합니다. 영국과 미국의 근무 시간당 GDP는 현재 100달러(한화 약 110,802원)를 조금 넘습니다. 1970년에는 45달러(한화 약 49,860원)와 50달러(한화 약 55,401원) 사이였습니다. 하지만 상위 5% 회사(선도 기업)에 의한 노동 시간 대비 GDP는 700달러(한화 약 775,614원)를 넘어섰고 계속 증가하고 있습니다.

선도 기업들은 1달러당 수익을 창창출하는 인력을 최소화함으로써 시간당 높은 GDP를 달성할 수 있었습니다. 즉, 이런 회사들은 자동화할 수 있는 모든 것을 자동화하고 있습니다. 더 많은 회사가 최고의 회사들이 하는 작업 방식을 따라 한다면 현재 생산성 수준에서 최고 레벨의 생산성으로 도약하게 되므로 생산성 향상은 빠르게 개선될 것으로 예측됩니다.

우리는 현재 솔로 패러독스의 종점에 있습니다. 머신러닝을 통해 많은 회사가 최상위 5%의 회사가 보여준 생산성 수준에 도달할 수 있습니다. 이런 흐름에 발 빠르게 합류하지 않는 회사는 생산성을 극적으로 성장시키지 못해 결국 도태될 것입니다.

1.2.2 머신러닝은 생산성을 어떻게 향상시킬까

앞 절에서는 기업들이 왜 자동화를 위해 고군분투하는지, 그리고 지난 50년 동안 회사들의 생산성은 향상되지 않았지만 가능한 한 모든 것을 자동화함으로써 좀 더 생산성을 높여온 선도기업 그룹이 있음을 보여주는 증거를 살펴봤습니다. 여기서는 머신러닝이 회사가 선도 기업이 되는 데 어떻게 도움이 되는지 살펴보고, 개인이 회사의 변화를 도울 수 있는 방법을 살펴보겠습니다.

우리 목적상 **자동화**^{automation}는 반복 작업 수행을 위한 소프트웨어의 사용이라 할 수 있습니다. 비즈니스 세계에서 반복 작업은 도처에 있습니다. 일례로 일반적인 소매 사업 분야에서는 공급업체에 발주, 고객에게 마케팅 자료 발송, 재고 제품 관리, 회계 시스템의 카탈로그 생성, 직원 급여 지급 등 수백 가지 일이 있습니다.

이런 업무에 프로세스 자동화가 매우 어려운 이유는 무엇일까요? 상위 레벨에서 보면 이런 프로세스는 매우 단순해보입니다. 마케팅 자료 발송은 단순히 콘텐츠를 준비하고 고객에게 이메일을 보내는 작업입니다. 발주는 단순히 카탈로그에서 상품을 선택한 다음 승인을 받고 공급업체에 주문을 보내는 작업입니다. 이 일이 얼마나 어렵겠습니까?

자동화를 구현하기 어려운 이유는 이러한 프로세스가 반복적으로 보이지만 여러 단계에서 필요한 간단한 의사결정이 필요하기 때문입니다. 이러한 부분이 머신러닝에 적합한 부분입니다.

1.3 기계는 어떻게 의사결정을 하는가

이 책의 목적상 머신러닝은 데이터셋의 패턴을 기반으로 한 의사결정 방법으로 생각할 수 있습니다. 이러한 의사결정 방법을 **패턴기반 의사결정**^{pattern-based decision making}이라고 합니다. 이 방법은 현재 **규칙기반 의사결정**^{rule-based decision making} 방식을 따르는 대부분의 소프트웨어 개발과 대조적입니다. 규칙기반 소프트웨어 개발은 프로그래머들이 일련의 규칙을 채택하여 작업을 수행하는 코드를 작성하는 방법입니다.

마케팅 직원이 이메일 뉴스레터를 보낼 경우 마케팅 소프트웨어에는 데이터베이스를 쿼리하여 특정 조건에 맞는 고객들만 추출하는(예를 들어 특정한 의류 아울렛 매장에서 25km 내에 거주하는 25세 이하 남성) 코드가 포함되어 있습니다. 마케팅 데이터베이스에 있는 고객을 이 그룹에 속하는 고객과 그렇지 않은 고객으로 구분할 수 있습니다.

위 예제에 대해 데이터베이스에 대한 쿼리와 머신러닝 방식을 비교해보면 다음과 같습니다. 머신러닝 방식에서는 한 아웃렛 매장 근처에 거주하는 23세의 남성과 유사한 구매 이력을 지닌 모든 고객을 추출할 수 있습니다. 이 방법은 규칙기반 쿼리$^{rules\text{-}based\ query}$와 동일한 수많은 사람을 추출할 수 있지만, 유사한 구매 패턴을 가지면서 매장으로부터 먼 곳에 거주하는 사람들도 추출할 수 있습니다.

1.3.1 사람: 규칙기반으로 작업하는가

많은 비즈니스에서는 마케팅 자료를 보내거나 공급자에게 주문하는 것과 같은 정례적인 작업을 수행할 때 소프트웨어 대신 사람에 의존합니다. 몇 가지 이유가 있을 수 있는데, 가장 일반적인 이유는 작업에 필요한 규칙을 컴퓨터에 프로그래밍하는 것보다 사람에게 작업 방법을 가르치는 것이 더 쉽기 때문입니다.

캐런^{Karen}의 업무를 예로 들어봅시다. 캐런의 주요 업무는 구매 주문서를 검토하고 승인자에게 전달한 다음 승인된 구매 주문서를 공급자에게 이메일을 보내는 것입니다. 캐런의 업무는 지루하고 까다롭습니다. 누가 어떤 주문을 승인해야 하는지 수십 번의 반복적인 판단이 필요합니다. 캐런은 몇 년 동안 이 업무를 했기 때문에 IT 제품은 IT 부서에서 승인해야 한다는 것과 같은 단순한 규칙은 어느 정도 파악하고 있습니다. 또한 몇 가지 예외 사항이 있다는 것도 알고 있습니다. 예를 들어 짐^{Jim}이 문구류 카탈로그에서 토너를 주문할 때는 승인을 위해 주문서를 IT 부서에 보내야 하지만, IT 카탈로그에서 마우스를 주문할 때는 IT 부서에 보내지 않아도 된다는 것을 알고 있습니다.

캐런의 업무를 자동화하지 못한 이유는 이러한 모든 규칙을 프로그래밍하기 어렵기 때문입니다. 하지만 더 어려운 것은 이런 규칙은 계속 변하고 지속적으로 유지 보수해야 한다는 점입니다. 캐런은 그녀의 '팩스 기계' 규칙을 더 이상 자주 적용하지 않고, 과거 몇 년 동안 개발해온 그녀만의 '태블릿 스타일러스' 규칙을 더 많이 적용하고 있습니다. 태블릿 스타일러스를 노트북보다는 마우스에 가까운 것으로 판단하고 스타일러스 주문에 대한 승인을 받기 위해 IT 부서로 보내지 않습니다. 캐런이 특정 제품에 대해 분류 방법을 판단하지 못한다면 IT 부서에 전화하여 논의할 것입니다. 하지만 대부분 경우에서는 스스로 판단합니다.

규칙기반 의사결정과 패턴기반 의사결정에 대한 개념으로 살펴보면 캐런은 두 가지 방법을 모두 사용한다는 것을 알 수 있습니다. 캐런은 규칙기반 의사결정을 하지만 가끔은 패턴기반 의사결정을 합니다. 캐런의 작업 중 패턴기반 작업은 규칙기반 시스템으로 자동화하기 어려운 부분입니다. 이러한 이유로 과거에는 동일한 작업 수행을 위해 규칙기반으로 한 컴퓨터 프로그램을 하는 것보다 캐런이 수행하도록 하는 것이 더 쉬웠습니다.

1.3.2 패턴기반 답안을 믿을 수 있을까

많은 회사에 수동 프로세스가 있습니다. 자동화를 어렵게 만드는 많은 경우는 프로세스의 변형이 많기 때문입니다. 바로 이 부분이 머신러닝이 필요한 곳입니다.

프로세스에서 사람이 의사결정을 해야 하는 부분이 바로 머신러닝을 사용할 수 있는 기회입니다. 이때 머신러닝은 의사결정을 자동으로 선택하거나 고려해야 하는 선택지를 추려서 제시합니다. 머신러닝은 규칙기반 프로그램과는 달리 주어진 상황에 어떻게 대응해야 할지 결정하기 위해 규칙 대신 과거의 데이터를 사용합니다. 이 방식은 규칙기반 시스템보다 훨씬 유연합니다. 새로운 상황에 직면했을 때 머신러닝은 동작을 중단하는 대신 신뢰도가 낮은 의사결정을 하게 됩니다.

캐런의 카탈로그에 신제품이 들어왔다고 합시다. 이 제품은 아마존 에코나 구글 홈과 같은 음성 제어 장치입니다. 이 장치는 IT 제품처럼 보이는데, 이는 구매 시 IT 승인이 필요함을 의미합니다. 하지만 컴퓨터에 특정 정보를 입력하는 제품이므로 스타일러스나 마우스 같은 컴퓨터 액세서리처럼 보이기도 합니다. 이때는 IT 부서의 승인이 필요하지 않습니다.

규칙기반 시스템에서는 이 제품을 파악할 수 없어서 제품 주문을 전달할 승인자에 대한 의사결정 요청이 들어오면 시스템이 중단될 수 있습니다. 반면 머신러닝 시스템에서는 이러한 신제품 때문에 시스템이 중단되지 않습니다. 대신 이전에 처리했던 제품들보다는 좀 더 낮은 신뢰도로 결과를 제공합니다. 물론 캐런이 잘못된 결정을 할 수 있듯이 머신러닝 애플리케이션도 잘못된 결정을 할 수 있습니다. 이러한 불확신의 수준을 인정하는 것은 회사의 관리팀과 리스크팀에 새로운 도전일 수 있습니다. 캐런이 신제품에 대면했을 때 결정을 하게 되는 위험성과 별반 다르지 않습니다.

사실 비즈니스 자동화 워크플로를 위한 머신러닝 시스템은 사람이 직접 실행하는 것보다 더 좋은 성능을 발휘하도록 설계될 수 있습니다. 최적화된 워크플로에는 종종 시스템과 사람이 모두 포함됩니다. 시스템은 주요한 대부분의 경우를 수용하도록 구성될 수 있지만, 신뢰도가 낮아지는 경우에는 운영자에게 의사결정을 맡기는 메커니즘을 갖게 됩니다. 이상적으로는 운영자에게 전달되는 의사결정도 머신러닝 애플리케이션에 다시 전달하여 향후 애플리케이션이 의사결정에 대한 더 높아진 신뢰도를 가지게 하는 것이 좋습니다.

이런 결과에 익숙해진다는 것은 매우 중요한 일입니다. 많은 회사에서 패턴기반 의사결정을 내리기 위해서는 리스크팀과 관리팀의 승인이 필요합니다. 다음 절에서 패턴기반 의사결정의 결과를 살펴보며 승인을 받을 가능성이 있는 몇 가지 방법을 확인할 수 있습니다.

1.3.3 머신러닝이 비즈니스 시스템을 어떻게 개선할 수 있는가

지금까지는 회사에서 여러 기능을 수행할 수 있는 시스템을 엔드투엔드 시스템으로 언급했습니다. 일반적으로 이러한 시스템을 전사적 자원 관리^{enterprise resource planning, ERP} 시스템이라고 합니다.

ERP 시스템은 1980년대와 1990년대에 두각을 나타냈습니다. ERP 시스템은 급여, 구매, 재고 관리, 자본 감가상각 등과 같은 대부분의 비즈니스 기능을 관리하기 위해 중견기업과 대기업에서 사용합니다. SAP와 오라클이 ERP 시장을 장악하고 있지만 몇몇 소규모 업체들도 있습니다.

이상적인 상황에서는 모든 비즈니스 프로세스가 ERP 시스템에 통합되는 것입니다. 하지만 우리는 이상적인 세상에 살고 있지 않으며 기업들은 ERP의 기본 구성과는 좀 다르게 업무를 처리하고 있으므로 이는 여러 문제를 야기합니다. ERP를 각 회사 고유의 비즈니스 방식대로 작동하기 위해서는 개발자를 보유해야 합니다. 이는 많은 비용과 시간이 소요되며, 회사가 성장할 수 있는 새로운 기회에 적응하지 못하게 할 수 있습니다. 그리고 ERP 시스템이 모든 기업 문제에 대한 해답이었다면 1980년대와 1990년대 ERP 시스템의 급격한 성장 기간 동안 기업들의 생산성도 향상되었을 것입니다. 하지만 그 기간 동안 생산성은 거의 향상되지 않았습니다.

캐런의 의사결정을 지원하기 위한 머신러닝 시스템을 제공할 때 회사 내부 고객들과 관련된 관리 프로세스에는 거의 변화가 없습니다. 내부 고객들은 항상 하던 방식으로 주문을 계속할 것입니다. 머신러닝 알고리즘은 단순히 일부 의사결정을 자동으로 수행하고, 주문을 승인자와 공급업체에 적절하게 자동으로 전송할 것입니다. 이 프로세스가 회사의 다른 프로세스와 깔끔하게 분리되지 않는 이상 우리가 생각할 수 있는 최적의 접근 방식은 먼저 머신러닝 자동화 솔루션을 구현하고, 점차적으로 이러한 프로세스들을 ERP 시스템에 적용하는 것입니다.

TIP 자동화는 생산성을 높이기 위한 유일한 방법이 아닙니다. 자동화하기 전에 전체 프로세스가 반드시 필요한지 스스로 생각하고 질문해야 합니다. 우리는 자동화 없이 필요한 비즈니스 가치를 창출할 수 있을까요?

1.4 캐런의 의사결정을 머신러닝이 도와줄 수 있는가

머신러닝의 개념은 선뜻 이해하기 어렵습니다. **머신러닝**이라는 용어가 포괄하는 광범위한 범위 때문입니다. 이 책은 목적상 머신러닝을 데이터 패턴을 식별하는 도구로 가정하고 새로운 데이터를 제공하면 새로운 데이터에 가장 적합한 패턴을 알려줍니다.

머신러닝 관련 자료들을 읽게 되면 머신러닝이 생각보다 더 많은 것들을 다룬다는 것을 알 수 있습니다. 그러나 대부분은 일련의 의사결정으로 구분할 수 있습니다. 예를 들어 자율주행 자동차를 위한 머신러닝 시스템을 살펴보겠습니다. 겉으로 보기에는 앞에서 살펴본 머신러닝과 매우 달라 보이지만 이 역시 일련의 의사결정입니다. 첫 번째 머신러닝 알고리즘은 장면을 살펴보고 장면 안에서 각각의 물체 주변에 사각형들을 어떻게 그릴 것인지 결정합니다. 그리고 두 번째 머신러닝 알고리즘은 그려진 사각형들이 운전할 때 우회할 필요가 있는 물체인지 결정합니다. 마지막으로 세 번째 알고리즘은 가장 최적화된 우회 운전 방법을 결정합니다.

머신러닝을 사용해 캐런의 업무를 도울 수 있는지 판단하기 위해 캐런의 업무 프로세스에서 이루어지는 의사결정 사항을 살펴보겠습니다. 주문이 들어오면 캐런은 이 주문을 재무 승인자에게 곧바로 보내야 할지 혹은 기술 승인자에게 먼저 보내야 할지 결정해야 합니다. 이 주문이 컴퓨터나 노트북과 같은 기술 제품에 대한 것이라면 기술 승인자에게 주문을 보내야 하고, 그렇지 않으면 기술 승인자에게 보내지 않아도 됩니다. 그리고 요청자가 IT 부서 사람이라면 기술적 승인을 위해 주문을 보낼 필요가 없습니다. 캐런의 이러한 경우가 머신러닝에 적합한지 살펴보겠습니다. 캐런의 경우 그녀가 모든 주문에 대해 생각해야 하는 질문은 '주문에 대해 기술적 승인을 받아야 하는가?'입니다. 그 질문에 대한 의사결정은 '네' 혹은 '아니요' 둘 중 하나입니다. 그녀가 의사결정을 할 때 고려할 사항은 다음과 같습니다.

- 이 제품이 기술 관련 제품인가?
- 주문 요청자가 IT 부서 사람인가?

머신러닝 용어에서는 캐런의 의사결정을 **목표 변수**$^{target\ variable}$라 하고, 의사결정을 할 때 고려할 항목들의 유형을 **특성 정보**(또는 **피처**^{feature})라 합니다. 목표 변수와 특성 정보를 가지고 있을 때 머신러닝을 사용하여 의사결정을 할 수 있습니다.

1.4.1 목표 변수

목표 변수는 두 가지 유형으로 나뉩니다.

- 범주형
- 연속형

범주형 변수^{categorical variable}는 Yes/No 또는 동/서/남/북 같은 특정 범주로 나눌 수 있는 요소들을 포함합니다. 이 책에서 기술하는 머신러닝 작업에서 범주형 변수가 딱 두 가지 범주만 가지는지 혹은 두 개 이상의 범주를 가지는지 여부를 구분하는 것이 중요합니다. 변수가 두 개의 범주만 가지면 **이진 목표 변수**^{binary target variable}라 부르고, 두 개 이상의 범주를 가지면 **다중 클래스 목표 변수**^{multiclass target variable}라 부릅니다. 머신러닝 애플리케이션에 변수가 이진형인지 다중 클래스형인지에 따라 다른 파라미터들을 설정하게 될 것입니다. 이 책 후반부에서 이러한 내용을 좀 더 자세히 다룰 것입니다.

연속형 변수^{continuous variable}는 숫자들입니다. 예를 들어 머신러닝 애플리케이션이 지역, 방의 개수, 학교까지의 거리 등과 같은 특성 정보에 기반하여 집값을 예측할 경우 목표 변수(집값 예측)는 연속형 변수입니다. 집값은 몇 만 달러에서 몇 천만 달러 사이의 값이 될 수 있습니다.

1.4.2 특성 정보

이 책에서 특성 정보는 머신러닝을 이해하는 데 가장 중요한 개념입니다. 사람이 의사결정을 할 때도 항상 특성 정보를 사용합니다. 사실 이 책에서 살펴볼 특성 정보는 여러분의 의사결정 프로세스를 더 잘 이해하는 데 도움이 될 수 있습니다.

캐런의 경우로 다시 돌아와서 승인을 위해 구매 주문서를 IT 부서에 보내야 하는지에 대한 의사결정의 예를 살펴보겠습니다. 캐런이 의사결정을 할 때 고려해야 하는 사항들이 바로 **특성 정보**입니다. 신제품에 직면한 캐런이 고려할 수 있는 한 가지 사항은 누가 그 제품을 제조했는가 입니다. 제품의 제조사가 IT 제품만 생산한다면 그 제품을 처음 보아도 IT 제품으로 생각할 수 있습니다.

다른 유형의 특성 정보는 사람이 고려하기 어려울 수 있지만, 머신러닝 애플리케이션이 의사결정에 포함시키는 것은 쉽습니다. 예를 들어 영업팀에서 판매를 위해 고객에게 전화할 때 좀 더 잘 받을 것 같은 고객들을 찾아볼 수 있습니다. 반복적으로 구매하는 고객들에 대한 중요한 특성 정보 중 하나는 판매 전화가 고객의 정기적인 구매 일정과 잘 맞는지 여부입니다. 예를 들어 특정 고객이 통상 2개월마다 주문을 할 경우 마지막 주문 후 2개월이 경과되었는지 여부가 이러한 특성 정보의 예가 될 수 있습니다. 머신러닝을 사용하여 의사결정을 지원하게 되면 이러한 종류의 패턴이 판매 전화 여부를 결정하는 데 통합될 수 있습니다. 반면 사람이 이러한 패턴을 파악하는 것은 어려울 수 있습니다.

캐런이 의사결정을 할 때 고려하는 사항(특성 정보)에는 저마다 수준을 고려해야 합니다. 일례로 기술적 제품인지 판단할 수 없다면 제품의 제조사가 어디인지 혹은 요청서에 포함된 다른 제품이 무엇인지와 같은 다른 정보를 고려할 수 있습니다. 머신러닝의 훌륭한 점 중 하나는 사람이 모든 특성 정보를 알 필요가 없다는 것입니다. 모든 특성 정보를 머신러닝 시스템에 입력하면 어떤 특성 정보가 가장 중요한지 확인할 수 있습니다. 따라서 관련이 있을 수 있다고 생각되는 사항을 데이터셋에 포함시키면 됩니다.

1.5 기계는 어떻게 학습하는가

기계는 사람의 사고방식과 동일한 방법으로 학습합니다. 즉, 훈련하는 것입니다. 그렇다면 기계는 어떻게 학습할까요? 머신러닝은 맞는 답에 대해서는 수학적 함수를 통해 보상을 하고, 틀린 답에 대해서는 벌점을 주는 프로세스입니다. 하지만 함수로 보상하거나 벌점을 주는 것은 어떤 의미일까요?

함수는 한 장소에서 다른 장소로 이동하는 방법에 대한 일련의 방향 지침 집합으로 생각할 수 있습니다. [그림 1-4]에서 A점에서 B점으로 이동하는 방향들은 다음과 같이 기술할 수 있습니다.

1 오른쪽으로 이동
2 약간 위로 이동
3 약간 아래로 이동
4 급하강
5 상승
6 오른쪽으로 이동

머신러닝 애플리케이션은 함수가 맞게 동작하는지(좀 더 많이 수행하도록 지시) 또는 잘못 동작하는지(좀 더 적게 수행하도록 지시)를 판단할 수 있는 도구입니다. 이 함수는 특성 정보를 기반으로 더욱 성공적으로 목표 변수를 예측할 수 있어서 스스로 정답인지 확인할 수 있습니다.

그림 1-4 데이터 내 패턴을 식별하는 머신러닝 함수

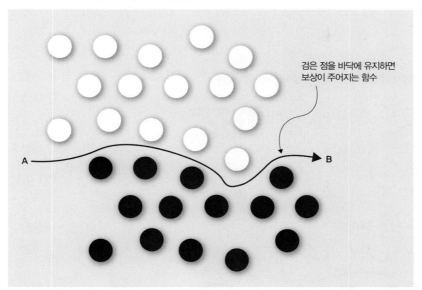

[그림 1-5]는 [그림 1-4]의 데이터셋을 더 확장한 데이터 샘플을 그린 것입니다. 이 데이터셋은 검은 점과 흰 점, 두 가지 종류의 점으로 구성되어 있습니다. [그림 1-5]는 가장자리에 흰 점이 분포되어 있고, 왼쪽 중간 근처에는 검은 점이 밀집되어 있는 패턴을 보여줍니다. 이 그림은 흰 점과 검은 점을 분리하는 방법에 대한 방향을 제공하는 함수를 의미합니다. 이 방향의 함수는 다이어그램의 왼쪽에서 시작하여 검은 점을 중심으로 큰 고리를 형성하고 다시 출발점으로 돌아옵니다.

맞는 답을 하는 함수에 대해 보상을 하는 프로세스를 학습할 때 오른쪽에 검은 점을 가지는 함수에 대해서는 보상을 하고, 왼쪽에 검은 점을 가지는 함수에 대해서는 벌점을 주는 프로세스를 생각해볼 수 있습니다. 왼쪽에 흰 점을 가지는 함수에 대해서도 보상을 하고 오른쪽에 흰 점을 가지는 함수에 대해서도 벌점을 준다면 보다 빠르게 훈련시킬 수 있습니다.

따라서 위 내용을 기반으로 머신러닝 애플리케이션을 학습시킬 때 사람이 수행해야 하는 작업은 데이터 안에서 특정 항목을 구분하는 수학적 함수로 구축된 시스템에 많은 예시를 제공하는

것입니다. 함수가 데이터에서 구분한 항목들이 **목표 변수**입니다. 함수가 목표 변수를 더 많이 분류하면 보상을 하고, 더 적은 목표 변수를 분류하면 벌점을 주게 됩니다.

머신러닝은 두 가지 유형으로 나뉩니다.

- 지도학습
- 비지도학습

그림 1-5 데이터셋에서 유사 항목의 그룹을 식별하는 머신러닝 함수

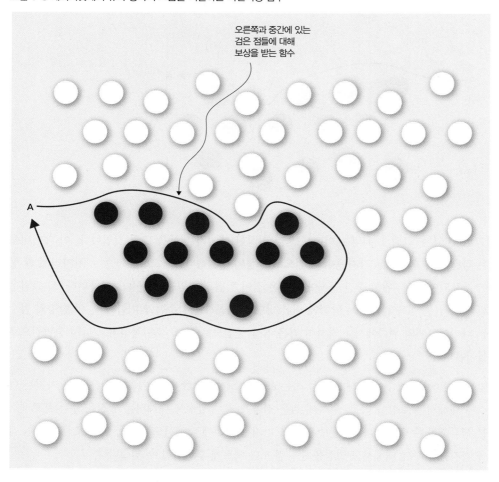

특성 정보 외에도 이 책에서 중점을 두는 머신러닝의 또 다른 중요한 개념은 지도학습^{supervised} learning과 비지도학습^{unsupervised learning}의 차이점입니다.

이름에서 의미하는 바와 같이 **비지도학습**은 머신러닝 애플리케이션에 작업해야 할 한 묶음의 데이터를 제공하고, 머신러닝 애플리케이션이 스스로 작업을 수행하라고 지시하는 것을 말합니다. 클러스터링^{clustering, 군집}은 비지도학습의 예입니다. 예를 들어 머신러닝 애플리케이션에 고객 데이터 몇 개를 제공하고, 머신러닝 애플리케이션은 데이터를 유사한 고객들의 군집으로 그룹화하는 방식을 스스로 결정합니다. 반대로 분류^{classification}는 **지도학습**의 하나의 예입니다. 예를 들어 영업팀의 전화를 통한 고객 영업 상담 성공률 이력을 사용하여 영업 상담 전화를 수신할 가능성이 가장 큰 고객들을 인식하는 머신러닝 애플리케이션을 학습시킬 수 있습니다.

> **NOTE**_ 이 책에서는 특정 패턴을 추출하는 머신러닝 애플리케이션 대신 의사결정의 정답 예제가 포함된 과거 이력 데이터를 애플리케이션에 제공하는 지도학습을 집중적으로 설명합니다.

머신러닝을 사용해 비즈니스 자동화 프로젝트를 수행하는 큰 장점 중 하나는 좋은 데이터셋을 매우 쉽게 얻을 수 있다는 것입니다. 캐런은 사용할 수 있는 수천 건의 과거 주문을 가지고 있고, 각 주문을 기술 승인자에게 보냈는지 여부를 알고 있습니다. 머신러닝 용어로는 이러한 데이터셋을 **라벨링된 데이터셋**^{labeled dataset}이라고 부릅니다. 라벨링된 데이터셋은 각 샘플 데이터가 자신의 목표 변수가 무엇인지 기재된 데이터입니다. 캐런의 경우 필요한 과거 이력 데이터는 어떤 제품을 구입했는지, 구매자가 IT 부서 소속인지, 기술 승인자에게 전달했는지 등이 기재된 데이터셋입니다.

1.6 의사결정을 위한 머신러닝 사용의 회사 승인

이 장 앞부분에서 회사에 도움을 줄 수 있는 머신러닝을 사용한 의사결정에 대해 많은 것을 배웠습니다. 하지만 이러한 훌륭한 작업을 최대한 이용하기 위해 회사에서 필요한 것은 무엇일까요? 이론적으로는 그렇게 어렵지 않습니다. 회사는 다음 4가지 사항이 필요합니다.

- 머신러닝을 사용하여 자동화 기회를 발굴할 수 있는 인력이 필요합니다. 또한 이 기회의 가치를 증명하는 개념 증명^{proof of concept, POC}**3**을 함께 제시할 수 있는 사람도 필요합니다. 그 사람이 바로 여러분입니다.
- 머신러닝 애플리케이션에 필요한 데이터에 접근 가능해야 합니다. 이 데이터에 접근하려는 이유를 설명하는 여러 내부 양식의 문서를 작성해야 할 수도 있습니다.

---

3 옮긴이_ 기존 시장에 없는 신기술을 도입하기 전에 이를 검증하고자 사용하는 것을 의미합니다(https://ko.wikipedia.org/wiki/개념_증명).

- 리스크팀 및 관리팀은 의사결정에 있어서 패턴기반 접근 방식에 익숙해져야 합니다.
- 머신러닝을 활용한 작업을 운영 시스템으로 전환할 수 있는 방안이 필요합니다.

많은 조직에서 위 네 가지 요소 중 세 번째가 가장 어렵다고 생각합니다. 이 문제를 해결하기 위한 방법으로 리스크팀을 프로세스에 참여시키고, 의사결정이 캐런에 의해 검토가 필요한 시점에 임곗값을 설정할 수 있는 능력을 리스크팀에 제공하는 것입니다.

예를 들어 캐런이 아주 명확히 기술 승인자에게 보내야 할 주문이 있다면 머신러닝 애플리케이션은 이 주문을 기술 승인자에게 보낼 때 100% 신뢰도를 가져야 합니다. 그리고 명확하지 않은 주문의 경우 1의 신뢰도(100%의 정확성을 보장)를 제공하는 대신 0.72의 신뢰도(좀 더 낮은 신뢰도)를 제시할 수 있습니다. 또한 애플리케이션의 신뢰도가 75% 미만이면 캐런에게 요청을 전달한다는 의사결정 규칙을 구현할 수도 있습니다.

리스크팀이 사람에 의해 주문을 검토해야 하는 신뢰수준을 설정하는 데 관여한다면 회사 내 패턴기반 의사결정의 관리에 대한 명확한 지침을 수립할 수 있습니다. 2장에서는 캐런의 업무를 좀 더 많이 살펴보고 업무 향상에 큰 도움을 줄 것입니다.

1.7 도구

2017년 이전에는 확장 가능한 머신러닝 시스템을 구축하는 것은 매우 도전적인 일이었습니다. 특성 정보를 식별하고 라벨링된 데이터셋을 만드는 일뿐만 아니라 IT 인프라 관리자, 데이터 사이언티스트, 백엔드 웹 개발자를 포함하여 광범위한 기술이 필요했습니다. 이 장에서는 머신러닝 시스템을 구성하는 데 적용하는 단계를 설명합니다(이러한 단계 없이 머신러닝 시스템을 구성하는 방법도 살펴보겠습니다).

1 머신러닝 애플리케이션을 빌드하고 실행할 수 있는 개발 환경 구축(IT 인프라 관리자)
2 데이터에 대한 머신러닝 애플리케이션 훈련(데이터 사이언티스트)
3 머신러닝 애플리케이션 검증(데이터 사이언티스트)
4 머신러닝 애플리케이션 호스팅(IT 인프라 관리자)
5 새로운 데이터를 반영하여 예측하는 엔드포인트 endpoint[4] 구축(백엔드 웹 개발자)

---

4 옮긴이_ 추론 서비스가 되는 포인트

머신러닝이 아직 대부분의 회사에서 일반적으로 사용되지 않는다는 것은 놀라운 일이 아닙니다. 최근에는 바로 앞에서 기술한 단계 중 일부는 클라우드 기반 서버를 사용합니다. 따라서 위 모든 사항이 서로 연동되는 방법에 대한 이해는 필요하지만, 개발 환경 구성이나 서버 구축, 안전한 엔드포인트 생성 방법은 알 필요가 없습니다.

2장부터 7장까지는 일반적인 비즈니스 문제를 해결할 수 있는 머신러닝 시스템을 처음부터 하나하나 구현해보겠습니다(사전 지식 없이 맨 처음부터 구현해볼 것입니다). 이 작업이 어려워 보일 수 있지만 AWS 세이지메이커라고 불리는 아마존 서비스를 사용할 것이기 때문에 사실 그렇게 어렵지 않습니다.

1.7.1 AWS와 세이지메이커는 무엇이고, 어떤 도움이 되는가

AWS는 아마존의 클라우드 서비스입니다. 이 서비스를 통해 모든 회사가 자체 데이터 센터를 구축하는 대신 클라우드 안에서 서버를 구성하고 클라우드 제공 서비스들과 연동할 수 있습니다. AWS에서는 서비스 수십 개를 사용할 수 있습니다. AWS 서비스의 범위는 클라우드 기반 서버 EC2와 같은 컴퓨팅 서비스부터 SNS$^{\text{Simple Notification Service}}$와 같은 메시징 및 통합 서비스, 아마존 트랜스크라이브$^{\text{Amazon Transcribe}}$(음성을 텍스트로 변환하는 서비스)와 AWS 딥렌즈$^{\text{AWS DeepLens}}$(비디오 자료에 대한 머신러닝 서비스)와 같은 용도별 머신러닝 서비스에 이르기까지 다양합니다.

세이지메이커는 머신러닝 애플리케이션을 구축하고 배포하기 위해 아마존이 제공하는 머신러닝 환경입니다. 앞서 설명한 5가지 단계에 대해 세이지메이커가 제공하는 기능을 살펴보겠습니다. 세이지메이커는 다음과 같은 이유로 혁신적입니다.

- 개인 컴퓨터에 개발 환경을 구성할 필요가 없도록 클라우드에서 개발 환경을 제공
- 사용자 데이터에 대해 미리 구성된 머신러닝 애플리케이션 제공
- 클라우드에서 제공하는 툴을 사용하여 머신러닝 애플리케이션의 결과 검증
- 개인의 머신러닝 애플리케이션 호스팅
- 새로운 데이터를 대입하여 예측 결과를 반환하는 엔드포인트 자동 구성

세이지메이커의 가장 큰 장점은 필요한 모든 인프라를 지원한다는 사실 외에도 주피터 노트북이라고 불리는 개발 환경을 제공한다는 것입니다. 주피터 노트북이 지원하는 프로그래밍 언어

중 하나는 파이썬입니다. 이 책에서 세이지메이커를 사용하여 배우게 될 내용들은 다른 머신러닝 환경에서도 잘 작동할 것입니다. 주피터 노트북은 머신러닝 애플리케이션 작업에서 데이터 사이언티스트의 사실상의 표준 도구이며, 파이썬은 데이터 사이언티스트 사이에서 가장 빠르게 성장하는 프로그래밍 언어입니다.

아마존은 머신러닝 애플리케이션 작업에 대해 주피터 노트북과 파이썬을 제공하는데, 이는 숙련된 실무자뿐만 아니라 데이터 사이언스와 머신러닝에 입문한 사람에게도 도움이 됩니다. 숙련된 머신러닝 실무자에게 좋은 점은 세이지메이커를 활용하여 즉각적으로 생산성을 높일 수 있다는 것입니다. 그리고 입문자에게 좋은 점은 세이지메이커로 배운 기술은 머신러닝, 데이터 사이언스 등 모든 분야에 적용할 수 있다는 것입니다.

1.7.2 주피터 노트북은 무엇인가

주피터 노트북은 데이터 과학에서 가장 보편적인 툴입니다. 주피터 노트북은 사용자가 데이터 준비 및 불러오기부터 결과 분석, 시각화까지 데이터 분석을 지속적으로 반복할 수 있도록 텍스트, 코드, 차트를 하나의 문서 안에 조합합니다.

주피터 프로젝트는 2014년에 시작되었습니다. 2017년에 주피터 프로젝트 운영 위원회는 권위 있는 ACM 소프트웨어 시스템 어워드^{ACM Software System award}를 수상했으며, 수상 내역은 '개념에 대한 기여와 상업적 수용 두 측면을 모두 반영하면서 지속적인 영향력을 미쳐왔던 소프트웨어 시스템 개발'에 대한 것이었습니다. 이전 수상들이 '인터넷'과 같은 것이었으므로 이 상의 수상은 매우 큰 사건이었습니다.

주피터 노트북은 비즈니스 분석에서의 '엑셀'과 같이 아주 보편적으로 사용될 것으로 예상됩니다. 사실 이 책에서 세이지메이커를 툴로 선택한 주요 이유 중 하나는 세이지메이커를 배우는 것이 주피터 노트북을 배우는 것이기 때문입니다.

1.8 2~7장의 시나리오를 다루기 위한 세이지메이커 설정

각 장에서 따라야 하는 작업 절차는 다음과 같습니다.

1 각 장에서 알려주는 링크에서 주피터 노트북과 데이터셋을 다운로드합니다. 각 장에는 하나의 주피터 노트북과 하나 이상의 데이터셋이 있습니다.

2 데이터셋을 AWS의 파일 스토리지 버킷인 S3에 업로드합니다.

3 주피터 노트북을 세이지메이커에 업로드합니다.

위 단계를 수행한 다음에 노트북 전체를 수행할 수 있고, 수행 후에는 머신러닝 모델이 빌드됩니다. 각 장의 나머지 부분에서는 노트북에 있는 각 셀cell의 내용을 살펴보고 작동 방식을 설명할 것입니다.

AWS 계정이 이미 있다면 바로 시작할 수 있습니다. 각 장에 대한 세이지메이커의 구성은 몇 분밖에 걸리지 않을 것입니다. 부록 B와 C는 2장을 위한 구성 방법을 설명합니다.

AWS 계정이 없다면 부록 A부터 부록 C까지 따라 하면 됩니다. 이 부록들은 AWS 가입부터 데이터를 S3에 업로드하고 세이지메이커에 노트북을 생성하는 작업을 단계별로 안내합니다. 각 부록의 주제는 다음과 같습니다.

- 부록 A : 아마존의 웹서비스인 AWS에 가입
- 부록 B : AWS의 파일 스토리지 서비스인 S3 설정
- 부록 C : 세이지메이커 설정

부록 A~C의 내용을 수행하고 나면 S3 버킷에 데이터셋을 저장하고 세이지메이커에 주피터 노트북을 설치하여 실행할 수 있습니다. 그러면 2장부터 나오는 시나리오를 다룰 수 있는 준비가 된 것입니다.

1.9 지금이 바로 행동할 때

이 장 초반에 생산성을 빠르게 증가시키는 선도 기업이 있다는 것을 살펴봤습니다. 지금도 이러한 기업은 아주 드물고, 지금 여러분 회사는 그들과 경쟁해야 할 필요가 없을 수도 있습니다. 하지만 다른 기업이 생산성을 획기적으로 향상시키기 위해 비즈니스 자동화를 위한 머신러닝 같은 기술을 사용하는 방법을 배우는 것은 불가피하며, 여러분 회사가 그러한 기업들과 경쟁하게 되는 것도 불가피합니다. 이렇게 되면 이 문제는 기업의 생존과 관련된 문제가 될 것입니다.

2장부터 7장까지 시나리오 6개를 설명할 것입니다. 회사에서 직면할 시나리오를 다루며 실제 업무에서 큰 도움이 될 겁니다. 시나리오 6개는 다음 내용을 포함합니다.

- 구매 주문서를 기술 승인자에게 보내야 할까요?
- 이탈 위험이 있는 고객에게 전화를 해야 할까요?
- 고객 문의 사항을 고객지원팀에 전달해야 할까요?
- 공급업체가 보낸 청구서를 감사해야 할까요?
- 과거 전력 사용량을 봤을 때 회사가 다음 달에 사용할 전력 사용량은 얼마일까요?
- 회사의 월별 전력 사용량 예측을 개선하기 위해 공휴일 및 일기 예보와 같은 데이터를 추가해야 할까요?

이러한 내용을 실습하고 나면 회사와 업무에서 직면하게 될 머신러닝의 의사결정 시나리오 대부분을 해결할 수 있을 것입니다. 이 책은 기술적 사고방식을 가진 비개발자가 회사 내에서 머신러닝 애플리케이션을 구축할 수 있는 사람이 되는 여정을 안내하고 있습니다.

1.10 요약

- 생산성이 향상되지 않은 기업은 생산성이 향상된 기업에 뒤쳐지게 될 것입니다.
- 머신러닝은 회사의 발전을 방해하는 사소한 모든 결정을 자동화할 수 있어서 기업의 생산성 향상의 핵심입니다.
- 단순히 보면 머신러닝은 수학적 함수를 만드는 방법입니다. 수학적 함수는 이전의 의사결정에 가장 적합한 함수이며 현재의 의사결정을 가이드하는 데 사용할 수 있습니다.
- 세이지메이커는 비즈니스에서 사용할 수 있는 머신러닝 애플리케이션을 구성할 수 있는 서비스입니다.
- 주피터 노트북은 데이터 사이언스와 머신러닝을 위해 사용하는 가장 보편적인 툴 중 하나입니다.

Part II

비즈니스를 위한
머신러닝 6가지 시나리오

2부의 각 장에서는 머신러닝을 이용하여 하나의 운영 영역에 대해 생산성을 향상시키는 방법을 다룹니다. 다루는 영역은 다음과 같습니다.

- 구매 주문 승인
- 이탈 위험 고객 평가
- 트윗 내용을 고객지원팀에 전달 여부 결정
- 공급업체의 청구서 감사
- 시계열 데이터를 사용하여 전력 사용량 같은 운영 추세 예측
- 시계열 예측에 추가 특성 정보 통합

각 장에서 주피터 노트북과 데이터셋을 다운로드하여 AWS 세이지메이커 계정에 업로드합니다. 그런 다음 노트북을 실행하여 모델을 만들고 테스트하게 됩니다. 각 장에서 노트북을 자세히 설명하므로 노트북의 작동 방식을 이해할 수 있을 겁니다. 각 장의 시나리오를 연습하고 나면 회사의 데이터셋에 대해서도 동일한 작업을 수행할 수 있습니다.

Part II

비즈니스를 위한
머신러닝 6가지 시나리오

CHAPTER 2

기술 담당자에게 구매 결재 검토 요청을 전달해야 하는가

이 장의 내용
- 머신러닝을 사용할 것인지 식별
- 머신러닝에 필요한 데이터양
- 머신러닝 시스템 구축
- 머신러닝을 사용하여 의사결정

이 장에서는 머신러닝을 사용하는 하나의 예로서 기술 담당자에게 구매 결재 검토 요청을 전달할지 여부를 결정하는 의사결정 시스템을 만드는 전체 과정을 살펴보도록 하겠습니다. 이때 어떤 규칙을 작성하지 않아도 됩니다. 단지 머신러닝 시스템에 1,000개의 주문 기록과 각 주문마다 기술 담당자에게 구매 의사를 통보할 것인지 여부를 체크하여 데이터를 입력하기만 하면 됩니다. 그러면 머신러닝 시스템은 1,000개의 데이터 패턴을 판단한 후 앞으로 주문을 신규 추가할 때 해당 결재 요청이 기술 담당자에게 구매 결재 검토 요청을 전달해야 할 결재인지 아닌지 판단하게 됩니다.

이 장에서는 구매 부서에서 일하고 있는 가상 인물 '캐런'의 업무를 알아볼 것입니다. 그녀의 주요 업무는 회사 직원들의 특정 제품이나 서비스에 대한 구매 요청을 처리하는 것입니다. 각 구매 요청이 있을 때마다 캐런은 이 요청을 누가 검토하고 승인하는지 판단합니다. 구매 승인 후 캐런은 공급업체에 구매 요청을 보냅니다. 자신은 그렇게 생각하지 않을지라도 캐런은 **의사결정 권자**입니다. 캐런은 각 제품 및 서비스 구매 요청이 있을 때마다 누가 이것을 승인해야 하는지 결정하게 됩니다. 컴퓨터와 같은 제품에 대해 캐런은 검토 요청을 회사 내의 기술 담당자에게 전달하고, 기술 담당자는 그 컴퓨터의 사양이 구매 직원에게 적합한지 결정합니다. 이 장에서는 이 구매 요청을 기술 담당자에게 보낼 필요가 있는지에 대한 의사결정을 살펴보겠습니다.

이 장의 마지막까지 학습하면 캐런의 일을 도와줄 수 있을 것입니다. 캐런에게 요청이 가기 전에 그 요청을 처리할 방법을 만들어 캐런이 각 요청을 어떻게 처리해야 할지 조언해주게 될 것입니다. 이 장의 예제를 학습하고 나면 머신러닝을 사용한 의사결정 방법에 익숙해질 것입니다.

2.1 의사결정

[그림 2-1]은 캐런의 구매 요청 처리 과정을 보여주고 있습니다. 각 사람 아이콘은 해당 작업을 하는 사람을 나타냅니다. 만약 하나 이상의 화살표가 아이콘에 할당되어 있다면 그 사람은 의사결정을 하게 됩니다.

그림 2-1 캐런 회사에서 기술 장비를 구매하는 검토 요청 과정

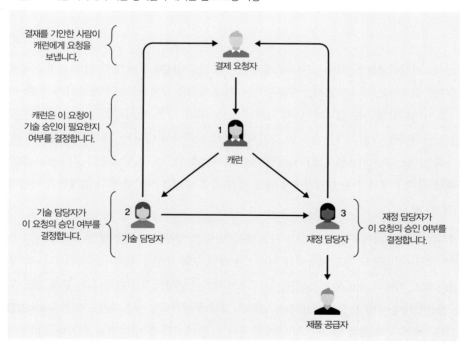

캐런의 검토 요청 과정에서는 다음 세 가지 의사결정을 하게 됩니다(그림에서 1, 2, 3으로 표시).

1 첫 번째 의사결정은 이 장에서 살펴볼 내용입니다. 캐런은 기술 담당자에게 결재안을 검토 요청 보내야 할까요, 아니면 재정 담당자에게 바로 보내도 될까요?

2 두 번째는 캐런이 보낸 구매 요청에 대해 기술 담당자가 하는 의사결정입니다. 기술 담당자는 결재안을 검토한 후 승인하고 재정 담당자에게 결재안을 보내야 할까요, 아니면 바로 승인을 거부해야 할까요?

3 세 번째는 재정 담당자가 하는 의사결정입니다. 기술 담당자가 승인한 결재안을 전달받은 재정 담당자가 이것을 검토한 후 승인하여 공급업체에 주문을 해야 할까요, 아니면 결재안을 반려하여 결재를 요청한 직원에게 다시 돌려보내야 할까요?

이런 의사결정은 머신러닝 작업에 아주 적합할 수 있으며, 실제로도 그렇습니다. 첫 번째 의사결정(캐런의 의사결정)을 좀 더 자세히 살펴보면서 왜 이런 작업이 머신러닝에 적합한지 알아보겠습니다.

2.2 데이터

캐런과 업무를 논의한 결과 그녀는 일반적으로 IT 제품과 유사한 제품의 구매 요청은 기술 담당자에게 보낸다는 것을 알 수 있었습니다. 반면 마우스나 키보드 같이 IT 제품에 연결해서 사용하는 소비제품은 기술 담당자에게 요청을 보내지 않습니다. 그리고 구매 요청이 IT 부서에서 온 경우에도 군이 기술 담당자에게 요청을 보내지 않습니다.

[표 2-1]은 이 시나리오에서 사용할 데이터셋을 보여주고 있습니다. 이 데이터셋에는 캐런이 과거에 처리한 1,000개의 구매 요청이 있습니다.

이와 같이 지도학습을 위한 라벨링된 데이터셋을 준비할 때 첫 번째 열에 목표 변수를 넣는 것은 좋은 습관입니다. 이 시나리오에서 목표 변수는 '캐런이 기술 담당자에게 결재안을 검토 요청 보내야 하나?' 여부입니다. 만약 캐런이 기술 담당자에게 결재안을 검토 요청 보낸다면 이 데이터셋의 첫 번째 열인 tech_approval_required에 1을 넣고, 그렇지 않을 때는 0을 넣습니다. 나머지 열은 **특성 정보**(피처) 데이터입니다. 이 특성 정보 데이터들은 캐런이 검토 요청을 기술 담당자에게 보낼지 여부를 결정하는 아주 중요한 항목입니다. 목표 변수에 범주형과 연속형 두 가지 유형이 있는 것처럼 특성 정보에도 범주형과 연속형 두 가지 유형이 있습니다.

[표 2-1]에서 범주형 특성 정보는 requester_id, role, product 열의 데이터들입니다. 이런 **범주형 특성 정보**^{categorical feature}는 데이터를 클러스터링하여 특정 그룹으로 나눌 때 사용합니다. 이때 다음과 같이 숫자보다는 특정 글자를 사용합니다.

- **requester_id**: 구매 요청을 한 직원의 ID
- **role**: 구매 요청을 한 직원이 IT 부서 소속이라면 tech라고 적습니다.
- **product**: 구매 요청을 한 제품

이 데이터셋에서 **연속형 특성 정보**^{continuous feature}는 [표 2-1]의 맨 마지막 3개 열에 있는 데이터 들이며, 항상 숫자입니다. quantity, price, total이 이에 해당합니다.

표 2-1 주문에 대한 기술 승인 필요 여부가 포함된 데이터셋

tech_approval_required	requester_id	role	product	quantity	price	total
0	E2300	tech	Desk	1	664	664
0	E2300	tech	Keyboard	9	649	5841
0	E2374	non-tech	Keyboard	1	821	821
1	E2374	non-tech	Desktop Computer	24	655	15720
0	E2327	non-tech	Desk	1	758	758
0	E2354	non-tech	Desk	1	576	576
1	E2348	non-tech	Desktop Computer	21	1006	21126
0	E2304	tech	Chair	3	155	465
0	E2363	non-tech	Keyboard	1	1028	1028
0	E2343	non-tech	Desk	3	487	1461

이 데이터셋의 필드들은 캐런의 의사결정 단계를 모방하여 구현해보기 위해 선별한 필드입니다. 더 많은 필드가 존재할 수 있으며, 필드를 선택할 때 전문적인 소프트웨어를 사용할 수 있습니다. 하지만 이 장에서는 이 시나리오의 목적상 해결하기 위한 문제에 대한 필드를 선택할 때 직관적인 방법을 사용할 것입니다. 앞으로 보게 되겠지만 이런 직관적인 방법을 사용하면 좋은 결과를 빠른 시간 내에 얻을 수 있습니다. 이제 머신러닝 작업을 할 준비가 되었습니다.

- 이 작업의 최종 목표는 주문 요청을 머신러닝 모델에 입력하고 그 요청을 기술 담당자에게 전달할 것인지 유무를 머신러닝 모델이 추천할 수 있게 하는 것입니다.

- 앞에서 이미 의사결정을 할 때 사용할 특성 정보(구매 요청의 제품 종류와 요청을 한 직원이 IT 부서인지 아닌지 여부 등)를 식별했습니다.
- 라벨링된 과거 데이터셋[1]을 생성했습니다([표 2-1] 참조).

2.3 학습 시작

라벨링된 데이터셋이 있고, 머신러닝 모델을 이용해서 의사결정 단계를 학습할 수 있습니다. 하지만 어떤 모델을 어떻게 학습해야 할까요?

다음 장에서 머신러닝의 작동 방식을 설명하겠지만, 지금 당장 알아야 할 것은 **머신러닝 모델**은 맞게 판단하면 보상하고 틀리게 판단하면 벌점을 주는 수학적 함수라는 것입니다. 머신러닝 모델이 정확하게 판단하기 위해서는 좋고 나쁜 보상에 대해 각 특성 정보와의 연관성을 스스로 찾아가야 합니다. 데이터 샘플이 많으면 많을수록 판단의 정확도는 더 올라갈 수 있습니다.[2] 머신러닝 모델이 모든 데이터 샘플을 다 학습한 시점을 '머신러닝 모델 학습 완료'라고 합니다.

머신러닝 모델의 뼈대가 되는 수학적인 함수를 **머신러닝 알고리즘**machine learning algorithm이라고 부릅니다. 각각의 머신러닝 알고리즘은 고유의 파라미터parameter가 있어서 이 파라미터를 수정하면 아주 좋은 결과를 도출할 수 있습니다. 하지만 이 장에서는 기본으로 설정한 파라미터를 사용할 것입니다. 다음 장에서 이 파라미터를 어떻게 수정하여 최적의 결과를 얻을 수 있는지 알아볼 것입니다.

머신러닝을 배우는 초보자에게 가장 골치 아픈 것 중의 하나는 어떤 머신러닝 알고리즘을 사용할 것인지 결정하는 것입니다. 이 장에서는 지도학습의 하나인 XG부스트 알고리즘을 살펴볼 것입니다. XG부스트는 아주 좋은 선택이 될 수 있는데, 그 이유는 다음과 같습니다.

------

1 옮긴이_ 목표 변수를 포함한 데이터셋
2 옮긴이_ 커피숍의 영업시간을 알아내는 과정을 예로 들어보겠습니다. 영업시간이 9시 30분부터인 매장의 개점 시간을 모르는 상태에서 며칠 동안 방문했다고 가정합시다. 월요일 9시에 방문했을 때 직원들이 주문을 받지 않고 청소하고 있었습니다. 화요일 9시 45분에 방문했을 때는 청소하는 직원은 없었고, 손님 7명과 손님들이 사용한 컵 5개가 있었습니다. 수요일 9시 25분에 방문했을 때 역시 주문은 받지 않았지만 대기 손님이 2명 있었습니다. 목요일 9시 35분에는 주문을 받고 있었고, 손님 3명과 손님들이 사용한 컵 2개가 있었습니다. 매장 개점 시간은 청소하는 직원의 유무, 대기 손님 수, 매장 손님 수, 커피숍에서 사용한 컵 수 등과 같은 변수들과 연관이 있습니다. 매일 커피숍에 방문하여 얻은 정보입니다. 즉, 데이터셋의 크기가 커질수록 머신러닝의 정확도가 높아져, 머신러닝 모델의 해답을 찾기가 쉬워집니다.

- 매우 유연합니다. 기본 파라미터 설정만으로도 다양한 작업에 대해 좋은 결과를 산출합니다.
- 좋은 결과를 산출하기 위해 대량의 데이터셋이 필요 없습니다.
- 추론 결과에 대한 원인을 설명하기 쉽습니다.
- 소규모 데이터셋으로 진행되는 머신러닝 대회에 참가하는 많은 참가자가 손쉽게 사용할 수 있는 고성능 알고리즘입니다.

XG부스트가 어떻게 작동하는지는 이 책의 다른 장에서 자세히 살펴보겠으며, 지금은 사용 방법만 설명합니다. 이 알고리즘의 구체적인 설명은 AWS 웹사이트에서 확인할 수 있습니다 (https://docs.aws.amazon.com/sagemaker/latest/dg/xgboost.html).

> **NOTE_** 이 장에서 작업할 때 필요한 도구를 아직 설치하고 구성하지 않았다면 부록 A, B, C를 참조하여 설치 및 구성을 하기 바랍니다. 부록 C까지의 내용을 따라 했다면 AWS의 파일 스토리지 서비스인 S3에 데이터가 업로드되었을 것이고 세이지메이커에서 작동하는 주피터 노트북을 사용할 수 있습니다.

2.4 주피터 노트북을 이용한 의사결정

주피터 노트북을 이용해 주문 요청을 기술 담당자에게 전달할지 여부를 예측해보겠습니다. 이 장에서는 노트북 코드를 다음 6개 파트로 나누어 하나씩 살펴보겠습니다.

1 데이터 로드 및 검사
2 데이터를 모델에 적합한 형태로 가공
3 학습용, 검증용, 테스트용 데이터셋 생성
4 머신러닝 모델 학습
5 머신러닝 모델 호스팅
6 모델 테스트 및 의사결정에 모델 적용

이 과정을 진행하기 위해서는 다음 두 가지 작업을 먼저 완료해야 합니다.

- S3에 orders_with_predicted_value.csv 데이터셋 업로드
- 세이지메이커에 tech_approval_required.ipynb 주피터 노트북 파일 업로드

부록 B와 C에서는 이 장에서 사용할 데이터셋에 대해 이러한 각 단계를 수행하는 방법을 자세히 설명하고 있습니다. 이를 요약하면 다음과 같습니다.

- 다음 링크에서 데이터셋 파일을 다운로드합니다.

  `https://s3.amazonaws.com/mlforbusiness/ch02/orders_with_predicted_value.csv`
- 다운로드한 데이터셋 파일을 자신이 설정한 S3 버킷[3]에 업로드합니다.
- 다음 링크에서 주피터 노트북 파일을 다운로드합니다.

  `https://s3.amazonaws.com/mlforbusiness/ch02/tech_approval_required.ipynb`
- 다운로드한 주피터 노트북 파일을 세이지메이커 노트북 인스턴스에 업로드합니다.

주피터 노트북에 있는 코드를 보고 놀라지 마세요. 이 책에서 코드를 하나씩 설명할 것입니다. 이 장에서는 코드를 수정하는 대신 하나씩 실행해볼 것입니다. 실제로 이 장에서는 처음 나오는 두 줄의 코드 외에 다른 것은 바꿀 필요가 없습니다. 수정할 코드는 독자의 S3 버킷 이름과 데이터셋을 업로드한 하위 폴더를 설정하는 부분입니다.

먼저 `http://console.aws.amazon.com`에서 AWS 콘솔에 로그인하고 세이지메이커 서비스를 엽니다. 그리고 세이지메이커 왼쪽 메뉴에서 'Notebook instances'를 클릭합니다(그림 2-2).

그림 2-2 세이지메이커 왼쪽 메뉴에서 'Notebook instances' 클릭

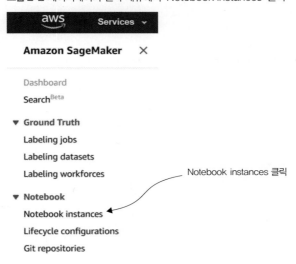

---

3 옮긴이_ S3 버킷은 AWS 스토리지 서비스로 AWS에 데이터를 저장하고 다른 서비스(기능)에서 이용하기 위해 사용합니다.

만약 부록 C에서 다운로드하여 세이지메이커에 업로드한 주피터 노트북이 실행되지 않는다면 [그림 2-3]과 같은 화면을 보게 됩니다. 이때 Start를 클릭하여 노트북 인스턴스를 시작합니다.

그림 2-3 노트북 인스턴스가 정지된 상태

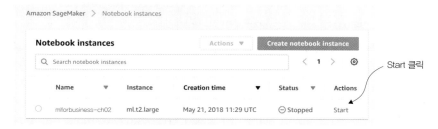

노트북 인스턴스를 시작했거나 이미 시작된 상태라면 [그림 2-4]와 같은 화면이 보입니다. 여기서 Open Jupyter를 클릭합니다.

그림 2-4 노트북 인스턴스에서 주피터 노트북 열기

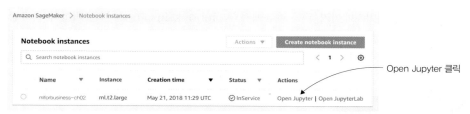

웹 브라우저에 새 탭이 열리고 부록 C에서 생성한 ch02 폴더가 보일 겁니다(그림 2-5).

그림 2-5 ch02 폴더 선택

ch02 폴더를 클릭하면 부록 C에서 업로드한 노트북 파일(tech-approval-required.ipynb)을 볼 수 있습니다. [그림 2-6]과 같이 이 노트북 파일을 클릭해서 열어보세요.

그림 2-6 tech-approval-required.ipynb 파일 열기

[그림 2-7]은 주피터 노트북 화면을 보여줍니다. 주피터 노트북은 텍스트와 코드를 동시에 보여주는 효율적인 작업 환경입니다. 예를 들어 [그림 2-7]에서 텍스트 셀은 2.4.1절의 제목인 'Part 1: Load and examine the data^{파트 1: 데이터 로드 및 검사}' 부분입니다. 그리고 코드 셀 예제는 다음과 같습니다.

```
data_bucket = 'mlforbusiness'
subfolder = 'ch02'
dataset = 'orders_with_predicted_value.csv'
```

그림 2-7 주피터 노트북 화면

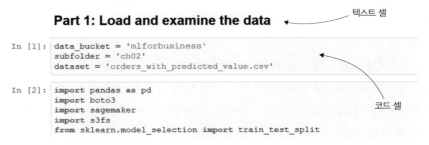

주피터 노트북의 코드를 실행하려면 코드 셀을 마우스로 클릭한 다음 Ctrl + Enter 를 누릅니다.

2.4.1 파트 1: 데이터 로드 및 검사

[예제 2-1]부터 [예제 2-4]까지의 코드는 데이터를 불러와서 살펴볼 수 있게 하는 코드입니다. 여기서는 data_bucket과 subfolder만 수정하면 됩니다. 이 두 부분에 부록 B에서 설정한 S3 버킷과 그 버킷 내의 하위 폴더 이름을 알려줍니다.

> **NOTE_** 이번에는 단지 코드에 익숙해지도록 하기 위해 코드를 맛보기만 하고, 다음 장에서는 코드가 세이지메이커와 어떻게 연동하는지 살펴보도록 하겠습니다.

[예제 2-1]은 데이터가 저장되어 있는 S3 버킷과 하위 폴더를 알려주는 방법을 보여줍니다.

예제 2-1 S3 버킷과 하위 폴더 설정

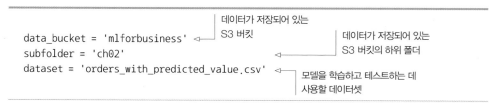

기억하고 있겠지만 주피터 노트북은 코드를 작성하고 실행하는 곳입니다. 주피터 노트북에서 코드를 실행하는 방법은 두 가지입니다. 하나는 한 셀의 코드를 실행하는 것이고, 다른 하나는 여러 셀의 코드를 한 번에 실행하는 것입니다.

한 셀의 코드를 실행하려면 해당 코드 셀을 마우스로 클릭한 다음 Ctrl + Enter 를 누르면 됩니다. 이때 별표(＊)가 코드 셀 왼쪽에 나타나는 것을 볼 수 있습니다. 이것은 그 셀의 코드가 실행 중이라는 뜻입니다. 이 별표가 숫자로 바뀌면 코드 셀의 실행이 끝났다는 것을 의미합니다. 이 숫자는 주피터 노트북을 연 다음에 얼마나 많은 셀을 실행했는지 알려줍니다.

[예제 2-1]에서 S3 버킷과 버킷 내 하위 폴더를 각자의 환경에 맞게 수정하고 나면 주피터 노트북을 실행할 수 있습니다. 주피터 노트북은 S3 버킷의 하위 폴더에 저장되어 있는 데이터셋을 로드하고, 머신러닝 모델을 빌드 및 학습하고, 엔드포인트(학습된 모델을 서비스하는 포인트)를 설정합니다. 그리고 테스트 데이터셋으로부터 예측값을 추론합니다. 세이지메이커가 이 작업을 실행하는 데 약 10분 정도 걸립니다. 만약 더 큰 용량의 데이터셋을 불러올 경우에는 시간이 좀 더 걸릴 수 있습니다.

주피터 노트북의 전체 코드를 한 번에 실행하기 위해서는 주피터 노트북 상단 툴바에서 'Cell → Run All'을 클릭합니다(그림 2-8).

그림 2-8 주피터 노트북을 한 번에 실행하기

주피터 노트북 설정

주피터 노트북을 실행하는 데 필요한 외부 라이브러리를 불러오겠습니다(예제 2-2). 주피터 노트북을 실행하려면 다음과 같은 외부 라이브러리가 필요합니다.

- **팬더스**: 데이터 사이언스 프로젝트에서 일반적으로 사용하는 파이썬 라이브러리입니다. 이 장에서는 팬더스 라이브러리의 일부 기능만 사용할 것입니다. 먼저 팬더스 라이브러리를 pd라는 이름으로 불러옵니다. 이렇게 하면 pd를 접두사로 하여 팬더스 라이브러리의 모듈 기능을 사용할 수 있습니다(이 장 뒷부분에서 많이 보게 될 것입니다).

- **boto3**와 **세이지메이커**: 아마존에서 만든 라이브러리로, 파이썬 사용자가 AWS의 리소스에 쉽게 접근할 수 있게 해줍니다. boto3는 S3 버킷 접근을 용이하게 하고, 세이지메이커는 이름에서도 알 수 있듯이 세이지메이커 서비스와 연동됩니다.[4] 그리고 **s3fs**라는 모듈도 사용되는데, boto3와 S3 사용을 쉽게 해줍니다.

- **sklearn**: 이 작업에서 마지막으로 불러올 외부 라이브러리입니다. sklearn은 상업과 과학계 모두에서 널리 사용하고 있는 머신러닝의 종합 라이브러리인 **scikit-learn**의 줄임말입니다. 이 장에서는 일단 `train_test_split`이라는 모듈만 사용할 것입니다.

---

4 옮긴이_ 세이지메이커 SDK는 머신러닝 모델 개발에 초점을 둔 고수준 SDK로서 세이지메이커 API들을 추상화하여 제공합니다. 따라서 boto3보다 쉽게 사용할 수 있습니다. boto3는 서비스 수준의 API로서 세이지메이커 API를 포함한 AWS 서비스들의 API를 100% 활용할 수 있습니다. 또한 boto3은 좀 더 세밀한 작업이나 프로덕션 적용, 자동화에 적합합니다.

또한 세이지메이커 라이브러리가 머신러닝 애플리케이션을 구축하고 서비스하는 데 필요한 자원을 사용할 수 있도록 하는 세이지메이커의 역할을 생성해야 합니다. 이 작업을 하려면 get_execution_role이라는 세이지메이커 함수를 사용해야 합니다.

예제 2-2 라이브러리 모듈 불러오기

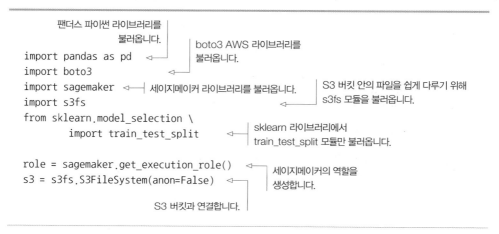

앞서 언급했듯이 주피터 노트북의 코드 셀을 하나씩 실행하려면 해당 코드 셀을 마우스로 클릭하고 Ctrl + Enter 를 누릅니다.

데이터를 불러오고 살펴보기

앞의 작업을 통해 S3 버킷과 하위 폴더를 설정하고 주피터 노트북을 설정했으면 이제부터는 데이터를 살펴볼 수 있습니다. 데이터를 살펴보는 가장 좋은 방법은 [예제 2-2]에서 불러온 팬더스 라이브러리를 사용하는 것입니다.

[예제 2-3]은 **데이터프레임**이라고 불리는 팬더스의 데이터 구조를 생성합니다. 데이터프레임은 스프레드시트(예: 엑셀)의 테이블과 같은 구조라고 생각하면 됩니다. 코드의 첫 라인에서 데이터프레임에 df라는 이름을 할당했습니다. 이 데이터프레임의 데이터는 S3 버킷에서 읽어 온 주문 데이터입니다. 팬더스의 read_csv 함수를 이용하여 데이터를 읽어 와서 데이터프레임에 저장합니다. df.head( )는 데이터프레임의 처음 5행의 데이터를 출력합니다.

예제 2-3 데이터셋 살펴보기

```
df = pd.read_csv(
    f's3://{data_bucket}/{subfolder}/{dataset}')
df.head()
```

[예제 2-1]에서 지정한 S3 버킷 내의 orders_with_predicted_value.csv 파일을 읽습니다.

위 라인에서 불러온 데이터프레임에서 처음 5행의 데이터를 출력합니다.

위 코드를 실행하면 처음 5행의 데이터를 출력합니다(코드를 실행하려면 코드 셀을 마우스로 클릭한 다음 Ctrl + Enter 를 누릅니다). 출력된 데이터셋은 [표 2-2]에 나온 데이터셋과 아주 흡사합니다.

표 2-2 엑셀 차트로 되어 있는 기술 담당자의 검토가 필요한 데이터셋

tech_approval_required	requester_id	role	product	quantity	price	total
0	E2300	tech	Desk	1	664	664
0	E2300	tech	Keyboard	9	649	5841
0	E2374	non-tech	Keyboard	1	821	821
1	E2374	non-tech	Desktop Computer	24	655	15720
0	E2327	non-tech	Desk	1	758	758

다시 말해, S3 버킷에 업로드했고 현재 [표 2-2]에서 볼 수 있는 df 데이터프레임 내 데이터셋은 캐런이 최근에 처리한 1,000개의 주문 목록입니다. 이 중 일부는 캐런이 기술 담당자에게 검토 요청을 보냈지만 전부 다 그렇게 한 것은 아닙니다.

[예제 2-4]는 데이터셋의 행 수로 데이터 사이즈를 확인하고, 기술 담당자에게 얼마나 많은 주문 요청을 보냈는지 확인하는 방법을 보여줍니다. 이 코드를 실행하면 데이터 사이즈는 1,000개 행으로 되어 있고 그중 807개를 기술 담당자에게 보내지 않은 것을 알 수 있습니다. 즉, 193개의 주문만 기술 담당자에게 보냈습니다.

예제 2-4 얼마나 많은 주문 요청을 기술 담당자에게 보냈는지 파악하기

```
print(f'Number of rows in dataset: {df.shape[0]}')
print(df[df.columns[0]].value_counts())
```

전체 데이터셋의 행 수를 보여줍니다.

이 라인이 무엇을 하는지 이해할 필요는 없습니다. 출력 결과는 기술 담당자에게 보낸 주문 요청과 그렇지 않은 주문 요청의 양을 표시합니다.

[예제 2-4]에서는 데이터프레임 오브젝트의 shape 함수는 이 데이터셋의 행과 열의 정보를 반환하는 것을 알 수 있습니다. df.shape[0]은 데이터셋의 행 수를 반환하고 df.shape[1]은 데이터셋의 열 수를 반환합니다. value_count 함수는 데이터프레임의 첫 번째 열에 있는 데이터에서 기술 담당자에게 보낸 주문 수를 반환하고 있습니다. 이 데이터셋의 첫 번째 열을 보면 주문이 기술 담당자에게 보내진 경우 1, 그렇지 않은 경우는 0으로 기입되어 있습니다.

2.4.2 파트 2: 데이터를 모델에 적합한 형태로 가공

이 장에서는 불러온 데이터를 머신러닝 모델의 입력에 맞게 준비할 것입니다. 이 주제는 다음 장에서 자세히 알아볼 것입니다. 여기서는 데이터를 준비하는 표준화된 작업들이 존재하고, 앞으로 다룰 머신러닝 예제에서 적용할 방법들 중 하나를 사용한다는 것만 알고 있으면 됩니다.

데이터를 준비할 때 중요한 점은 머신러닝 모델은 텍스트보다는 주로 숫자 데이터를 입력으로 사용한다는 것입니다. 그 이유는 다음 장에서 XG부스트에 대해 알아볼 때 자세히 살펴보겠습니다. 지금은 자세한 설명은 하지 않고 단지 머신러닝 모델을 학습하기 전에 텍스트로 되어 있는 데이터를 숫자로 변환하여 입력으로 사용하겠습니다. 다행히도 이 작업에 쉽게 할 수 있는 툴이 있어 그것을 사용할 것입니다.

먼저 팬더스의 get_dummies 함수를 사용해서 텍스트로 되어 있는 데이터를 숫자로 변경하겠습니다. 이 함수는 원본 데이터에 새로운 열을 추가하고, 텍스트 데이터에서 찾은 고윳값들을 숫자로 변경하여 추가된 열에 저장합니다(중복 제외). 예를 들어 원본 데이터의 product 열을 보면 그 안에 Desk, Keyboard, Mouse와 같은 텍스트 값이 들어 있습니다. 이 상황에서 get_dummies 함수를 사용하면 각 값이 새로운 열로 생성되고, 생성된 열에 해당 값의 포함 여부에 따라 0 또는 1이 들어갑니다.

[표 2-3]은 간단한 3열로 된 예제 데이터셋입니다. 이 표에는 Desk, Keyboard, Mouse에 대한 가격 정보가 들어 있습니다.

표 2-3 Desk, Keyboard, Mouse에 대한 가격 정보가 들어 있는 간단한 데이터셋

product	price
Desk	664
Keyboard	69
Mouse	89

get_dummies 함수를 실행하면 데이터셋 중에서 숫자가 아닌 열에서 텍스트 값을 가져와서 중복을 제거하고 난 후 유일한 텍스트의 개수만큼 새 열을 생성합니다. [표 2-4]에 나와 있는 것처럼 get_dummies 함수는 가격 정보에 해당하는 product 열을 제거한 다음, 텍스트 항목인 Desk, Keyboard, Mouse에 대한 새로운 열을 생성했습니다. 그리고 새로 생성한 열에 해당 가격이 맞을 경우에는 1, 그렇지 않을 경우에는 0을 삽입합니다.

표 2-4 get_dummies 함수를 적용한 후 달라진 데이터셋

price	product_Desk	product_Keyboard	product_Mouse
664	1	0	0
69	0	1	0
89	0	0	1

[예제 2-5]는 [표 2-4]를 만드는 코드입니다. 이 코드를 실행하려면 코드 셀을 마우스로 클릭한 다음 Ctrl+Enter를 누릅니다. 이 코드를 실행하면 아주 큰 데이터셋이 만들어집니다(무려 111개의 열이 만들어집니다).

예제 2-5 텍스트 값을 열로 변환하기

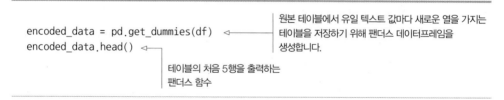

```
encoded_data = pd.get_dummies(df)
encoded_data.head()
```

원본 테이블에서 유일 텍스트 값마다 새로운 열을 가지는 테이블을 저장하기 위해 팬더스 데이터프레임을 생성합니다.

테이블의 처음 5행을 출력하는 팬더스 함수

이제 이 데이터셋의 모든 데이터가 다 숫자로 변환되어서 머신러닝 모델은 잘 작동할 것입니다. 하지만 한 가지 문제가 있습니다. 변환된 데이터가 너무 크다는 것입니다. [표 2-3]과 [표 2-4]의 데이터셋은 단지 2개 열에서 4개 열로 변환되었습니다. 이에 비해 세이지메이커 주피터 노트북으로 방금 만든 데이터셋은 무려 111개 열이 생성됩니다.

데이터셋이 이와 같이 커지더라도 머신러닝 모델에는 문제가 되지 않습니다. 머신러닝 모델은 수천 개 열의 데이터셋도 쉽게 처리할 수 있기 때문입니다. 하지만 이 데이터셋을 사용하는 사람에게는 문제가 됩니다. 데이터가 커진 만큼 데이터에 대한 추론이 더 어려워지기 때문입니다. 이런 이유 혹은 머신러닝 문제의 유형에 따라 필요 없는 데이터를 제거하여 가장 유용하고 의미 있는 데이터셋만 사용하면 종종 최적의 결과를 얻을 수 있습니다. 또한 데이터를 다루는 입장에서는 다른 사람에게 알고리즘이 어떻게 동작하는지 설명해줄 수 있는 능력은 아주 중요

합니다. 예를 들면 이 장에서 다루는 데이터셋에서 가장 상관관계가 있어 보이는 데이터는 기술 제품 종류(product 열)와 주문 요청을 한 사람이 IT 부서인지 여부를 나타내는 항목(role 열)입니다. 이는 어떻게 보면 머신러닝을 돌려보지 않아도 알 수 있는 것들입니다. 그리고 이런 분석 관점은 상식적이며, 다른 사람에게도 설득력이 있습니다.

머신러닝 작업에서 가장 중요한 입력 데이터는 예측하고자 하는 데이터와 가장 **상관관계**가 있는 데이터입니다. 하나의 데이터를 변경하면 다른 데이터도 같이 변경되는 경우 두 데이터는 상관관계에 있다고 말합니다. 만약 두 데이터가 서로 증가하거나 감소하는 경향이 있을 때는 **양의 상관관계**positively corrected를 가진다고 하고, 하나가 증가할 때 다른 하나가 감소하는(또는 반대로 감소할 때 증가하는) 일이 벌어질 때는 **음의 상관관계**negatively corrected를 가진다고 합니다. 하지만 이 책에서는 머신러닝 작업에서 양이나 음의 상관관계에 대한 것보다는 데이터들의 상관관계 자체에 집중할 것입니다.

이런 상관관계는 매우 중요한데, 머신러닝이 이 값을 기반으로 예측 및 추론하고자 하는 값을 찾아내기 때문입니다. 그래서 전체 데이터셋에서 가장 중요한 입력은 가장 상관관계가 있는 데이터라고 할 수도 있습니다.

이 장에서는 이런 상관관계를 팬더스에 있는 corr 함수를 사용해서 찾아낼 것입니다. [예제 2-6]에서 볼 수 있듯이 팬더스 데이터프레임인 encoded_data에 .corr( )를 붙여서 상관관계를 찾아낼 수 있습니다. 이 함수에 우리가 추론하고자 하는 데이터 이름을 넣어주어야 합니다. 여기서는 tech_approval_required라는 열이 우리가 찾고자 하는 데이터입니다.

[예제 2-6]은 이 작업이 어떻게 이루어지는지 보여줍니다. 예제에서 .abs( ) 함수는 상관관계의 결과를 양수로 만들기 위해서 사용했습니다.

예제 2-6 상관관계가 있는 입력 찾기

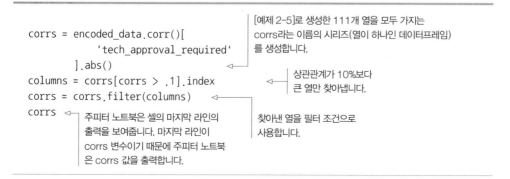

[예제 2-6]을 보면 먼저 상관관계를 구하고, 그중 10% 이상의 상관관계를 가지는 데이터의 열을 찾아냅니다. 이 코드가 어떤 알고리즘으로 찾아내는지 정확하게 알 필요는 없으며, 단지 tech_approval_required 열의 데이터와 상관관계가 10% 이상인 데이터 열만 찾아낸다는 것을 알고 있으면 충분합니다. 그런데 왜 하필 10%일까요? 이 방식은 머신러닝의 성능 향상에 도움이 안 되는 노이즈 성분을 제거하고, 데이터를 의미 있게 정리할 수 있게 합니다. 또한 고려해야 하는 입력 데이터 필드를 줄임으로써 알고리즘이 데이터를 어떻게 처리하는지 좀 더 쉽게 설명할 수 있습니다.

[표 2-5]는 입력 데이터 중에서 10% 이상의 상관관계를 가지는 열을 보여줍니다.

표 2-5 예측값과 입력 데이터의 열 간의 상관관계 지표

열 이름	예측값과의 상관관계
tech_approval_required	1.000000
role_non-tech	0.122454
role_tech	0.122454
product_Chair	0.134168
product_Cleaning	0.191539
product_Desk	0.292137
product_Desktop Computer	0.752144
product_Keyboard	0.242224
product_Laptop Computer	0.516693
product_Mouse	0.190708

위에서 가장 상관관계가 높은 입력 데이터 열(필드)을 알아냈습니다. 이제 encoded_data에서 이 조건에 해당되는 열만 추려내도록 필터를 적용해야 합니다. 이 작업은 [예제 2-7]에 나와 있습니다. 첫 번째 라인은 필터를 적용해서 해당되는 열만 추려내어 다시 encoded_data에 저장하는 코드고, 두 번째 라인에서는 이 내용을 출력합니다. 이미 여러 번 언급했지만 이 코드를 실행하려면 코드 셀을 마우스로 클릭한 다음 Ctrl + Enter를 누릅니다.

예제 2-7 상관관계가 있는 입력만 보여주기

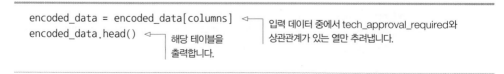

```
encoded_data = encoded_data[columns]
encoded_data.head()
```

해당 테이블을 출력합니다.

입력 데이터 중에서 tech_approval_required와 상관관계가 있는 열만 추려냅니다.

2.4.3 파트 3: 학습용, 검증용, 테스트용 데이터셋 생성

머신러닝 프로세스의 다음 단계는 알고리즘을 학습할 때 사용할 학습용 데이터셋을 만드는 것입니다. 또한 학습 결과를 검증하는 데 사용할 검증용 데이터셋과 결과를 테스트하는 데 사용할 테스트용 데이터셋도 생성하겠습니다. 이렇게 하려면 데이터셋을 다음 세 부분으로 나눕니다.

- 학습
- 검증
- 테스트

머신러닝 알고리즘은 학습용 데이터를 사용해서 모델을 훈련합니다. 학습용 데이터셋은 데이터를 가장 많이 할당해서 만들어야 합니다. 검증용 데이터는 알고리즘이 학습하면서 스스로 개선되고 있는지 여부를 판단하는 데 사용합니다. 이 데이터는 학습용 데이터 다음으로 큰 사이즈입니다. 마지막으로 테스트용 데이터를 만드는데, 3개의 데이터셋 중 가장 사이즈가 작습니다. 3개의 데이터셋을 만들었으면 CSV 포맷으로 변경하여 S3에 저장합니다.

[예제 2-8]에 나온 것처럼 먼저 두 개의 데이터셋을 만들겠습니다. 전체 데이터의 70%에 해당하는 부분을 학습 데이터셋으로, 그리고 30%에 해당하는 나머지 부분을 검증 및 테스트용으로 만들 것입니다. 물론 30%에 해당하는 데이터도 검증용과 테스트용으로 분할해야 합니다. 전체 데이터에서 30%에 해당하는 검증 및 테스트용 데이터셋의 약 66.7%에 해당하는 부분(전체 데이터 기준으로 20%에 해당)이 검증용 데이터셋이 됩니다. 그리고 남은 부분, 즉 검증 및 테스트용 데이터셋에서 약 33.3%에 해당하는 부분(전체 데이터 기준으로 10%에 해당)이 테스트 데이터셋이 됩니다. 이 예제를 실행하려면 코드 셀을 마우스로 클릭한 다음 Ctrl + Enter 를 누릅니다.

예제 2-8 데이터를 학습, 검증, 테스트용 데이터셋으로 분할하기

```
train_df, val_and_test_data = train_test_split(
        encoded_data,
        test_size=0.3,           데이터의 70%를 학습용으로
        random_state=0)          만듭니다.
val_df, test_df = train_test_split(
        val_and_test_data,
        test_size=0.333,         위에서 분할한 30%의 val_and_test_data를
        random_state=0)          한 번 더 분할해 데이터의 20%를 검증용, 데이터의
                                 10%를 테스트용으로 만듭니다.
```

[예제 2-8]에서 데이터를 3개의 데이터프레임으로 분할했습니다. [예제 2-9]에서는 데이터셋을 CSV 포맷으로 바꿀 것입니다.

입력 데이터와 CSV 포맷

CSV 포맷은 XG부스트 머신러닝 모델에 이용되는 2개의 입력 포맷 중 하나입니다.[5] 이 책에 나와 있는 예제들은 모두 CSV 포맷을 사용합니다. 마이크로소프트 엑셀과 같은 프로그램을 사용하여 데이터를 차트 형태로 쉽게 볼 수 있기 때문입니다. CSV 포맷의 단점은 데이터셋의 열 수가 많으면 매우 큰 공간을 차지한다는 것입니다(앞의 [예제 2-5]에서 get_dummies 함수를 사용한 후의 encoded_data 데이터셋과 비슷한 상황입니다).

XG부스트에서 사용할 수 있는 다른 입력 포맷은 libsvm입니다. libsvm은 0이 들어 있는 열을 채워야 하는 CSV 포맷과는 다르게 0이 들어 있지 않은 열만 포함합니다. 이는 열 번호와 그 안에 있는 값을 서로 연결함으로써 만들어집니다. 예를 들어 [표 2-3]에 나온 데이터는 다음과 같이 표시될 것입니다.

```
1:664 2:1
1:69 3:1
1:89 4:1
```

각 행의 첫 번째 항목은 가격(664, 69, 89)을 나타냅니다. 가격(price) 앞에 있는 숫자 1은 이 값들이 데이터셋의 첫 번째 열에 있다는 것을 말해줍니다. 그리고 두 번째 항목은 열 번호(2, 3, 4)와 해당 항목의 0이 아닌 값을 나타냅니다(우리의 경우 항상 1입니다). 따라서 1:89 4:1은 테이블의 해당 행의 첫 번째 열의 값은 89이고 4번째 열의 값은 1이라는 뜻입니다. 그리고 다른 값들은 모두 0입니다.

여기서 볼 수 있듯이 CSV 포맷 대신 libsvm 포맷을 사용하면 전체 데이터가 4개 열에서 2개 열로 줄어드는 것을 알 수 있습니다. 하지만 이런 점에 맹목적으로 매달릴 필요는 없습니다. 세이지메이커와 XG부스트는 CSV 포맷이 수천 개의 열을 가졌다고 해도 잘 수행됩니다. 만약 수만 개의 열을 가질 정도로 큰 데이터셋을 사용한다면 libsvm도 좋은 해결책입니다. 그렇지 않을 경우 CSV 포맷을 사용하는 것이 더 쉬울 것입니다.

---

5 옮긴이_ 이 책의 원서 출간 시에는 입력 포맷을 2가지(CSV, libsvm)를 지원했지만 지금은 XG부스트 버전이 업데이트되면서 2가지 포맷(parquet, Recordio-protobuf)을 추가로 지원합니다(https://aws.amazon.com/ko/blogs/machine-learning/introducing-the-open-source-amazon-sagemaker-xgboost-algorithm-container/).

[예제 2-9]는 팬더스의 to_csv 함수를 사용하여 [예제 2-8]에서 생성한 팬더스 데이터프레임 오브젝트를 CSV 포맷의 파일로 저장하는 것을 보여줍니다. 앞서 여러 번 언급했듯이 이 코드를 실행하려면 해당 코드 셀을 마우스로 클릭하고 Ctrl + Enter 를 누릅니다.

예제 2-9 데이터를 CSV 포맷으로 변경

```
train_data = train_df.to_csv(None, header=False, index=False).encode()
val_data = val_df.to_csv(None, header=False, index=False).encode()
test_data = test_df.to_csv(None, header=True, index=False).encode()
```

to_csv 함수에 있는 None 인수는 이 데이터프레임을 하드 디스크에 CSV 포맷의 파일로 저장하지 않는다는 것을 의미합니다. header 변수는 CSV 포맷의 오브젝트가 각 열의 이름 정보를 포함할지 여부를 결정합니다. 여기에서는 학습용 데이터인 train_data와 검증용 데이터인 val_data에 대해 열 이름을 포함하지 않을 것입니다(header=False). 머신러닝 알고리즘에 데이터셋을 입력할 때는 열에 텍스트 값이 아닌 숫잣값만 넣어줘야 하기 때문입니다. 하지만 테스트용 데이터셋에는 이 열의 이름 정보를 포함할 것입니다. 테스트 데이터에 대해서는 이미 학습이 완료된 머신러닝 모델을 사용하게 될 것이고, 데이터에 열 이름이 있으면 사용자가 이해하기 쉽기 때문입니다. 그리고 마지막 index 변수는 데이터의 행 숫자 정보를 넣을지 여부를 결정합니다. 여기서는 False로 지정했습니다. encode() 함수는 CSV 파일에 있는 텍스트를 올바른 포맷으로 만들어주기 위한 함수입니다.

> **NOTE_** 머신러닝에서 가장 손이 많이 가는 일은 바로 텍스트를 올바른 포맷으로 인코딩하는 것입니다. 하지만 다행히도 이런 복잡한 일은 팬더스 라이브러리에서 알아서 해주기 때문에 걱정할 필요 없습니다. 팬더스에서 CSV로 저장할 때는 반드시 encode() 함수를 사용해야 한다는 것만 기억해두세요.

[예제 2-9]에서 학습, 검증, 테스트용 데이터프레임 오브젝트를 각각의 CSV 파일로 만들어보았습니다. 하지만 아직 CSV 파일을 하드 디스크에 저장하지 않았고, 다만 주피터 노트북의 메모리에 저장했습니다. [예제 2-10]에서는 이들 CSV 파일을 S3에 저장할 것입니다.

[예제 2-2]의 4번째 라인에서 파이썬 모듈인 s3fs를 불러왔습니다. 이 모듈은 S3에서 파일 작업을 아주 쉽게 할 수 있도록 합니다. 이 예제의 마지막 라인에서 s3라는 변수를 S3 파일시스템에 할당했습니다. 이제 이 변수를 사용해서 S3와 파일 연동을 하겠습니다. 일단 파이썬의

with..open 구문을 이용하여 특정 파일의 이름과 위치를 설정한 후 write 함수를 이용해서 변수 내용을 그 위치에 파일로 저장할 것입니다(예제 2-10).

여기서 유의할 점은 파일을 생성할 때 wb 옵션을 사용하면 일반적인 텍스트가 아니라 바이너리 모드binary mode로 저장된다는 것입니다(어떤 방법으로 이렇게 되는지 알 필요는 없습니다. 다만 이 옵션을 사용하면 어떤 데이터라도 저장된 대로 완전히 동일하게 다시 읽을 수 있다고 생각하면 됩니다). 코드를 실행하려면 코드 셀을 마우스로 클릭하고 Ctrl + Enter 를 누릅니다.

예제 2-10 CSV 파일을 S3에 저장

```
with s3.open(f'{data_bucket}/{subfolder}/processed/train.csv', 'wb') as f:
    f.write(train_data)  ◁── train.csv를 S3에 저장합니다.

with s3.open(f'{data_bucket}/{subfolder}/processed/val.csv', 'wb') as f:
    f.write(val_data)  ◁── val.csv를 S3에 저장합니다.

with s3.open(f'{data_bucket}/{subfolder}/processed/test.csv', 'wb') as f:
    f.write(test_data)  ◁── test.csv를 S3에 저장합니다.
```

2.4.4 파트 4: 머신러닝 모델 학습

이제 머신러닝 모델을 학습할 수 있습니다. 이 과정이 내부적으로 어떻게 동작하는지 이해하지 않아도 됩니다. 그러므로 이 절의 예제에는 이전 예제와 달리 주석을 많이 달지 않을 것입니다.

먼저 CSV 파일을 세이지메이커에 로드해야 합니다. 이 작업은 세이지메이커의 s3_input 함수를 사용하여 할 수 있습니다. [예제 2-11]에서는 s3_input 함수를 호출하여 학습 및 검증용 파일을 읽어오고 train_input과 val_input이라는 변수에 저장합니다. 참고로 앞 장에서 생성한 test.csv 파일은 학습이나 검증에 사용되지 않기 때문에 지금 세이지메이커로 로드하지 않아도 됩니다. 이 파일은 학습이 모두 끝난 다음에 결과를 테스트하기 위해 사용할 것입니다. 이 예제를 실행하려면 코드 셀을 마우스로 클릭하고 Ctrl + Enter 를 누릅니다.

예제 2-11 세이지메이커를 사용하기 전에 CSV 데이터 준비하기

```
train_input = sagemaker.s3_input(
    s3_data=f's3://{data_bucket}/{subfolder}/processed/train.csv',
    content_type='csv')
val_input = sagemaker.s3_input(
    s3_data=f's3://{data_bucket}/{subfolder}/processed/val.csv',
    content_type='csv')
```

[예제 2-12]의 코드는 정말 마법과도 같습니다. 시스템 공학을 한 번도 해본 적이 없는 사람도 머신러닝을 구현할 수 있게 만들어줍니다. 이 예제는 머신러닝 모델을 학습시킵니다. 이 작업은 매우 단순합니다. 예제처럼 머신러닝 모델의 훈련을 쉽게 할 수 있는 세이지메이커 서비스는 동일한 작업을 위해 시스템 인프라를 구축해야 하는 것에 비하면 매우 진보한 방식입니다.

[예제 2-12]에서는 다음과 같은 작업을 합니다.

1 세이지메이커 세션을 저장하는 변수 sess를 만듭니다.

2 머신러닝 모델을 저장할 AWS 컨테이너의 종류를 결정합니다(일단 [예제 2-12]에서 기술한 컨테이너를 사용하세요).

3 머신러닝 모델을 만듭니다([예제 2-12]에서는 이 모델을 estimator라는 변수에 저장합니다).

4 estimator의 하이퍼파라미터를 설정합니다.

이 과정은 다음 장에서 더 자세하게 알아볼 것입니다. 그러므로 여기서는 이해하려 노력할 필요 없으며, 일단 실행부터 해보겠습니다. 다만 이 코드가 머신러닝 모델을 만들고, 모델을 실행하기 위한 서버를 구동하며, 입력한 데이터에 대해 학습하는 코드라는 것만 이해하면 됩니다. 이 코드를 실행하려면 코드 셀을 마우스로 클릭하고 Ctrl+Enter를 누릅니다.

예제 2-12 모델 학습시키기

```
sess = sagemaker.Session()

container = sagemaker.amazon.amazon_estimator.get_image_uri(
    boto3.Session().region_name,
    'xgboost',
    'latest')

estimator = sagemaker.estimator.Estimator(
    container,
    role,
```

```
    train_instance_count=1,
    train_instance_type='ml.m5.large',    ◁─┤ 세이지메이커가 머신러닝 모델을
    output_path= \                              실행할 서버 유형을 정합니다.
        f's3://{data_bucket}/{subfolder}/output',   ◁─  모델의 학습 결과를 S3 안의
    sagemaker_session=sess)                               이 위치에 저장합니다.

estimator.set_hyperparameters(
    max_depth=5,
    subsample=0.7,
    objective='binary:logistic',   ◁─
    eval_metric = 'auc',
    num_round=100,
    early_stopping_rounds=10)

estimator.fit({'train': train_input, 'validation': val_input})
```

세이지메이커는 상당히 정교한 하이퍼파라미터 튜닝 기능이 있습니다. 이 튜닝 기능을 사용하기 위해서는 objective에 적합한 값을 입력하면 됩니다. 이번에 사용할 데이터셋에 대해서는 추론한 결괏값으로 0 또는 1을 예상하고 있습니다. 따라서 objective를 binary:logistic으로 설정해야 합니다. 이에 대해서는 다음 장에서 더 자세히 설명하겠습니다.

얼마나 많이 반복적으로 학습할지 결정하는 변수입니다. 3장에서 더 자세히 알아보겠습니다.

최적의 AUC(area under the curve)를 얻기 위해 세이지메이커가 하이퍼파라미터를 튜닝하도록 설정합니다. 이 부분도 다음 장에서 더 자세하게 다루겠습니다.

학습이 진행될 동안 아무런 성능 향상이 없으면 더 이상 진행하지 않고 중단할 것을 설정합니다(학습을 반복할 숫자를 설정하여 이 숫자만큼 진행하였는데도 성능 향상이 없을 때 학습을 중단합니다).

이 모델을 학습하는 데 약 5분 소요될 것입니다. 모델을 훈련하기 위해 서버를 설정하고 소프트웨어를 설치하는 등의 수작업이 전혀 필요 없으므로 작업자는 매우 쉽고 편하게 모델을 학습시킬 수 있습니다. 이 서버는 약 1분 정도 구동되며, 사용 시간만큼 요금을 지불해야 합니다. 이 책을 저술할 당시 m5.large 유형의 서버는 시간당 0.10달러였습니다. 모델의 학습이 끝나면 모델은 S3에 저장되는데, 저장된 모델은 다시 학습할 때 언제든지 사용할 수 있습니다. 이에 대해서는 다음에 더 자세히 알아보겠습니다.

2.4.5 파트 5: 머신러닝 모델 호스팅

다음 예제는 더 마법 같습니다. 이 절에서는 별도의 서버를 사용해서 학습된 모델을 호스팅할 것입니다. 이 서버는 학습된 모델로부터 추론^{predict}을 하는 데 사용할 추론 전용 서버입니다.

앞서 언급했듯이 이 예제가 내부적으로 어떤 일을 수행하는지 몰라도 됩니다. 단지 추론 서비스를 위한 전용 호스팅 서버를 만드는 과정이라는 것만 이해하면 됩니다. [예제 2-13]은 파이썬의 try..except 구문을 이용해서 order-approval이라는 이름을 가진 엔드포인트를 호출해보고, 엔드포인트가 없으면 엔드포인트를 생성합니다.

파이썬의 try..except 블록은 try 부분에 있는 코드를 실행하다가 에러가 난 경우 except 부분의 코드를 실행합니다. 이렇게 하는 이유는 이미 같은 이름의 엔드포인트가 생성되어 있는지 체크하기 위해서입니다. 예제 코드 중 try 부분은 order-approval이라는 이름의 엔드포인트와 연동할 수 있는 객체의 생성을 시도합니다. 만약 이 이름의 엔드포인트가 있으면 해당 엔드포인트와 연동할 수 있는 객체를 만들고[6] 없으면 에러가 발생하여 except 부분의 코드를 실행합니다. except 부분의 코드는 아무 것도 하지 말고 그냥 지나가라는 단순한 코드입니다. 정리하면 try..catch 블록에서는 order-approval이라는 엔드포인트가 있으면 삭제하고, 그 뒷부분에서 같은 이름으로 엔드포인트를 생성합니다.

예제 2-13 학습된 머신러닝 모델 호스팅하기

```
endpoint_name = 'order-approval'
try:
    sess.delete_endpoint(
        sagemaker.predictor.RealTimePredictor(
            endpoint=endpoint_name).endpoint)
    print('Warning: Existing endpoint deleted\
to make way for your new endpoint.')
except:
    pass
predictor = estimator.deploy(initial_instance_count=1,    ← 이 경우 추론 전용 서버의 유형은
        instance_type='ml.t2.medium',                        ml.t2.medium입니다.
        endpoint_name=endpoint_name)
from sagemaker.predictor import csv_serializer, json_serializer
predictor.content_type = 'text/csv'
predictor.serializer = csv_serializer
predictor.deserializer = None
```

[예제 2-13]의 코드는 t2.medium 유형의 서버를 사용합니다. 학습할 때 사용한 m5.large 유형의 서버보다 작은 사양의 서버를 사용하는 이유는 모델에서 추론할 때는 학습할 때보다 더 적은 연산 능력만 필요하기 때문입니다. try 블록과 except 블록 모두 학습된 모델을 테스트하고 사용하기 위해 predictor라는 변수를 생성합니다. 이 예제의 마지막 부분에서는 CSV 파일을 입력으로 받을 수 있게 설정하여 더 쉽게 작업을 할 수 있게 합니다.

---

6 옮긴이_ 예제에서는 생성하고 바로 지워버립니다.

이 코드를 실행하려면 코드 셀을 마우스로 클릭한 다음 Ctrl + Enter 를 누릅니다. 이 과정은 약 5분 정도 소요될 것입니다. 생각보다 시간이 오래 걸리는 것은 모델을 사용하기 위해 모델을 호스팅하고 엔드포인트를 생성하는 서버를 구성하는 데 시간이 필요하기 때문입니다.

2.4.6 파트 6: 모델 테스트

지금까지 머신러닝 모델을 학습하고, 서버에 predictor라는 이름으로 엔드포인트를 만들어서 호스팅했습니다. 이제 추론 서비스를 사용할 수 있습니다. 다음 [예제 2-14]에서 처음 3라인은 테스트용 데이터의 각 행에 적용할 함수를 생성합니다.[7]

예제 2-14 머신러닝의 추론 결과 받기

```
def get_prediction(row):
    prediction = round(float(predictor.predict(row[1:]).decode('utf-8')))
    return prediction

with s3.open(f'{data_bucket}/{subfolder}/processed/test.csv') as f:
    test_data = pd.read_csv(f)

test_data['prediction'] = test_data.apply(get_prediction, axis=1)
test_data.set_index('prediction', inplace=True)
test_data
```

[예제 2-14]에서 get_prediction 함수는 테스트 데이터셋의 모든 데이터를 predictor에 입력하고 추론 결과를 가져옵니다(단, 첫 번째 열의 데이터는 제외합니다. 이 열의 데이터는 우리가 추론하고자 하는 값이기 때문입니다). 추론 결괏값은 1과 0인데, 만약 주문 요청을 기술 담당자가 검토를 해야 하는 경우에는 1, 그렇지 않을 경우에는 0이 나와야 합니다.

다음 2줄의 코드는 S3에 저장되어 있는 test.csv 파일을 열어서 팬더스 데이터프레임 오브젝트로 읽어옵니다. [예제 2-7]에서 했던 것과 동일한 방식입니다. 마지막 3줄의 코드는 처음 3줄에서 선언한 함수를 사용하여 테스트 데이터셋에 대한 추론 결과를 생성하고, 테스트 데이터셋에 prediction이라는 새로운 열을 만들어 추론 결과를 삽입합니다.

....

7 옮긴이_ 테스트 데이터의 각 행에 대해 추론을 하고 추론 결과를 가져오는 함수입니다. 이때 결과를 decode 함수를 사용하여 byte에서 string으로 변경한 후 최종적으로 float로 변경합니다. byte에서 string으로 변환하는 이유는 세이지메이커의 서버 인스턴스에서 네트워크를 통해 추론 결과를 받기 때문입니다. 서버 통신에서는 대체로 byte 형식으로 데이터를 주고받습니다.

[예제 2-14]의 코드 셀을 마우스로 클릭하고 Ctrl+Enter를 누르면 테스트 파일의 데이터셋과 추론 결과를 볼 수 있습니다. [표 2-6]은 이 결과의 처음 2행을 보여주고 있습니다. 각 행은 각기 다른 주문 요청입니다. 예를 들어 책상의 주문 요청이 IT 기술 부서에서 온 것일 경우에는 role_tech와 product_Desk 열은 1, 그리고 다른 열은 0입니다.

표 2-6 predictor가 추론한 테스트 결과

prediction	tech_approval_required	role_non-tech	role_tech	product_Chair	product_Cleaning	product_Desk	product_Desktop Computer	product_Keyboard	product_Laptop Computer	product_Mouse
1	1	1	0	0	0	0	1	0	0	0
0	0	1	0	0	1	0	0	0	0	0

첫 번째 열(prediction)의 값이 1이면 주문 요청을 기술 담당자가 검토해야 한다고 머신러닝 모델이 추론한 것입니다. tech_approval_required 열의 값은 테스트 데이터셋에 처음부터 있던 정답값[8]인데, 이 값이 1이라면 이 주문 요청을 기술 담당자가 반드시 검토해야 합니다. 이 결과로 보면 우리가 학습시킨 머신러닝 모델은 제대로 학습된 것 같아 보입니다.

왜 이렇게 되었는지 tech_approval_required 오른쪽 열의 데이터(모델의 입력 데이터에 해당)를 살펴보겠습니다. 첫 번째 행을 살펴보면 role_non-tech의 값이 1이고 role_tech의 값이 0인 것을 보니 IT 기술 부서에서 요청한 주문이 아니라는 것을 알 수 있습니다. 그리고 product_Desktop Computer의 값이 1이므로 데스크톱 컴퓨터를 주문한 것으로 보입니다.

두 번째 행을 보면 prediction의 값이 0으로 되어 있습니다. 이는 이 주문에 대해 기술 담당자의 검토가 필요 없다고 머신러닝 모델이 추론한 것입니다. tech_approval_required에 나온 정답값이 0이므로 머신러닝 모델이 제대로 추론한 것입니다.

role_non-tech의 값이 1이므로 이 주문의 요청자는 IT 부서 직원이 아니고, product_Cleaning의 값이 1이므로 청소 도구를 구입하려고 하는 것입니다. 그러므로 이 주문은 기술 담당자의 검토가 필요 없습니다.

이렇게 추론 결과와 이와 관련된 데이터셋을 살펴보면 머신러닝 모델이 모든 테스트 데이터셋에 대해 완벽하게 추론했다는 것을 알 수 있습니다. 앞의 작업만으로도 어떤 규칙도 작성하지 않으면서도 완벽하게 동작하는 머신러닝 모델을 만들 수 있었습니다. 이제 이 머신러닝 모델이 얼마나 정확한지 측정하기 위해 [예제 2-15]를 사용해보겠습니다.

....
8 옮긴이_ 이것을 라벨링된 데이터라고 합니다.

```
(test_data['prediction'] == \
    test_data['tech_approval_required']).mean() ◁─┤  테스트 데이터셋을 얼마나 정확하게
                                                     맞췄는지 퍼센트로 표현합니다.
```

2.5 엔드포인트 삭제와 노트북 인스턴스 중지

엔드포인트와 주피터 노트북을 사용하지 않을 때는 반드시 엔드포인트를 삭제하고 주피터 노트북을 중지해야 합니다. 이 서비스들을 사용하지 않을 때도 계속 켜놓으면 초 단위로 비용을 지불해야 합니다. 이 장에서 다룬 서버들의 비용은 그리 비싸지 않지만(만약 주피터 노트북을 한 달 동안 계속 사용하는 것으로 놓아두면 약 20달러 정도 지불해야 합니다), 그래도 사용하지 않을 때는 계속 비용을 지불할 필요가 없습니다.

2.5.1 엔드포인트 삭제

엔드포인트를 삭제하려면 다음 [그림 2-9]와 같이 세이지메이커 서비스 화면 왼쪽 메뉴에서 'Endpoints'를 클릭합니다.

그림 2-9 엔드포인트를 삭제하기 위해 선택

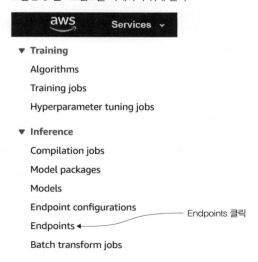

[그림 2-10]은 현재 사용 중인 엔드포인트의 목록을 보여줍니다. 사용하지 않는 엔드포인트에 대해 비용을 지불하지 않으려면 해당 엔드포인트를 삭제해야 합니다(엔드포인트 생성은 매우 쉽습니다. 그러므로 사용하지 않는다면 과감하게 삭제하세요).

그림 2-10 서비스 중인 엔드포인트 확인

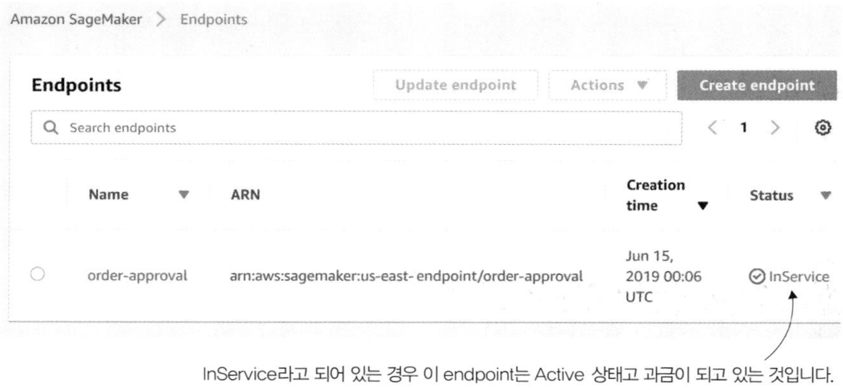

위 그림에서 order-approval 항목 왼쪽에 있는 라디오 버튼을 클릭하고 'Actions → Delete' 를 클릭하면 해당 엔드포인트가 삭제됩니다(그림 2-11).

그림 2-11 엔드포인트 삭제

방금 엔드포인트를 삭제했습니다. 이제 더 이상 과금되지 않을 겁니다. [그림 2-12]와 같이 엔드포인트 페이지에 'There are currently no resources^{현재 사용 중인 리소스가 없습니다}'라는 메시지가 나오면 모든 엔드포인트를 삭제한 것입니다.

그림 2-12 모든 엔드포인트가 삭제됨

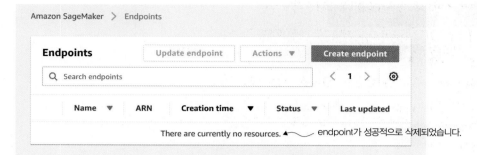

2.5.2 노트북 인스턴스 중지

마지막으로 해야 할 작업은 노트북 인스턴스를 중지하는 것입니다. 엔드포인트와 달리 노트북은 삭제할 필요가 없습니다(오히려 삭제하지 않는 것이 좋습니다. 삭제할 경우 지금까지 작성한 코드도 함께 삭제됩니다). 사용을 중지하면 나중에 다시 시작할 수 있고, 이전에 작성한 모든 코드를 다시 사용할 수 있습니다.[9]

노트북을 중지하려면 세이지메이커가 열려 있는 브라우저 탭으로 돌아갑니다. [그림 2-13]과 같이 세이지메이커 서비스 화면 왼쪽 메뉴에서 'Notebook instances'를 클릭하여 사용 중인 노트북 인스턴스를 조회할 수 있습니다.

---

9 옮긴이_ 노트북 인스턴스가 종료되면 사용자가 추가로 설치한 라이브러리들이 모두 제거되므로 노트북 인스턴스를 재시작할 때 사용자가 수동으로 다시 설치해야 합니다. 이때 세이지메이커의 라이프사이클 구성(lifecycle configuration) 기능으로 필요한 라이브러리를 자동으로 설치하는 쉘 스크립트를 작성하면 수동으로 재설치할 필요가 없습니다. 단, 스크립트가 5분 이상 실행될 때는 노트북 인스턴스가 생성되지 않습니다. 이에 대한 해결책은 다음 링크를 참조해주기 바랍니다(https://aws.amazon.com/ko/premiumsupport/knowledge-center/sagemaker-lifecycle-script-timeout/).

그림 2-13 중지시킬 주피터 노트북 선택

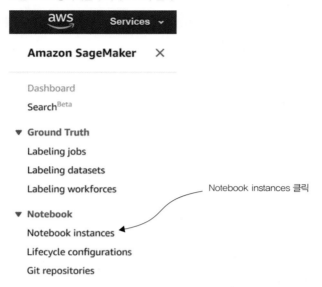

중지시킬 주피터 노트북 인스턴스 왼쪽에 있는 라디오 버튼을 클릭하고 'Actions → Stop'을 클릭합니다(그림 2-14). 노트북이 중지되었는지 여부는 세이지메이커 서비스 화면의 Status 에서 확인할 수 있는데, Status가 Stopped로 표기되어 있으면 중지된 것입니다.[10]

그림 2-14 노트북 사용 중지

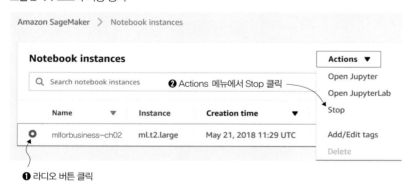

----

10 옮긴이_ 이 화면에서 그 동안 만들어놓은 주피터 노트북의 목록을 확인할 수 있습니다.

이 장에서 한 작업은 캐런의 업무를 지원하기 위해 주문 요청을 기술 담당자에게 보내야 하는지 여부를 머신러닝 모델로 판단하는 것이었습니다. 이 장에서 머신러닝 시나리오를 처음부터 끝까지 작업해보았습니다. 이 시나리오에는 주문 요청을 기술 담당자에게 보내야 하는지 여부를 결정하는 방법이 포함되어 있습니다. 이 책의 나머지 부분에서도 업무 자동화 과정에서 의사결정에 사용되는 머신러닝의 다른 예제를 작업하게 될 것이며, 그때에도 이 장에서 배운 기술이 반복적으로 사용될 것입니다.

2.6 요약

- 회사 업무에서 의사결정의 지점을 파악함으로써 머신러닝을 적용할 수 있는 기회를 파악할 수 있습니다.
- 세이지메이커를 설정하고 AWS 세이지메이커 및 주피터 노트북을 사용해서 머신러닝 시스템을 구축하는 것은 상당히 간단합니다.
- 추론을 하려면 머신러닝 모델의 엔드포인트로 데이터를 보내야 합니다.
- 데이터를 CSV 파일로 만들어서 추론(혹은 예측)을 손쉽게 테스트할 수 있습니다.
- 사용하지 않는 엔드포인트를 삭제하면 서비스를 사용하지 않을 때 비용을 지불하지 않아도 됩니다.

## CHAPTER 3

이탈 조짐을 보이는 고객 찾기

이 장의 내용

- 이탈이 예상되는 고객 탐지
- 불균형한 분포를 가진 데이터 처리 방법
- XG부스트 알고리즘 작동 방식
- S3와 세이지메이커 사용에 대한 추가적인 연습

카를로스^{Carlos}는 고객이 주문을 중단하는 문제를 매우 민감하게 바라봅니다. 그는 한 제빵 회사의 경영 본부장인데, 그 회사는 고급 빵과 제과를 생산하여 레스토랑과 호텔에 판매합니다. 많은 고객이 카를로스의 제품을 지속적으로 구매하고 있지만 경쟁 회사로 이탈하는 고객들도 정기적으로 발생합니다. 고객을 유지하기 위해 카를로스는 주문을 중단한 고객에게 전화를 합니다. 이때 카를로스는 고객들에게 비슷한 얘기를 듣는데, 그 내용을 요약하면 다음과 같습니다. 이탈하는 고객은 카를로스 회사의 제품이 훌륭하다고 생각하지만 비싼 가격 때문에 다른 회사 제품을 시험적으로 주문해봅니다. 이런 시도 후 품질이 낮은 다른 회사의 빵을 사용해도 서비스에 별 문제가 없다고 결론짓습니다.

고객들의 **이탈 조짐**^{churn} 현상은 카를로스 입장에서는 조만간 고객을 잃는다는 의미입니다. 이 말은 카를로스 회사의 상황을 잘 설명하는 표현인데, 고객이 아직 제품 구매를 중단하지는 않았지만 다른 회사에서 주문하기 시작했다는 것입니다.

카를로스는 어떤 고객이 다른 회사에 주문을 시도하고 있는지 알고 싶어 합니다. 일단 이탈 조짐이 있는 고객이 확인되면 그 고객에게 전화하여 이탈을 막기 위해 서비스를 어떻게 개선할지 파악할 수 있습니다. 카를로스가 그 동안 이탈 고객에게 전화하여 파악한 고객의 일반적인 패턴은 다음과 같았습니다.

- 매일 정기적으로 주문하는 고객
- 다른 회사에 주문하기 시작한 고객. 그 결과 카를로스 회사는 주문이 줄어듭니다.
- 다른 회사와 주문 계약 협상을 시작했지만 아직 카를로스 회사의 주문량을 변경할 것인지 결정하지 않은 고객
- 카를로스 회사의 주문을 중단한 고객

이 장에서는 이탈 조짐을 보이는 고객을 파악하여 카를로스가 그 고객에게 미리 전화할 수 있도록 하겠습니다. 이렇게 되면 카를로스는 고객이 다른 업체로 이탈하는 것을 막을 방법을 사전에 파악할 수 있습니다. 이를 위해 2장에서 캐런의 업무 절차를 분석한 방식과 유사하게 카를로스의 업무 절차를 살펴보겠습니다.

2장에서 캐런의 업무 절차를 분석할 때는 구매 요청자부터 승인자까지의 구매 요청 전달 과정을 살펴보았고, 그 과정에서 기술 담당자의 승인 여부 결정에 사용되는 데이터의 특징도 알아보았습니다. 그다음에 세이지메이커의 XG부스트 애플리케이션을 구축하여 이 승인 여부 결정을 자동화해보았습니다. 이와 비슷하게 이 장에서는 이탈 위험성이 있어서 사전에 전화해야 하는 고객을 찾아내는 과정을 알아보겠습니다. 이를 위해 고객을 주별로 분석하고, 고객의 이탈 여부를 판단하는 세이지메이커의 XG부스트 애플리케이션을 구축해보겠습니다.

3.1 이 장의 의사결정 사항

언뜻 보면 이 장에서 할 작업은 2장의 작업과 유사합니다. 2장에서는 캐런의 주문 요청 데이터를 살펴보고 주문 요청에 대한 기술 담당자의 승인 여부를 판단했습니다. 이 장에서는 카를로스의 고객 주문 데이터를 살펴보고 과연 어떤 고객에게 전화해야 할지 여부를 판단해야 합니다. 캐런과 카를로스의 차이점은 캐런의 경우 주문 요청을 기술 담당자에게 보낼지 여부를 판단하는 것이고, 카를로스의 경우 기존의 주문 데이터베이스를 바탕으로 전화해야 하는 고객을 미리 파악한다는 것입니다.

따라서 카를로스의 경우에는 주문 단위의 데이터를 그대로 사용하면 안 되고 고객 단위의 데이터로 변환해야 합니다. 이런 과정을 자동화하는 방법은 다음 장에서 설명하겠습니다. 지금은

개념적으로만 다뤄볼 것이며 이미 변환된 데이터를 사용하겠습니다. 데이터를 살펴보기 전에 자동화하려는 업무 절차를 먼저 살펴보도록 하겠습니다.

3.2 업무 처리 절차

[그림 3-1]은 카를로스의 업무 처리 절차입니다. 먼저 주문 데이터베이스를 파악해야 합니다. 이 데이터베이스는 어떤 고객이 어떤 제품을 언제 구매했는지에 대한 정보를 주문 단위로 보관하고 있습니다.

그림 3-1 카를로스가 어떤 고객에게 전화해야 할지 결정하는 업무 처리 절차

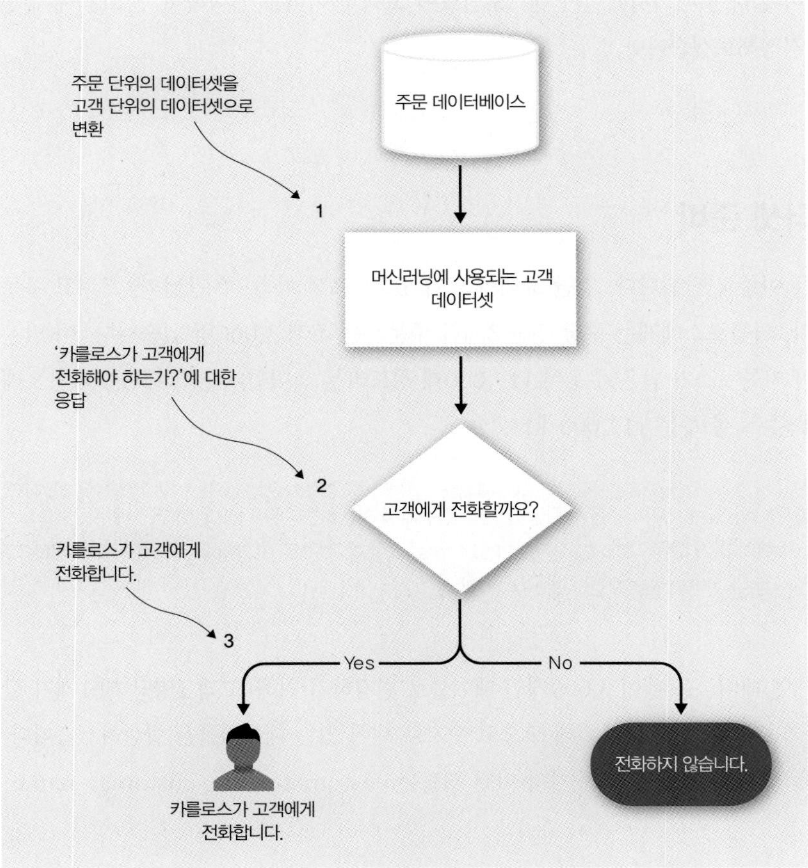

카를로스는 이탈할 고객의 주문에는 일정한 패턴이 있다고 생각합니다. 따라서 이러한 고객을 찾으려면 주문 단위의 데이터를 고객 단위의 데이터로 바꿔야 합니다. 데이터베이스를 쉽게 이해하려면 엑셀의 표로 생각하면 됩니다. 만약 주문이 1,000개 있다면 이 데이터베이스에는 행이 1,000개 있을 것입니다. 그리고 주문 1,000개를 고객 100명이 주문한 것이고 이를 고객 데이터로 변환하면 데이터셋은 행 1,000개에서 100개로 바뀔 것입니다.

이 과정이 [그림 3-1]의 1단계에 나와 있습니다. 1단계에서는 주문 데이터를 고객 데이터로 변환합니다. 처리 방법은 다음 절에서 살펴보기로 하고, 2단계로 넘어가겠습니다. 2단계는 이 장에서 중점적으로 다루는 작업인데, '카를로스는 어느 고객에게 전화해야 할까요?'라는 질문에 대한 정답을 찾습니다.

세이지메이커 노트북을 준비할 때 1단계에서 만든 고객 데이터베이스를 사용할 것입니다. 그리고 노트북 작업이 끝나면 세이지메이커 엔드포인트에 고객 데이터를 입력하여 이 고객에게 전화해야 하는지 결정해보겠습니다.

3.3 데이터셋 준비

기본 데이터셋은 아주 간단합니다. 일단 고객 코드가 있고, 고객 이름, 주문 날짜, 그리고 주문 가격이 있습니다. 카를로스에게는 주당 평균 3개를 주문하는 고객 3,000명 있습니다. 이 말은 지난 3개월 동안 카를로스가 받은 주문이 117,000개 정도라는 의미입니다(고객 3,000명 × 매주 3번 주문 × 13주 = 총 주문 117,000개).

> **NOTE_** 이 책에 나와 있는 데이터셋은 독자들이 실제 업무에서 사용하는 데이터셋에 비하면 매우 단순화된 버전입니다. 이 책의 각기 다른 장에서도 간단한 데이터셋을 사용할 것인데, 복잡한 데이터셋 자체를 이해하는 것보다는 머신러닝 기법을 집중적으로 알아보기 위함입니다.

행이 117,000개인 테이블을 행이 3,000개인 테이블로 변경하기 위해(고객 1명당 행 1개가 할당됩니다) 숫자가 아닌 데이터들은 한데 모으고 숫자로 되어 있는 데이터들은 합산하겠습니다. [표 3-1]에 나와 있는 데이터셋에서 숫자가 아닌 필드는 customer_code, customer_name, date입니다.

표 3-1 카를로스의 고객 주문 데이터셋

customer_code	customer_name	date	amount
393	Gibson Group	2018-08-18	264.18
393	Gibson Group	2018-08-17	320.14
393	Gibson Group	2018-08-16	145.95
393	Gibson Group	2018-08-15	280.59
840	Meadows, Carroll, and Cunningham	2018-08-18	284.12
840	Meadows, Carroll, and Cunningham	2018-08-17	232.41
840	Meadows, Carroll, and Cunningham	2018-08-16	235.95
840	Meadows, Carroll, and Cunningham	2018-08-15	184.59

customer_code와 customer_name을 합치는 것은 쉽습니다. customer_code당 행 1개가 되도록 만들면 됩니다. 이렇게 하면 customer_code만으로 customer_name을 쉽게 사용할 수 있습니다. [표 3-1]을 보면 customer_code에 두 개의 다른 코드(custormer_code의 값이 393과 840)가 있고, 각 customer_name은 'Gibson Group'과 'Meadow, Carroll, and Cunningham'입니다.

date날짜 데이터를 합치는 작업은 데이터셋 준비 과정 중에서도 흥미로운 부분입니다. 카를로스와 논의한 결과 이탈하는 고객의 주문에 일정 패턴이 있다는 것을 알 수 있었습니다. 그 패턴은 다음과 같습니다.

1 이탈 고객은 품질이 약간 떨어지는 빵을 구매해도 사업에 큰 지장이 없으리라 여깁니다.

2 시험 삼아 다른 회사에 주문을 합니다.

3 다른 회사와 주문 계약을 합니다.

4 더 이상 카를로스 회사에 주문하지 않습니다.

위 고객의 패턴을 보면 카를로스의 주문 패턴은 처음엔 당분간 안정적으로 보일 겁니다. 그러다가 경쟁자의 제품을 시험적으로 사용할 때는 주문이 떨어질 것입니다. 그리고 만약 그 고객이 경쟁자와 주문 계약을 시도 중일 때는 다시 정상으로 복귀될 것입니다. 카를로스는 이러한 패턴이 이탈 고객의 주문 행동 방식을 반영한다고 믿습니다.

이 장에서는 XG부스트를 사용하여 이탈 조짐이 보이는 고객을 판별하는 일을 할 것입니다. 데이터를 준비할 때 도움되는 툴이 몇 개 있지만, 이 장의 주 목적은 데이터 준비가 아니고 머신러닝이기 때문에 이런 툴은 사용하지 않겠습니다. 하지만 다음 장에서는 이런 툴이 얼마나 유용한지 살펴보겠습니다. 이 장에서는 데이터를 주별로 요약할 텐데, 카를로스가 대부분의 고객은 주별로 구매하는 패턴이 있다고 조언했기 때문입니다.

데이터 준비 과정에서 데이터 변환은 다음 2단계로 적용할 것입니다.

- 데이터 정규화
- 주간 변화량 계산

첫 번째 단계에서는 주별 주문 금액을 주별 주문 금액의 평균값과 상대적인 비율로 계산하여 변환합니다. 이렇게 하면 모든 데이터가 **정규화**^{normalize}되고, 달러로 된 주문 금액 대신 **평균** 금액을 기준으로 상대적인 변화량을 주별로 볼 수 있습니다. 두 번째 단계에서는 주별로 변화하는 주간 변화량을 계산합니다. 이 작업은 머신러닝 알고리즘이 주별 주문량의 변화뿐만 아니라 변화의 패턴도 학습하도록 하기 위해 수행합니다.

이 장에서는 이 데이터 변환을 수행만 해보고, 자세한 설명은 다음 장에서 하겠습니다. 그리고 XG부스트와 머신러닝에 대해 집중적으로 공부하는 것이 목적이기 때문에 데이터의 변환 실습은 생략하고 변환된 데이터의 내용과 형태만 살펴보도록 하겠습니다.

3.3.1 데이터 변환 1: 데이터 정규화

카를로스의 데이터셋에 대해 다음 작업을 수행할 것입니다.

1 카를로스의 각 고객이 연간 주문한 금액의 총액을 계산하여 total_spend 변수에 넣습니다.
2 1년은 52주이므로 total_spend를 52로 나눠서 주별 주문 금액의 평균을 계산합니다.
3 주별 주문 금액을 주별 주문 금액의 평균으로 나눠서 평균 금액 대비 주별 금액의 비율을 구합니다.
4 각 주에 대한 열을 만듭니다.

[표 3-2]는 위 변환 작업 결과의 예입니다.

표 3-2 정규화 결과 주별로 그룹화된 고객 데이터셋

customer_code	customer_name	total_sales	week_minus_4	week_minus_3	week_minus_2	last_week
393	Gibson Group	6013.96	1.13	1.18	0.43	2.09
840	Meadows, Carroll, and Cunningham	5762.40	0.52	1.43	0.87	1.84

3.3.2 데이터 변환 2: 주간 변화량 계산

[표 3-3]은 [표 3-2]에 주문 금액의 주간 변화량을 추가한 것입니다. 주간 변화량은 delta라는 이름을 붙인 새로운 열에 저장하는데, 평균 대비 주별 주문 금액의 비율인 week_minus_3 열부터 last_week 열까지에서 한 주 전의 값을 뺀 값을 저장합니다. [표 3-3]에서 Gibson Group의 구매 금액을 예로 들어보겠습니다. Gibson Group의 week_minus_3의 값인 1.18은 해당 주의 구매 금액이 평균의 1.18배라는 의미입니다. 또한 week_minus_4의 값은 평균의 1.13배를 구매했다는 의미입니다. 따라서 week_minus_4에서 week_minus_3 기간에 Gibson Group의 구매 금액은 약 0.05(5%)만큼 올랐습니다. 이 값을 4-3_delta 열에 저장합니다 (값: 0.05).

표 3-3 주별 변화량을 반영한 고객 데이터셋

customer_code	customer_name	total_sales	week_minus_4	week_minus_3	week_minus_2	last_week	4-3_delta	3-2_delta	2-1_delta
393	Gibson Group	6013.96	1.13	1.18	0.43	2.09	0.05	-0.75	1.66
840	Meadows, Carroll, and Cunningham	5762.40	0.52	1.43	0.87	1.84	0.91	-0.56	0.97

그 다음주에는 Gibson Group의 구매 변화량이 매우 나빠집니다. 이 고객의 구매 금액이 갑자기 전주 대비 0.75배(75%) 줄어든 것입니다. 이 변화는 3-2_delta 열에 -0.75라고 나와 있습니다. 마지막 주의 구매 금액은 반등하게 되는데, 평균보다 2.09배(209%) 상승하였습니다. 이것을 전주와 비교하면 1.66(166%)으로 2-1_delta 열에 저장되어 있습니다.

이와 같이 데이터가 준비가 되었으니 이제 머신러닝 알고리즘으로 사용할 XG부스트의 동작 방식을 살펴보면서 머신러닝 애플리케이션을 구성해보겠습니다.

3.4 XG부스트 이해하기

2장에서 캐런이 주문 요청을 어느 승인자에 보내야 하는지 결정할 때 XG부스트를 사용해보았지만 자세한 동작 방식은 다루지 않았습니다. 이 장에서는 이 부분을 집중적으로 알아보겠습니다.

3.4.1 XG부스트의 원리

XG부스트^{XGBoost}를 얼마나 깊게 이해해야 하는지는 사용자의 필요에 따라 달라질 수 있습니다. 모델의 결과만 사용하는 사람은 개념 정도의 설명에도 만족하겠지만, 모델 개발과 관련된 사람에게는 좀 더 자세한 이해가 필요할 것입니다. 카를로스와 캐런은 모델에 대해 단지 이 시스템이 무엇을 하고 어떤 결과를 주는지 상사에게 설명할 때 필요한 충분한 지식만 알고 있으면 됩니다. 하지만 그들이 얼마나 모델을 자세하게 알아야 하는지는 그들 상사의 성향에 따라 달라질 수 있습니다.

가장 개념적인 설명으로는 1장에서 다룬 흰 점과 검은 점을 구분하는 예제(그림 3-2)가 있는데, 그때 두 가지 방법으로 흰 점으로부터 검은 점을 분리했습니다.

- 첫 번째는 검은 점이 오른쪽에 있을 때는 보상하고 왼쪽에 있을 때는 벌점을 줍니다.
- 두 번째는 흰 점이 왼쪽에 있을 때는 보상을 하고 오른쪽에 있을 때는 벌점을 줍니다.

이 방법은 다양한 방법으로 학습을 시도하는 **앙상블**^{ensemble} 머신러닝 모델로 볼 수도 있습니다. XG부스트도 다양한 방법으로 학습 효과를 향상시키는 모델이므로 역시 앙상블 머신러닝 모델이라고 할 수 있습니다. 이 부분을 좀 더 자세히 설명하도록 하겠습니다.

XGBoost는 'Extreme Gradient Boosting'의 줄임말입니다. 이 이름을 다음과 같이 두 부분으로 나누어서 생각해볼 수 있습니다.

- Gradient Boosting
- Extreme

그레이디언트 부스팅$^{gradient\ boosting}$은 함수의 성능을 향상하기 위해 각기 다른 학습 모델을 사용하는 기술입니다. 예를 들어 아이스하키에서 퍽^{puck}을 움직이는 하키 선수들의 움직임을 연상해봅시다. 아이스하키에서는 퍽을 한 번에 골대로 보내는 것이 아니라 여러 번 각기 다른 지향점을 두고 퍽을 쳐서 골대로 가게끔 유도합니다. 그레이디언트 부스팅은 이와 비슷한 방법을 사용합니다.

이 이름 중 또 다른 부분의 하나인 **익스트림**^{extreme}은 XG부스트가 모델을 정확하게 만드는 많은 특징을 가지고 있다는 뜻입니다. 예를 들어 XG부스트는 데이터 정규화를 자동 처리하여 사용자가 매우 큰 값의 차이가 있는 데이터셋을 실수로 입력해도 정상적으로 훈련하게 합니다.

XG부스트에 대한 좀 더 자세한 설명은 다음 'XG부스트에 대한 리치의 설명'에 나와 있으므로 좀 더 깊이 알고 싶으면 참고하기 바랍니다.

그림 3-2 데이터셋에서 유사 항목의 그룹을 식별하는 머신러닝 함수

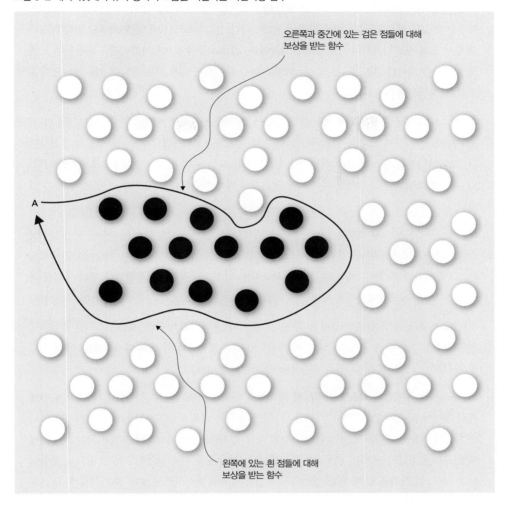

오른쪽과 중간에 있는 검은 점들에 대해
보상을 받는 함수

A

왼쪽에 있는 흰 점들에 대해
보상을 받는 함수

XG부스트에 대한 리치의 설명

XG부스트는 믿기지 않을 정도로 아주 강력한 머신러닝 모델입니다. 일단 이 알고리즘은 여러 단계의 데이터 정규화 처리 과정을 지원합니다. 이 과정이 중요한 이유는 XG부스트의 기반이 되는 그레이디언트 부스팅이 과적합(오버피팅overfitting)이 자주 일어나는 것으로 유명하기 때문입니다. **과적합된 머신러닝 모델**은 학습 데이터의 고유한 특성만을 매우 강하게 반영하고, 학습 데이터셋에 없는 데이터에 대해서는 잘 일반화되지 않는 모델입니다. 일례로 XG부스트의 학습 반복 단계를 계속 증가시킬 경우 특정 시점이 지나면 검증 데이터에 대한 검증 정확도가 떨어지는 것을 볼 수 있습니다.

이를 막기 위해 머신러닝에서는 '학습 사전 중지 early stopping' 기법을 많이 사용하는데, 이는 반복하는 학습의 라운드(횟수)를 제한하는 방법입니다. XG부스트는 이 방법 외에도 입력 데이터의 행과 열을 샘플링하거나 eta, gamma, lambda, alpha 등의 하이퍼파라미터를 사용하여 모델의 과적합을 제어합니다. XG부스트는 모델이 학습 데이터에 대해 너무 강하게 의존하는 경향을 보일 때 벌점을 부과합니다.

XG부스트의 다른 특징은 사용 가능한 모든 CPU 코어를 사용하여 병렬로 연산한다는 것입니다. XG부스트는 내부에 트리를 만들어가는데, 이때 각 CPU 코어마다 각 트리를 병렬로 연산합니다. 그레이디언트 부스팅 같은 머신러닝 알고리즘은 모든 수행 단계를 순차적으로 수행합니다. XG부스트의 병렬 연산 방법은 특히 복잡한 문제에 대해 학습해나갈 때 아주 큰 장점이 될 수 있습니다.

또한 XG부스트는 **외부 메모리 학습** out-of-core computation 방식을 지원합니다. 데이터 사이즈가 시스템의 메모리보다 훨씬 큰 경우 XG부스트는 이 데이터를 블록 단위로 나누어서 시스템의 하드디스크에 압축된 형태로 저장하며, 심지어 서로 다른 디스크의 저장도 지원합니다. 압축 파일로 저장된 블록들은 메모리에 올라올 때 별도의 독립적인 CPU 스레드로 실시간으로 압축이 풀립니다.

스파크, 프링크, 하둡 같은 대규모 병렬 처리 빅데이터 프레임워크에서는 XG부스트를 정식으로 지원합니다. 이와 같은 프레임워크를 사용하면 XG부스트는 수십억 개의 행과 수백만 개의 변수를 가진 매우 크고 복잡한 모델을 고속으로 만들 수 있습니다.

XG부스트는 데이터의 **희소성** sparsity[1]에 대해서도 인식하고 처리할 수 있습니다. 따라서 중간에 빠진 데이터 값(결측값 missing value 이라 함)에 대해 다른 값으로 대치하지 않아도 처리 가능합니다.[2] 이런 기능이 당연히 있어야 한다고 말할 수도 있지만, 많은 머신러닝 모델은 모든 데이터에 대한 모든 속성값이 다 있어야만 정상 작동합니다. 이런 경우 빠진 값들을 적당한 값으로 채워줘야 합니다. 이 작업을 할 때 어떤 방식이든 모델의 결과를 왜곡시키지 않는 것은 그렇게 쉬운 일은 아닙니다. XG부스트는 결측값을 아주 효과적으로 처리합니다. XG부스트의 성능은 입력값에 비례해서 향상하고 결측값의 수에 크게 영향을 받지 않고 독립적입니다.

마지막으로 XG부스트는 **뉴턴 부스팅**이라는 아주 효과적인 최적화 알고리즘을 사용하고 있습니다. 하지만 안타깝게도 이 책에서는 뉴턴 부스팅은 다루지 않습니다.

---

1 옮긴이_ 데이터 값이 매우 다양하게 나타나면서도 값들의 빈도가 매우 작은 특성. 이런 경우 데이터 값의 특성을 찾지 못하기 때문에 모델이 학습을 제대로 하지 못합니다.

2 옮긴이_ 보통 결측값은 다른 값으로 대치해야 하고, 데이터가 희소(sparse)하게 구성되어 있을 때는 모델의 성능을 개선시키기 위해 데이터를 변환해주어야 합니다.

아마존 웹사이트에서 XG부스트에 대해 더 자세하게 읽어볼 수 있습니다(https://docs.aws. amazon.com/sagemaker/latest/dg/xgboost.html).

3.4.2 머신러닝 모델이 함수의 성능 향상이나 AUC의 저하를 판단하는 방법

앞서 XG부스트는 학습을 잘한다고 언급했는데, '학습을 잘한다'라는 의미는 무엇일까요? 이 말은 단순히 말하면 모델이 학습 도중에 벌점은 적게 받고 보상은 많이 받는다는 의미입니다. 그러면 머신러닝 모델이 어떻게 보상을 받거나 벌점을 받는지 알 수 있을까요? AUC$^{\text{area under the}}$ ^{curve}는 머신러닝에서 매우 흔히 사용하는 측정 기준인데, 함수에 벌점이나 보상을 주는 기본 측정 기준으로 사용됩니다. 여기서 커브^{curve}는 '함수가 커브 아래 영역을 더 크게 만들 경우 보상을 한다'라고 할 때 기준선입니다. 만약 반대로 머신러닝의 함수가 적은 AUC를 얻는 경우 벌점을 줍니다.

AUC의 원리에 대한 감을 잡기 위해 아름다운 휴양지에 놀러온 연예인을 상상해볼 수 있습니다. 극진한 환대에 익숙하기 때문에 당연히 이 휴양지에서도 그럴 것으로 예상하고 있습니다. 직원 중 한 명은 연예인의 기분에 주의를 기울이며 파라솔을 조정하는 일을 합니다. 여기서 직원을 머신러닝의 **함수**라고 생각할 수 있습니다. 만약 이 함수가 파라솔을 조정하는 데 실수해서 연예인이 그늘에서 벗어나면 연예인은 함수를 혼낼 것입니다. 그리고 함수가 파라솔 조정을 잘한다면 팁을 줄 것입니다. 머신러닝 모델은 이와 비슷한 방식으로 동작합니다. 함수가 AUC 값을 증가시키면 보상을 하고, 반대로 AUC 값을 감소시키면 벌점을 줍니다. 이제 리치가 설명하는 기술적인 설명을 들어봅시다.

AUC에 대한 리치의 설명

XG부스트의 objective 파라미터를 binary:logistic로 설정할 때 실제로 긍정 혹은 부정 라벨을 추론하라고 설정한 것이 아닙니다. 다만 긍정 라벨의 확률을 XG부스트 알고리즘에 요청한 것입니다. 그 결과로 0과 1 사이의 연속적인 분포를 가지는 값을 얻을 수 있습니다. 이 값을 토대로 우리는 긍정 추론에 대해 확률적인 분포가 어떻게 되는지 알아낼 수 있습니다.

0.5(50%)를 긍정과 부정의 컷오프^{cutoff}[3] 값으로 설정해도 무난하지만, 어떤 때는 긍정으로 추론하기 전에 추론에 대한 확신이 필요할 수도 있습니다. 특히 긍정으로 결정했을 때 비용이 매우 커지는 경우 긍정으로 추론할 것인지에 대한 확신이 다시 필요할 수 있습니다. 다른 경우로 긍정

---

3 옮긴이_ 컷오프는 기준점, 판단선(decision boundary)을 뜻함

을 놓쳤을 때의 비용이 더 중요하면 컷오프를 0.5 이하를 잡을 수 있습니다.

다음 그래프에서 y축은 참 긍정$^{true\ positive,\ TP}$[4]이며, x축은 거짓 긍정$^{false\ positive,\ FP}$[5]인데 둘 다 0과 1 사이의 분수로 표현됩니다.

- 참 긍정 비율은 모든 긍정에 대해 머신러닝 모델이 실제로 얼마나 긍정으로 추론했는지 비율로 나타내는 지표입니다.
- 거짓 긍정 비율은 모든 부정에 대해 머신러닝 모델이 실제로 얼마나 긍정으로 잘못 추론했는지 비율로 나타내는 지표입니다.

▶ 참 긍정과 거짓 긍정을 보여주는 AUC

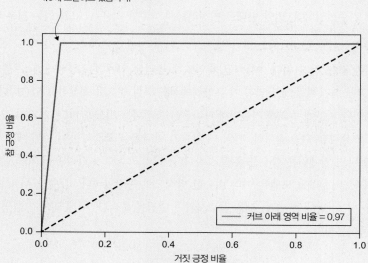

이 그래프는 **ROC 커브**$^{ROC\ curve}$[6]라 부르기도 합니다. 만약 모델의 검증 지표로 AUC를 사용하면 XG부스트는 0과 1 사이의 모든 컷오프[7] 확률의 평균을 산출할 때 ROC 커브 아래 영역을 최대화하여 모델을 최적화하고 최상의 결과를 도출합니다.

컷오프 값을 0.5와 다른 값으로 설정하면 컷오프 값에 따라서 TP와 FP가 다르게 생성됩니다. 만

---

4 옮긴이_ 참 긍정은 참 양성으로 표현하기도 합니다.

5 옮긴이_ 거짓 긍정은 거짓 양성으로 표현하기도 합니다.

6 옮긴이_ ROC는 'receiver operator characteristic(수신자 조작 특성)'의 약어로, 2차 세계대전 때 적의 물체를 탐지하는 레이더 신호 분석에 처음 쓰였으며 아직까지 사용되고 있습니다.

7 옮긴이_ 컷오프(cutoff)는 분리하는 기준값입니다. 여기서는 확률적인 분포의 결정 기준을 의미합니다.

약 컷오프 값을 낮게 설정하면(예를 들면 0.1) 참 긍정의 비율을 높일 수 있지만, 부정을 긍정으로 판단하는 실수를 하게 됩니다. 어떤 값으로 설정하더라도 모델의 정확도를 측정하는 TP와 FP는 한쪽이 좋아지면 다른 한쪽이 나빠지는 상충관계가 될 수 있습니다.

앞의 그래프와 같이 커브의 형태가 대각선보다 충분히 위에 있으면 AUC 값은 거의 1에 가깝게 됩니다. 그리고 TP와 FP의 비율이 각 컷오프 값과 일치하면 모델의 AUC 값은 0.5가 될 것이고, TP와 FP 비율 그래프는 앞의 그래프의 점선과 일치할 것입니다.

3.5 머신러닝 모델 구축 준비

이제 XG부스트에 대해 어느 정도 이해했을 것입니다. 지금부터 세이지메이커에 새로운 노트북을 생성하고 몇몇 의사결정을 해보겠습니다. 2장에서 했던 것처럼 다음과 같은 작업을 할 것입니다.

1 S3에 데이터셋 업로드
2 세이지메이커에 노트북 구성
3 노트북 파일 업로드
4 데이터를 입력하여 노트북 실행

이와 병행하여 2장에서 소개만 했던 내용을 좀 더 자세하게 다루겠습니다.

> **TIP** 3장부터 읽기 시작한 독자는 아래 부록을 먼저 참조하세요. 부록에서는 이 장의 예제를 실행하는 방법을 설명합니다.
> - 부록 A: 아마존의 웹서비스인 AWS에 가입
> - 부록 B: AWS의 파일 스토리지 서비스인 S3 설정
> - 부록 C: 세이지메이커 설정

3.5.1 S3에 데이터셋 업로드

이 장에서 사용할 데이터셋을 구성하려면 부록 B에서와 동일한 과정을 수행해야 합니다. 하지만 S3 버킷을 새로 생성할 필요는 없습니다. 이전 장에서 생성한 버킷을 그대로 사용하면 됩니

다. 예제에서는 버킷 이름을 `mlforbusiness`로 설정했지만 다른 이름을 사용해도 됩니다.[8] 자신의 AWS 계정으로 S3에 접속해보면 [그림 3-3]과 같은 화면을 볼 수 있습니다.

그림 3-3 S3 버킷의 리스트 조회

이 화면에서 버킷을 클릭하면 2장에서 생성한 ch02 폴더를 볼 수 있습니다. 이 장에서는 ch03 이라는 새로운 폴더를 생성하겠습니다. Create folder를 클릭하고 프롬프트를 따라가면 폴더를 생성할 수 있습니다.

폴더 생성이 완료되면 자동으로 버킷 내의 폴더 리스트 화면으로 돌아오고 방금 생성한 ch03 폴더가 보일 것입니다.

S3 버킷에 ch03 폴더가 생성되었으므로 이 폴더에 이 장에서 사용할 데이터 파일을 업로드하고 세이지메이커로 의사결정 모델을 만들 수 있습니다. 먼저 다음 링크에서 이 장에서 사용할 데이터 파일을 다운로드합니다.

```
https://s3.amazonaws.com/mlforbusiness/ch03/churn_data.csv
```

S3 화면에서 ch03 폴더를 클릭하여 ch03 폴더로 이동한 후 Upload 버튼을 클릭하여 다운로드한 CSV 파일을 ch03 폴더에 업로드합니다. 이제 노트북 인스턴스를 구성할 준비가 되었습니다.

3.5.2 세이지메이커에 노트북 구성

이 장에서도 2장에서 했던 것과 같은 방법으로 세이지메이커에 노트북을 구성하겠습니다. 2장

---

8 옮긴이_ 이름은 영문으로 해야 합니다. 한글 이름은 사용할 수 없습니다.

과 달리 이번에는 이 과정을 빠르게 진행할 텐데, 2장에서 구성한 노트북을 계속 사용할 수 있기 때문입니다. 이번에는 단지 2장에서 생성한 노트북을 실행시키고 이 장에서 준비한 주피터 노트북 파일을 업로드하면 됩니다(만약 2장을 읽지 않았다면 부록 C의 세이지메이커 설정을 따라 하세요).

AWS의 세이지메이커 화면으로 가면 이미 생성한 노트북 인스턴스를 볼 수 있습니다. 2장에서 생성한(혹은 부록 C를 참조하여 생성한) 노트북 이름 옆에 Open 혹은 Start가 있을 것입니다. 만약 Start가 있다면 Start를 클릭한 후 2~3분 정도 기다려야 합니다. 화면에 Open Jupyter가 나타나면 클릭하여 노트북 파일 리스트를 볼 수 있습니다.

노트북 파일 리스트 화면이 열리면 'New → Folder'를 클릭하여 3장에서 사용할 새 폴더를 생성합니다(그림 3-4). 그러면 Untitled Folder라는 이름의 새 폴더가 생성될 겁니다.

그림 3-4 세이지메이커에서 새 폴더 생성

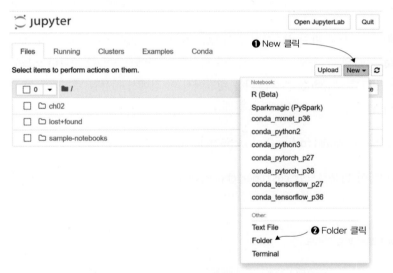

Untitled Folder의 이름을 바꾸려면 폴더 이름 옆에 있는 체크박스를 클릭하여 선택합니다. 그러면 Rename 버튼이 나타나는데, 이 버튼을 클릭한 후 폴더 이름을 ch03으로 변경합니다(그림 3-5).

그림 3-5 세이지메이커 노트북에서 폴더 이름 변경

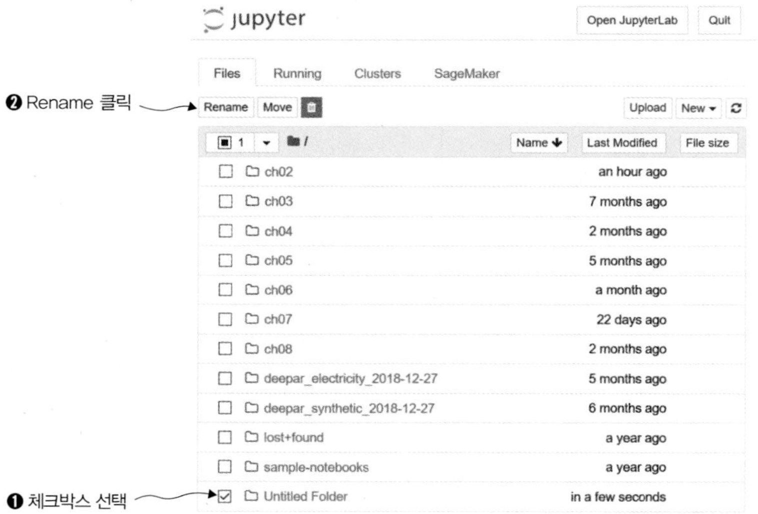

ch03 폴더를 클릭해보면 노트북 파일 리스트가 비어 있을 것입니다. 앞서 S3에 업로드할 데이 터 파일(churn_data.csv)의 다운로드 링크를 제공한 것처럼 이 장에서 사용할 주피터 노트북 파일 역시 다운로드 링크를 제공하겠습니다. 다음 링크에서 이 장에서 사용할 주피터 노트북 파일을 다운로드합니다.

```
https://s3.amazonaws.com/mlforbusiness/ch03/customer_churn.ipynb
```

Upload 버튼을 클릭하여 다운로드한 customer-churn.ipynb 파일을 ch03 폴더에 업로드합 니다(그림 3-6).

그림 3-6 세이지메이커에 노트북 파일 업로드

노트북 파일을 업로드하면 노트북 리스트에 업로드한 파일이 보일 것입니다. 이 파일을 클릭해서 열어보세요. 이제 2장에서와 같이 몇 번의 키 입력만으로 머신러닝 모델을 실행할 수 있습니다.

3.6 머신러닝 모델 구축

2장과 마찬가지로 이 장에서도 노트북 코드를 다음 6단계로 나누어 하나씩 살펴보겠습니다.

  1 데이터 로드 및 검사
  2 모델에 적합한 형태로 데이터 가공
  3 학습용, 검증용, 테스트용 데이터셋 생성
  4 머신러닝 모델 학습
  5 머신러닝 모델 호스트
  6 모델의 테스트와 의사결정에 모델 적용

3.6.1 파트 1: 데이터 로드 및 검사

앞 장과 마찬가지로 첫 번째 작업은 세이지메이커에 데이터가 저장되어 있는 위치를 알려주는 것입니다. [예제 3-1]에서 S3 버킷 및 하위 폴더를 설정합니다. 예제에서 사용할 데이터 파일은 앞서 S3에 업로드한 churn_data.csv 파일입니다. 업로드 폴더 이름(ch03)과 파일 이름(churn_data.csv)을 변경하지 않았다면 데이터 저장소인 S3 버킷 이름만 독자의 계정에 맞게 수정하면 됩니다. 이 작업이 끝나면 예제 노트북 전체를 실행할 수 있습니다. 노트북 전체를 실행하려면 2장에서 설명한 바와 같이 주피터 노트북 상단 툴바에서 'Cell → Run All'을 클릭합니다.

예제 3-1 S3 버킷과 하위 폴더 설정

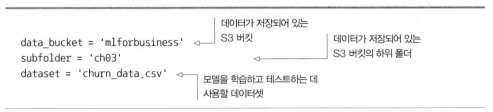

```
data_bucket = 'mlforbusiness'
subfolder = 'ch03'
dataset = 'churn_data.csv'
```

데이터가 저장되어 있는
S3 버킷

데이터가 저장되어 있는
S3 버킷의 하위 폴더

모델을 학습하고 테스트하는 데
사용할 데이터셋

노트북을 실행하면 세이지메이커가 데이터를 로드하고 모델을 학습합니다. 그리고 학습이 끝나면 엔드포인트를 구성하고 테스트 데이터에 대한 추론 결과를 생성합니다. 이 모든 작업은 약 10분 정도 소요되므로 커피나 차를 마시면서 기다리면 됩니다.

10분 후에 돌아와 보면 노트북의 실행이 끝났을 것입니다. 이제 노트북의 맨 아래로 스크롤하면 모델이 테스트 데이터에 대해 추론한 결과를 볼 수 있습니다. 하지만 추론 결과를 설명을 하기 전에 먼저 노트북의 내용을 살펴보도록 하겠습니다.

노트북 파일의 최상단으로 되돌아가면 S3 버킷 및 하위 폴더를 설정한 셀을 볼 수 있습니다. 앞에서 Run All을 실행하지 않았다면 [예제 3-1]이 들어 있는 셀을 클릭하고 Ctrl + Enter 를 눌러 해당 셀의 코드를 실행합니다.

그다음 셀에는 파이썬 라이브러리와 모듈을 불러오는 코드가 있는데, 이 모듈은 세이지메이커가 데이터를 준비하고 머신러닝 모델을 학습하고 엔드포인트를 만드는 데 사용합니다.

2장에서 배운 것처럼 팬더스는 데이터 사이언스에서 가장 일반적으로 사용하는 파이썬 라이브러리 중 하나입니다. [예제 3-2]는 팬더스 라이브러리를 pd라는 이름으로 불러옵니다. 이후부터는 pd라는 이름으로 팬더스의 모든 기능을 사용할 수 있습니다. 이 부분에서 불러오는 다른 라이브러리나 모듈은 다음과 같습니다.

- **boto3**: AWS 서비스와 연동하는 아마존의 파이썬 라이브러리
- **세이지메이커**: 세이지메이커와 연동하는 아마존의 파이썬 모듈
- **s3fs**: S3의 파일 관리를 쉽게 해주는 모듈. boto3를 사용해도 S3에 있는 파일을 관리할 수 있지만, 이 모듈은 boto3를 좀 더 쉽게 사용할 수 있게 도와줍니다.
- **sklearn.metrics**: 머신러닝 모델의 출력에 대한 요약 보고서를 생성하기 위해 사용하는 모듈로 2장에서는 사용하지 않았습니다.

예제 3-2 모듈 불러오기

```
import pandas as pd        ◁── 팬더스 파이썬 라이브러리를 불러옵니다.
import boto3              ◁──│ boto3 AWS 라이브러리를 불러옵니다.
import sagemaker
import s3fs                ◁── S3 버킷 안의 파일을 쉽게 다루기
from sklearn.model_selection \      위해 s3fs 모듈을 불러옵니다.
    import train_test_split    ◁──
세이지메이커 라이브러리를          sklearn 라이브러리에서 train_test_split
불러옵니다.                   모듈만 불러옵니다.
```

```
import sklearn.metrics as metrics        ◄──┤ sklearn 라이브러리에서
                                             │ metrics 모듈만 불러옵니다.

  role = sagemaker.get_execution_role()  ◄──┤ 세이지메이커의 역할을
┌─►s3 = s3fs.S3FileSystem(anon=False)         │ 생성합니다.
│
└ S3 버킷과 연결합니다.
```

[예제 3-3]에서는 팬더스의 read_csv 함수를 사용하여 데이터를 읽고, head 함수를 사용하여 처음 5행을 출력합니다. 이 작업은 데이터의 내용과 모양을 살펴보고 이해하기 위해 수행하는데, 이 책의 모든 장에서 가장 먼저 하는 일 중 하나입니다. 데이터를 읽고 조회하기 위해 [예제 3-3]이 들어 있는 코드 셀을 마우스로 클릭한 다음 Ctrl + Enter 를 누릅니다.

예제 3-3 데이터를 불러와서 조회하기

```
df = pd.read_csv(
    f's3://{data_bucket}/{subfolder}/{dataset}')  ◄──┤ [예제 3-1]의 churn_data.csv
df.head()  ◄── 읽어 온 데이터셋의 데이터프레임에서        │ 데이터셋을 S3에서 읽어옵니다.
                처음 5행을 출력합니다.
```

[예제 3-3]은 churn_data.csv 파일을 읽어서 출력하는 코드입니다. 위 코드를 실행하면 [표 3-4]와 같은 데이터 포맷으로 데이터가 출력됩니다. 이 데이터에는 고객 정보가 행별로 들어 있고 [표 3-3]의 데이터 포맷을 그대로 반영하고 있습니다. 그리고 [표 3-4]의 첫 번째 열에 고객의 이탈 여부가 추가로 들어 있습니다. 고객이 이탈했을 경우 첫 번째 열에 1이, 그렇지 않으면 0이 표시됩니다. [예제 3-3]을 실행했을 때 출력 데이터의 값이 [표 3-4]와 다르더라도 당황하지 마세요. [표 3-4]는 전체 데이터의 일부분을 예제로 사용한 것이므로 예제 실행 결과와 다를 수 있습니다.

[예제 3-3]의 실행 결과에서는 이탈 고객을 볼 수 없는데, 카를로스의 고객 중 이탈 고객이 매우 적기 때문입니다.

데이터셋의 행 수를 확인하려면 [예제 3-4]와 같이 팬더스의 shape 함수를 실행합니다. 또한 데이터셋에서 이탈 고객 수를 확인하려면 팬더스의 value_counts 함수를 실행합니다.

표 3-4 엑셀에서 본 카를로스의 고객 데이터셋

churned	id	customer_code	co_name	total_spend	week_minus_4	week_minus_3	week_minus_2	last_week	4-3_delta	3-2_delta	2-1_delta
0	1	1826	Hoffman, Martinez, and Chandler	68567.34	0.81	0.02	0.74	1.45	0.79	-0.72	-0.71
0	2	772	Lee Martin, Escobar	74335.27	1.87	1.02	1.29	1.19	0.85	-0.27	0.10

예제 3-4 데이터셋에서 이탈 고객 수 표시

```
print(f'Number of rows in dataset: {df.shape[0]}')   ← 전체 행 수를 출력합니다.
print(df['churned'].value_counts())   ←
                                          이탈 고객과 이탈하지 않은
                                          고객의 행 수를 출력합니다.
```

[예제 3-4]를 실행하면 전체 데이터 2,999행 중 고객 166명이 이탈한 것을 확인할 수 있습니다. 이를 주별로 보았을 때 전체 고객 이탈율은 약 5%이며 이는 카를로스의 주별 고객 이탈율보다 높습니다. 카를로스의 주별 고객 이탈율은 약 0.5%(또는 주별 약 15명)입니다.

전체 고객 이탈율과 맞추기 위해 예제의 원본 데이터에 대해 약간 부적절한 작업을 했습니다. 사실 이 데이터셋은 총 고객 수를 2,999명에 맞추어 생성했습니다(카를로스의 실제 고객 수에 맞추기 위해). 즉, 지난 3개월 동안 이탈한 전체 고객과 동일 기간에 유지된 고객을 무작위로 선택하여 2,999명에 맞춘 것입니다. 이렇게 하면 2장에서 사용한 것과 유사한 툴과 방법만 사용해도 됩니다. 이런 작업을 하지 않으면 이 데이터에 대해 별도의 작업을 해야 합니다. 왜냐하면 이 데이터에서 이탈 고객은 유지된 고객 수에 비하면 매우 적기 때문입니다. 이러한 매우 드문 이벤트에 대해서는 별도의 처리 과정이 필요합니다. 희귀한 이벤트에 대한 처리 방법에 대해서는 이후 장에서 다룰 예정입니다.

하지만 앞에서 수행한 데이터 처리 방식은 위험할 수 있습니다. 왜냐하면 지난 3개월 동안 이탈한 고객의 주문 패턴과 실제 패턴이 달라질 경우 결과가 유효하지 않을 수 있기 때문입니다. 하지만 카를로스와 논의해본 결과 이탈 고객과 일반 고객의 패턴은 기간과 관계없이 꾸준히 유지된다는 결론을 내릴 수 있었고, 따라서 이 접근 방식을 사용해도 괜찮다고 확신했습니다.

이러한 접근 방식을 학술 논문에 사용하면 논문 통과가 어려울 수도 있다는 점을 주의하세요.

하지만 업무 중에 회사 데이터로 작업할 때 배울 수 있는 교훈 중 하나는 원하는 데이터를 모두 얻는 것은 거의 불가능하다는 것입니다. 따라서 현재 가지고 있는 데이터를 기반으로 올바른 결정을 내릴 수 있는지 지속적으로 평가해야 합니다.

3.6.2 파트 2: 데이터를 모델에 적합한 형태로 가공

이전 파트에서 노트북에서 데이터셋을 확인했고, 이제 데이터로 본격적인 작업을 시작하겠습니다. XG부스트는 숫자 데이터만 입력받습니다. 따라서 범주형 데이터는 인코딩^{encoding}[9]하거나 제거해야 합니다.

이 책에서 **데이터 인코딩**^{data encoding}은 데이터셋에 범주형 데이터의 각 고윳값을 열로 설정한 후 열값을 포함하는 행에는 1을 넣고, 해당 열의 다른 행에는 0을 넣는 것을 의미합니다. 이는 캐런의 데이터셋 중 제품 데이터에는 적합하지만 카를로스의 데이터셋에는 적합하지 않습니다. 카를로스의 데이터셋에 나오는 범주형 데이터(customer_name, customer_code, id)는 그 값이 고유하고, 한 번씩만 나오기 때문입니다. 이러한 데이터를 열로 변환하는 것은 모델 개선에 도움이 되지 않습니다.

이 경우 가장 좋고 단순한 방법은 범주형 데이터를 제거하는 것입니다. 이 데이터를 제거하려면 팬더스의 drop 함수를 사용합니다. [예제 3-5]는 팬더스의 drop 함수를 사용하여 범주형 데이터의 열을 제거한 후 head 함수를 사용하여 데이터셋의 처음 5행을 다시 출력합니다. 팬더스 데이터프레임에서 행이 아닌 열을 제거하려면 axis=1을 사용하면 됩니다.

예제 3-5 범주형 데이터 제거하기

```
encoded_data = df.drop(
    ['id', 'customer_code', 'co_name'],    df 데이터프레임에서 drop 함수를 사용하여
    axis=1)                                범주형 데이터의 열을 제거합니다.
encoded_data.head()     데이터프레임의 처음 5행을
                        출력합니다.
```

---

9 옮긴이_ 인코딩(encoding)은 정보의 형태나 형식을 변환하는 처리나 처리 방식을 말합니다. 변환된 데이터를 원래 데이터로 다시 복원하는 것은 디코딩(decoding)이라고 합니다.

[표 3-5]는 범주형 데이터의 열을 제거하여 숫자로만 만들어진 데이터셋입니다.

표 3-5 범주형 정보가 없도록 변환된 데이터셋

churned	total_spend	week_minus_4	week_minus_3	week_minus_2	last_week	4-3_delta	3-2_delta	2-1_delta
0	68567.34	0.81	0.02	0.74	1.45	0.79	-0.72	-0.71
0	74335.27	1.87	1.02	1.29	1.19	0.85	-0.27	0.10

3.6.3 파트 3: 학습용, 검증용, 테스트용 데이터셋 생성

이전 파트에서 데이터를 XG부스트가 수행할 수 있는 포맷으로 변환했습니다. 이번 파트에서는 2장에서와 같이 데이터를 테스트용, 검증용, 학습용 데이터셋으로 분할하겠습니다. 2장에서 했던 데이터 분할 작업과 중요한 차이점은 stratify라는 파라미터를 사용한다는 것입니다.

stratify 파라미터는 예측하고자 하는 목표 변숫값들이 상대적으로 드물게 나타날 때 유용합니다.[10] 이 파라미터는 학습용, 검증용, 테스트용 데이터셋에 비슷한 비율의 목표 변숫값이 포함되도록 데이터를 뒤섞어서 추출하게 합니다. 이렇게 하면 데이터셋에서 고객을 편중되지 않게 선택하게 되므로 모델이 올바른 방향으로 학습하도록 할 수 있습니다.

2장에서는 데이터 분할에 대한 코드를 아주 간략하게 살펴보았지만, 여기에서는 좀 더 자세히 살펴보겠습니다. 특히 stratify 파라미터의 사용 방법을 자세히 알아보겠습니다. [예제 3-6]은 전체 데이터셋 중 학습용으로 70%, 검증과 테스트용으로 30%를 할당하여 학습용과 테스트용 샘플을 생성합니다. 데이터를 분할할 때 train_test_split라는 함수를 사용하는데, 이때 stratify 파라미터에 객체 y를 지정할 수 있습니다. stratify에 y를 지정하면 이 함수는 **임의 샘플**random sample을 추출할 때 y 객체의 고윳값들을 추출한 후 고윳값의 빈도에 비례하여 균형 있게 추출합니다. 이렇게 추출된 샘플을 학습용과 검증 및 테스트용 데이터셋에 할당합니다.

데이터셋을 분할하는 코드가 2장에서 사용한 코드와 약간 다른 점에 주의하세요. stratify 파라미터를 사용해야 하므로 목표 변수 열을 명시적으로 선언해야 합니다(예제에서는 churned가 목표 변수 열의 이름임). stratify를 사용하면 몇 가지 추가 값을 반환하지만 지금은 신경 쓰지 않아도 됩니다. train_df, test_and_val_data, _, _ = train_test_split 라인에서 언더바(_, val_df로 시작하는 라인에서도 볼 수 있음)는 단순히 전달받을 값의 변수 자리만 표

---

10 옮긴이_ 값들의 밀도가 매우 낮고 다양하게 등장할 때 유용합니다.

시하는 플레이스홀더placeholder입니다. 이 부분이 조금 난해해 보이더라도 걱정하지 마세요. 이 부분은 모델의 학습, 검증 및 테스트와는 직접 관련 없습니다. 따라서 모델을 학습, 검증, 테스트할 때 이 부분의 코드를 모두 이해할 필요는 없습니다.

다음으로 테스트 및 검증용 데이터셋에서 3분의 1을 테스트용 데이터에, 그리고 3분의 2를 검증용 데이터에 분할하여 할당하겠습니다(예제 3-6). 이렇게 하면 전체 데이터셋의 70%는 학습, 20%는 검증, 10%는 테스트에 할당됩니다.

예제 3-6 학습용, 검증용, 테스트용 데이터셋 생성

```
y = encoded_data['churned']
train_df, test_and_val_data, _, _ = train_test_split(
    encoded_data,
    y,
    test_size=0.3,
    stratify=y,
    random_state=0)

y = test_and_val_data['churned']
val_df, test_df, _, _ = train_test_split(
    testing_data,
    y,
    test_size=0.333,
    stratify=y,
    random_state=0)

print(train_df.shape, val_df.shape, test_df.shape)
print()
print('Train')
print(train_df['churned'].value_counts())
print()
print('Validate')
print(val_df['churned'].value_counts())
print()
print('Test')
print(test_df['churned'].value_counts())
```

데이터 분할에 사용하기 위해 목표 변수만 가져와서 y 변수에 저장합니다.

데이터셋(encoded_data)에서 학습용과 테스트용 샘플을 생성합니다. random_state 인수는 반복 수행 시 항상 같은 방식으로 데이터를 분할하도록 합니다.

테스트 및 검증용 데이터를 분할하여 테스트 데이터셋과 검증 데이터셋을 만듭니다.

value_counts 함수는 학습용, 검증용, 테스트용 데이터셋에 들어 있는 이탈 고객(1로 표기) 수와 이탈하지 않은 고객(0으로 표기) 수를 보여줍니다.

2장에서와 마찬가지로 세 개의 데이터셋을 CSV로 변환하여 S3에 저장합니다. 다음 [예제 3-7]은 세 개의 데이터셋에 대해 CSV 객체를 만들고, churn_data.csv 파일이 저장되어 있는 S3 폴더에 이 세 개의 CSV 파일을 저장합니다.

```
train_data = train_df.to_csv(None, header=False, index=False).encode()
val_data = val_df.to_csv(None, header=False, index=False).encode()
test_data = test_df.to_csv(None, header=True, index=False).encode()

with s3.open(f'{data_bucket}/{subfolder}/processed/train.csv', 'wb') as f:
    f.write(train_data)        ◁─┐ train.csv 파일을 S3에 저장합니다.

with s3.open(f'{data_bucket}/{subfolder}/processed/val.csv', 'wb') as f:
    f.write(val_data)          ◁─┐ val.csv 파일을 S3에 저장합니다.

with s3.open(f'{data_bucket}/{subfolder}/processed/test.csv', 'wb') as f:
    f.write(test_data)         ◁─┐ test.csv 파일을 S3에 저장합니다.

train_input = sagemaker.s3_input(
    s3_data=f's3://{data_bucket}/{subfolder}/processed/train.csv',
    content_type='csv')
val_input = sagemaker.s3_input(
    s3_data=f's3://{data_bucket}/{subfolder}/processed/val.csv',
    content_type='csv')
```

[그림 3-7]은 현재 S3에 들어 있는 데이터셋을 보여줍니다.

그림 3-7 S3 폴더의 CSV 파일 목록

앞의 작업으로
S3에 생성된
세 개의 파일

3.6.4 파트 4: 머신러닝 모델 학습

이 파트에서는 모델을 학습합니다. 2장에서는 모델 학습 과정에 대한 자세한 설명을 생략했습니다. 이제 XG부스트 알고리즘에 대해 좀 더 잘 이해했으니(3.4절) 모델 학습 과정에 대해 좀 더 자세히 알아보겠습니다.

다음 [예제 3-8]에서 흥미로운 부분은 estimator의 하이퍼파라미터^{hyperparameter}입니다. max_depth와 subsample은 이후 장에서 설명하고, 지금 설명할 하이퍼파라미터는 다음과 같습니다.

- **objective**: 2장에서와 같이 이 하이퍼파라미터 값을 binary:logistic로 설정합니다. 목표 변숫값이 1 또는 0인 경우에는 이 설정을 사용합니다. 목표 변수가 다중 클래스 변수 또는 연속 변수인 경우에는 다른 설정을 사용합니다(이 경우는 이 책의 다른 장에서 설명하도록 하겠습니다).

- **eval_metric**: 최적화할 때 적용되는 평가 지표$^{evaluation\ metric}$를 지정합니다. 이 평가 지표의 설정값인 auc는 이 장 앞부분에서 리치가 설명한 커브 아래 영역$^{area\ under\ curve}$을 의미합니다.

- **num_round**: 학습 데이터에 대해 머신러닝 모델을 반복적으로 실행할 라운드 수입니다. 1장에서 설명했던 흰 점에서 검은 점을 분리하는 머신러닝 예시를 참고로 이 하이퍼파라미터를 설명하겠습니다. 함수가 학습 데이터에 대해 반복적으로 학습할 때마다 흰 점으로부터 검은 점을 점점 더 잘 분리하게 됩니다. 하지만 잠시 후 모델의 성능이 너무 좋아지기 시작하는데, 이는 매우 위험한 현상입니다. 학습 데이터 내에서만 있는 패턴을 찾아내어 실제 상황을 반영하지 못하기 때문입니다. 이를 **과적합**이라고 합니다. 라운드 수가 클수록 과적합될 가능성이 높습니다. 이를 방지하기 위해 중지할 학습 라운드 수를 설정하는 하이퍼파라미터입니다.

- **early_stopping_rounds**: 학습을 계속 반복해도 알고리즘의 성능이 개선되지 않을 경우 중지할 라운드 수입니다.

- **scale_pos_weight**: 값들이 매우 불균형하게 분포한 데이터셋에 사용하는 하이퍼파라미터로서 모델 학습 중 희소 클래스[11]에 더 집중하여 예측하도록 설정합니다(하이퍼파라미터에서 pos는 positive를 의미합니다). 예를 들어 현재 우리가 사용하는 데이터셋에서 이탈이 예상되는 고객의 비율은 약 1/17입니다(즉, 17명의 고객 중 16명은 이탈하지 않습니다). 따라서 이탈이 예상되는 고객과 이탈하지 않는 고객이 매우 불균형하게 분포되어 있습니다. 이러한 불균형을 맞추기 위해 scale_pos_weight를 17로 설정했습니다. 이렇게 설정하면 XG부스트는 이탈하지 않는 고객보다는 이탈이 예상되는 고객에 더 집중하면서 학습합니다.

> **NOTE_** 시간 여유가 있으면 scale_pos_weight를 설정하지 않고 모델을 다시 학습해보고 결과에 어떤 영향을 미치는지 확인해보세요. 그러면 이 하이퍼파라미터의 역할을 이해할 수 있을 겁니다.

---

11 옮긴이_ 소수(minority) 클래스라고도 하며, 변수값(Value)의 분포가 매우 적게 나타나는 클래스입니다. 예를 들어 정상인과 암 환자의 분포에서는 암 환자가 희소 클래스입니다.

```
sess = sagemaker.Session()

container = sagemaker.amazon.amazon_estimator.get_image_uri(
        boto3.Session().region_name,
        'xgboost',
        'latest')

estimator = sagemaker.estimator.Estimator(
    container,
    role,
    train_instance_count=1,
    train_instance_type='ml.m5.large',    ⟵─┐ 세이지메이커가 모델을 실행할 때
    output_path= \                            └─ 사용하는 서버의 유형을 설정합니다.
        f's3://{data_bucket}/{subfolder}/output',  ⟵─┐ 모델의 결과를 저장할
    sagemaker_session=sess)                           └─ S3의 위치입니다.

estimator.set_hyperparameters(
    max_depth=3,                               objective 하이퍼파라미터의 값을
    subsample=0.7,                             binary logistic으로 설정합니다.
    objective='binary:logistic',  ⟵──────────┘
    eval_metric='auc',            ⟵── 평가 지표 하이퍼파라미터를 auc로 설정합니다.
    num_round=100,                ⟵── 학습의 반복 라운드 수에 대한 하이퍼파라미터입니다.
    early_stopping_rounds=10,  ⟵─┐ 학습 사전 중지 기법(학습 개선이 없을 때 중지할 학습
    scale_pos_weight=17)         └─ 반복 라운드 수)에 대한 하이퍼파라미터입니다.

estimator.fit({'train': train_input, 'validation': val_input})
```

양의 가중치 곱하기(scale positive weight)에
대한 하이퍼파라미터입니다.

위 코드 셀을 실행하면 빨간색 알림을 여러 줄 보게 될 것입니다([예제 2-11]에서도 빨간색 알림이 여러 줄 보였지만 이에 대해 설명하지 않고 지나갔습니다). 여기에는 몇 가지 흥미로운 정보가 포함되어 있습니다. 특히 이 정보로 모델이 과적합되었는지 여부를 확인할 수 있습니다.

모델 학습을 실행하면 모델은 학습을 반복하는데, 매번 학습할 때마다 몇 가지 작업을 수행합니다. 첫 번째는 훈련을 하고, 두 번째는 검증을 합니다. 실행 시 빨간색으로 출력되는 알림 정보는 검증의 결과입니다. 이 장의 예제 노트북에서 학습을 실행했을 때 화면에 출력되는 알림 정보를 보면 처음 48번의 학습 라운드 동안에는 검증 스코어가 향상되지만, 그 이후에는 이 스코어가 나빠지기 시작하는 것을 알 수 있습니다.

이 현상이 바로 **과적합**입니다. 1장에서 예시로 들었던 흰 점과 검은 점을 분리하는 머신러닝으로 설명하면, 알고리즘이 학습 데이터셋에 있는 흰 점과 검은 점을 분리하는 함수를 빌드할 때는 성능이 개선되고 있지만, 검증용 데이터셋에서는 성능이 점점 더 나빠지고 있다는 것입니다. 즉, 모델이 학습 데이터셋에만 존재하고 실제 상황(또는 적어도 우리 검증용 데이터셋)에 없는 테스트 데이터에서 패턴을 찾아내기 시작한 것입니다.

과적합에 대한 리치의 설명

이 책 앞부분에서 XG부스트를 설명할 때 **과적합**에 대해 간략히 언급했습니다. 과적합은 모델이 학습 데이터에 너무 밀접하게 또는 정확하게 매핑되어서 예측 시 학습할 때와 다른 데이터가 있으면 안정적으로 정확도를 유지하면서 예측하지 못하는 것을 말합니다. 이를 다른 말로 **모델이 일반화되지 못했다**라고 합니다. 테스트용 혹은 검증용 데이터에서 뿐만 아니라 엔드포인트를 통해 예측 서비스를 할 때도 학습 시와는 다른 데이터가 있을 수 있습니다.

XG부스트의 가장 좋은 점 중 하나는 과적합을 매우 잘 처리한다는 것입니다. [예제 3-8]에서 early_stopping_rounds 하이퍼파라미터는 10번의 학습 라운드에서도 성능 개선이 없으면 학습을 중지하라고 설정한 것입니다.

다음은 노트북 파일에서 모델을 학습하는 셀의 실행 결과를 화면에 출력한 것 중 일부입니다.

▶ 모델의 학습 라운드 결과 출력

```
[15]#011train-auc:0.98571#011validation-auc:0.976057
[16]#011train-auc:0.986562#011validation-auc:0.975683
Stopping. Best iteration:
[6]#011train-auc:0.97752#011validation-auc:0.980493
```

15번째 학습 라운드의 AUC는 0.976057이고, 16번째 학습 라운드의 AUC는 0.975683입니다. 이들 중 어느 것도 종전 최고치인 6번째 학습 라운드의 AUC인 0.980493보다 낮지 않다는 것을 알 수 있습니다. early_stopping_rounds=10으로 설정했고, 6번째 학습 라운드 이후 10번의 학습 라운드에서 AUC가 개선되지 않았기 때문에 16번째 학습 라운드에서 학습이 중단됩니다.

3.6.5 파트 5: 머신러닝 모델 호스팅

앞의 작업으로 학습 모델이 생성되었으므로, 이제 의사결정을 하기 위해 세이지메이커에 학습된 모델을 호스팅할 수 있습니다(예제 3-9). 이 장에서 머신러닝에 대해 많은 부분을 다루었으므로 호스팅의 동작 방식에 대해서는 다음 장에서 자세히 살펴보겠습니다. 지금은 호스팅이 데이터를 입력받아서 의사결정에 대한 추론을 수행하고 그 결과를 반환하는 서버를 설정하는 작업이란 것만 알고 있으면 됩니다.

예제 3-9 모델의 호스팅 작업

```
endpoint_name = 'customer-churn'

try:
    sess.delete_endpoint(
        sagemaker.predictor.RealTimePredictor(
            endpoint=endpoint_name).endpoint)
    print(
        'Warning: Existing endpoint deleted to make way for new endpoint.')
except:
    pass

predictor = estimator.deploy(initial_instance_count=1,
            instance_type='ml.t2.medium',          ← 서버 유형을 지정합니다(여기서는
            endpoint_name=endpoint_name)              ml.t2.medium 유형의 서버를
                                                      사용).
from sagemaker.predictor import csv_serializer, json_serializer
predictor.content_type = 'text/csv'
predictor.serializer = csv_serializer
predictor.deserializer = None
```

3.6.6 파트 6: 모델 테스트

지금까지 모델의 엔드포인트를 설정하고 호스팅하였으므로 이제 의사결정을 하는 추론 서비스를 시작할 수 있습니다. 먼저 모델이 모르는 데이터(학습할 때는 보지 못했던 데이터)에 대해 어떻게 동작하는 알아보기 위해 시스템에 테스트 데이터를 넣고 실행하는 것부터 해보겠습니다.

[예제 3-10]의 처음 세 라인은 고객이 이탈 가능성이 높은 경우 1을 반환하고 이탈 가능성이 낮은 경우 0을 반환하는 함수를 생성합니다. 다음 두 라인에서는 [예제 3-7]에서 만든 테스트

CSV 파일을 오픈합니다. 마지막 세 라인에서는 [예제 3-10]의 상단에서 만든 get_prediction 함수를 테스트 데이터셋의 모든 행에 적용하여 추론을 실행하고 결과 데이터를 출력합니다.

예제 3-10 테스트 데이터에 대한 예측 결과 생성

```
def get_prediction(row):
    prob = float(predictor.predict(row[1:]).decode('utf-8'))
    return 1 if prob > 0.5 else 0    ⟵── 0과 1 사이의 값을 반환합니다.

with s3.open(f'{data_bucket}/{subfolder}/processed/test.csv') as f:
    test_data = pd.read_csv(f)

test_data['decison'] = test_data.apply(get_prediction, axis=1)
test_data.set_index('decision', inplace=True)
test_data[:10]
```

이 장에서는 고객의 이탈 여부를 예측하는 것이 목적이므로 추론 결과에는 0과 1만 포함할 것입니다. 그래서 get_prediction 함수 내에서 예측 확률이 0.5보다 큰 경우(if prob > 0.5) 예측 결과를 1로, 그렇지 않으면 0으로 설정합니다.

[표 3-6]은 [예제 3-10]의 실행 결과를 보여준 것으로 결과가 상당히 좋아 보입니다. churned 열(고객 이탈 여부의 정답값을 표시한 열)의 값이 1인 모든 행에 대해 decision 열(모델이 추론한 값을 표시한 열)의 값도 1입니다. decision 열에 1이 있고 churned 열에 0이 있는 행이 있는데, 이는 카를로스가 고객 이탈 위험이 없는 고객에게도 전화하게 됨을 의미합니다.[12] 그러나 이것 역시 카를로스에게는 의미 있는 일입니다. 이탈 위험이 없는 고객에게 전화하는 것이 이탈 위험이 있는 고객에게 전화하지 않는 것보다 훨씬 낫기 때문입니다.

표 3-6 테스트 데이터에 대한 추론 결과

decision	churned	total_spend	week_minus_4	week_minus_3	week_minus_2	last_week	4-3_delta	3-2_delta	2-1_delta
0	0	17175.67	1.47	0.61	1.86	1.53	0.86	-1.25	0.33
0	0	68881.33	0.82	2.26	1.59	1.72	-1.44	0.67	-0.13
...	...	...	...	...	...	...	...	...	...
1	1	71528.99	2.48	1.36	0.09	1.24	1.12	1.27	-1.15

....

12 옮긴이_ decision 열이 1이면 모델이 이탈할 것으로 예측했기 때문에 카를로스가 전화하는 고객으로 본 것입니다. 그런데 churned 열의 값이 0이므로 실제로는 이탈하지 않는 고객입니다.

모델이 전체적으로 얼마나 잘 수행했는지 확인하려면 테스트 데이터셋에서 이탈한 고객 수와 카를로스가 전화한 고객 수를 비교해봅니다. [예제 3-11]과 같이 value_counts 함수를 사용하여 이 작업을 수행할 수 있습니다.

예제 3-11 테스트 데이터 대한 추론 결과 확인

```
print(test_data['churned'].value_counts())        ◁─┤ 실제 이탈한 고객 수와
                                                      그렇지 않은 고객 수
print(test_data['prediction'].value_counts())     ◁─
print(                                               ┌ 이탈할 것으로 예측한 고객 수와
    metrics.accuracy_score(                          └ 그렇지 않을 것으로 예측한 고객 수
        test_data['churned'],
        test_data['prediction']))   ◁─┤ 추론의 정확도를 계산합니다.
```

[예제 3-11]의 value_counts 함수의 결과에서 다음과 같은 사항을 추정할 수 있습니다. 카를로스는 이탈할 것으로 예측된 33명의 고객에게 전화했을 것이고, 만약 그 고객들에게 아무런 조치도 하지 않았다면 그중 17명이 이탈했을 것입니다. 그러나 이것은 다음 두 가지 이유로 많은 도움이 되지 않습니다.

- 위 예제의 결과는 예측의 정확도가 94.67%로 나옵니다. 하지만 이 말은 좋은 표현이 아닌데, 카를로스의 고객 약 6%가 이탈했다고 들리기 때문입니다.[13] 만약 고객 이탈이 전혀 없다고 가정한다면 정확도는 94%가 맞을 것입니다.
- 그가 전화했던 고객 중 몇 명이 이탈할 것인지는 알 수 없습니다.

다음 출력 데이터는 [예제 3-11]의 실행 결과인데, 이 결과를 좀 더 정확하게 검증하기 위해서는 혼동 행렬confusion matrix을 만들어야 합니다.

▶ 예제 실행 결과

```
0    283
1     17
Name: churned, dtype: int64
0    267
1     33
Name: prediction, dtype: int64
0.94.67
```

---

13 옮긴이_ 정확한 표현은 모델이 고객 이탈 여부를 맞추는 확률이 약 94%란 의미입니다.

혼동 행렬은 머신러닝에서 가장 혼란스러운 용어 중 하나이긴 하지만, 모델의 성능(혹은 품질)을 이해하는 데 가장 유용한 도구 중 하나이기 때문에 살펴볼 필요가 있습니다.

용어만 혼란스럽지 실제 혼동 행렬을 만드는 것은 쉽습니다. 다음 [예제 3-12]처럼 sklearn 라이브러리의 함수를 사용합니다.

예제 3-12 혼동 행렬 생성

```
print(
    metrics.confusion_matrix(    ◁──┤ 혼동 행렬 생성
        test_data['churned'],
        test_data['prediction']))
```

혼동 행렬은 동일한 개수의 행과 열을 포함하는 테이블입니다. 각 행과 열의 수는 목표 변수가 가질 수 있는 값(클래스)의 수와 동일합니다. 예를 들어 카를로스의 데이터셋에서 목표 변숫값은 0 또는 1만 있으므로 혼동 행렬에는 두 개의 행과 열이 있습니다. 혼동 행렬의 행과 열을 좀 더 일반적으로 설명하면, 행은 실젯값의 클래스를 나타내고 열은 예측된 값의 클래스를 나타냅니다(참고: 현재 버전의 위키백과에는 행과 열이 우리 설명과 반대로 되어 있습니다. 하지만 이 책에서는 sklearn.confusion_matrix 함수 실행 기준으로 설명합니다).

다음 출력에서 행은 실제 목표 변숫값(0, 1)을 나타내고, 열은 예측된 값(0, 1)을 나타냅니다. 즉, 첫 번째 행은 이탈하지 않는 고객(0)을 나타내고 두 번째 행은 이탈한 고객(1)을 나타냅니다. 그리고 첫 번째 열은 이탈하지 않을 것으로 예측된 고객 수를 나타내고, 두 번째 열은 이탈할 것으로 예측된 고객 수를 나타냅니다. 카를로스의 예에서 두 번째 열은 카를로스가 전화한 고객 수이기도 합니다.[14] 이 열을 보았을 때 카를로스는 실제로 이탈하지 않은 고객 16명과 이탈한 고객 17명에게 전화했다는 것을 알 수 있습니다.

▶ 예제 실행 결과

```
[[267   16]
 [  0   17]]
```

여기서 카를로스에게 중요한 것은 왼쪽 하단의 0이라는 숫자입니다. 이 숫자는 이탈하지 않을

---

[14] 옮긴이_ 카를로스가 이탈할 것으로 추론된 33명의 고객에게 전화했다고 가정했기 때문입니다.

것으로 예상되면서 동시에 카를로스가 전화하지 않은 고객 수를 의미합니다. 따라서 이 숫자가 0이라는 것은 카를로스에게는 크게 만족스러운 일입니다.

해석 가능한 머신러닝에 대한 리치의 설명

이 책은 여러 알고리즘 중 하나를 사용하여 머신러닝으로 해결할 수 있는 비즈니스 문제의 예를 제공하는 데 초점을 맞추고 있습니다. 또한 이러한 알고리즘들이 어떻게 작동하는지 높은 수준의 용어로 설명하려고 노력하고 있습니다. 일반적으로 우리는 모델이 작동하는지 여부를 나타내기 위해 정확도 등 상당히 간단한 측정 기준을 사용합니다. 하지만 모델이 정상적으로 작동하는 근거를 설명해 달라는 요청을 받았다면 어떻게 하겠습니까?

모델이 정상적으로 작동하는지 여부와 그 이유를 결정하는 데 가장 중요한 요소는 무엇이며, 그 이유는 무엇일까요? 예를 들어 '모델이 고객이나 인력의 소수 그룹에 나쁜 영향을 줄 수 있는 방식으로 편향되어 있는가?'에 대한 질문에 설명을 해야 할 수 있습니다. 특히 내부 작동 방식이 불투명한 신경망 알고리즘이 점점 더 광범위하게 사용되기 때문에 이와 같은 의문점들이 점점 더 확산되고 있습니다.

신경망 알고리즘(아직 이 부분에 대해서는 살펴보지 않았습니다)과 비교하여 XG부스트의 장점 중 하나는 XG부스트는 이러한 설명성(혹은 해석 가능성) 문제를 해결하는 데 도움이 되는 기능을 제공한다는 것입니다. 이는 데이터의 특성 정보에 대한 중요도 검사 기능입니다. 이 책을 쓸 당시 아마존 세이지메이커의 XG부스트 API에서는 이를 직접 지원하지 않았지만 모델을 S3에 model.tar.gz이라는 이름의 아카이브로 저장해두었습니다. 이 파일에 액세스하면 설명성 문제를 해결할 수 있는 기능을 사용할 수 있습니다. [예제 3-13]은 이 작업을 하는 방법을 보여줍니다.

예제 3-13 세이지메이커의 XG부스트 model.tar.gz 파일을 열고 모델의 성능 정보를 조회하는 예

```
model_path = f'{estimator.output_path}/\
{estimator._current_job_name}/output/model.tar.gz'
s3.get(model_path, 'xgb_tar.gz')
with tarfile.open('xgb_tar.gz') as tar:
    with tar.extractfile('xgboost-model') as m:S
        xgb_model = pickle.load(m)

xgb_scores = xgb_model.get_score()
print(xgb_scores)
```

[예제 3-13]은 이 책에서 다루는 범위를 벗어나므로 예제 노트북 파일에 포함하지는 않았습니다. XG부스트의 특성 정보에 대한 중요도 검사를 자세히 공부하고 싶다면 이 코드를 사용해보거나 아래 링크에 있는 XG부스트 문서를 참고하기 바랍니다.

https://xgboost.readthedocs.io/en/latest/python/python_api.html

3.7 엔드포인트 삭제와 노트북 인스턴스 중지

엔드포인트를 삭제하고 노트북 인스턴스를 중지하는 것은 비용 측면에서 매우 중요합니다. 이 작업을 하지 않으면 사용하지 않는 세이지메이커 서비스에 대한 요금이 계속 부과됩니다.

3.7.1 엔드포인트 삭제

세이지메이커 콘솔 화면에서 노트북 인스턴스를 종료하고 엔드포인트를 삭제하는 방법은 부록 D에서 자세하게 설명하고 있지만, 다음 예제의 코드로도 엔드포인트를 삭제할 수 있습니다.

예제 3-14 엔드포인트 삭제

```
# Remove the endpoint (optional)
# Comment out this cell if you want the endpoint to persist after Run All
sess.delete_endpoint(text_classifier.endpoint)
```

위 예제에서 맨 마지막 라인이 주석 처리되어 있으면 먼저 주석을 해제합니다. 그러고 나서 코드 셀을 마우스로 클릭한 다음 Ctrl+Enter를 누르면 엔드포인트가 삭제됩니다.

3.7.2 노트북 인스턴스 중지

노트북을 중지하려면 세이지메이커가 열려 있는 브라우저 탭으로 돌아갑니다. 세이지메이커 왼쪽 메뉴에서 'Notebook instances'를 클릭하여 사용 중인 노트북 인스턴스를 조회할 수 있습니다. [그림 3-8]과 같이 노트북 인스턴스 이름 앞에 있는 라디오 버튼을 클릭하여 선택하고 'Actions → Stop'을 클릭하면 선택한 노트북이 중지됩니다. 노트북이 중지되기까지 몇 분 정도 소요됩니다.

그림 3-8 노트북 인스턴스 중지

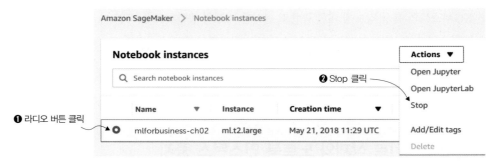

3.8 엔드포인트 삭제 여부 확인

노트북에서 코드로 엔드포인트를 삭제하지 않은 경우(또는 엔드포인트 삭제 여부를 확인하려는 경우) 세이지메이커 콘솔에서 이 작업을 수행할 수 있습니다. 엔드포인트를 삭제하려면 엔드포인트 이름 왼쪽에 있는 라디오 버튼을 클릭하고 'Actions → Delete'를 클릭합니다.

엔드포인트가 성공적으로 삭제되면 AWS는 해당 엔드포인트에 대해 더 이상 과금하지 않을 것입니다. 세이지메이커 서비스 콘솔의 Endpoints 페이지에 'There are currently no resources'라는 텍스트가 표시되어 있으면 모든 엔드포인트가 삭제된 것입니다(그림 3-9).

그림 3-9 엔드포인트가 정상적으로 삭제되었는지 확인

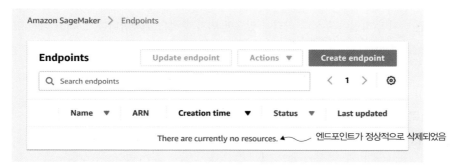

3.9 요약

- 이 장에서는 경쟁업체로 이탈할 위험이 있는 고객에게 미리 전화할 수 있도록 이탈 고객을 예측하는 머신러닝 모델을 만들어보았습니다.

- XG부스트는 그레이디언트 부스팅 머신러닝 모델인데, 이 모델은 학습 효과를 향상시키기 위해 서로 다른 방식의 알고리즘을 앙상블[15]할 때 사용하는 알고리즘입니다.

- stratify 파라미터는 불균형한 데이터셋을 처리하는 데 유용한 기법 중 하나입니다. 머신러닝 모델을 빌드할 때 학습용, 검증용, 테스트용 데이터셋이 비슷한 비율의 목표 변숫값을 포함하도록 데이터를 뒤섞어서 배분합니다.

- 혼동 행렬은 머신러닝에서 가장 혼란스러운 용어 중 하나이지만 모델의 성능을 평가하고 이해하는 데 가장 유용한 도구 중 하나입니다.

---

15 옮긴이_ 앙상블은 서로 다른 알고리즘의 결과를 결합하는 것을 의미합니다.

## CHAPTER 4

고객 문의 사항을 고객지원팀에 전달 여부 결정

이 장의 내용

- 자연어 처리에 대한 대략적인 이해
- NLP 머신러닝 시나리오에 접근하는 방법
- NLP 시나리오에 맞게 데이터를 준비하는 방법
- 세이지메이커의 자연어 처리 엔진 BlazingText
- BlazingText의 결과를 해석하는 방법

나오미^{Naomi}는 여러 회사의 고객지원 티켓을 관리하는 고객지원팀을 담당하고 있습니다. 만약 고객이 회사의 트위터 계정으로 트윗을 하면 나오미의 팀은 그 트윗에 바로 답변을 하거나 해당 트윗의 요청 티켓에 대해 더 많은 정보를 요청할 수도 있습니다. 대부분의 트윗 티켓은 고객이 스스로 문제를 해결하는 데 도움되는 웹 문서의 링크를 전달함으로써 바로 해결할 수 있습니다. 하지만 약 4분의 1 정도는 이보다는 더 많은 도움이 필요합니다. 이 고객들은 고객지원팀이 문제에 대해서 바로 지원하는지 확인하고 싶어 하고 그렇지 않을 경우 바로 짜증을 내는 부류입니다. 이 고객들은 올바른 대응이 있는 한 최고의 고객이 될 수 있지만 만약 엉뚱한 대응을 한다면 최악의 문젯거리가 될 수도 있습니다. 나오미는 고객지원팀이 바로 대응을 할 수 있도록 이런 고객들이 누구인지 바로 알기 원합니다.

나오미와 고객지원팀은 지난 몇 년 동안 대부분의 트윗 질의에 대해 자동으로 응답하고 사람이 처리해야 하는 질의에 대해서만 수동으로 지원하도록 노력해왔습니다. 이제 나오미는 고객의 트윗 티켓을 받자마자 자동 응답으로 처리할지 아니면 사람이 직접 지원해야 할지 자동으로 판별하는 자동 분류 시스템을 만들기 원합니다.

다행스럽게도 나오미는 그녀의 팀이 지난 2년간 트윗 티켓에 대해 자동으로 처리될 수 있는지 혹은 사람이 직접 처리해야 하는지 검토하고 결정한 기록을 가지고 있습니다. 이 장에서는 나오미가 가지고 있는 트윗의 기록 데이터를 가지고 자동으로 처리할 트윗과 고객지원팀이 직접 지원해야 하는 트윗을 결정하도록 하겠습니다.

4.1 이 장의 의사결정 사항

항상 거론되는 말이지만 가장 먼저 고려해야 하는 점은 바로 '어떤 문제에 대해 의사결정을 하는가?'입니다. 이 장에서 나오미의 의사결정 사항은 '요청받은 트윗을 고객지원팀이 직접 지원해야 하는가?'입니다.

나오미의 고객지원팀이 이 문제에 대해 접근했던 방식은 불만스러워 보이는 트윗을 고객지원팀에 할당하는 방식이었습니다. 하지만 이런 방식을 사용할 때는 불만 트윗이라고 단정할 어떤 규칙도 없었습니다. 단지 고객이 짜증난 상태라는 느낌이 들면 트윗을 고객지원팀이 직접 처리했습니다. 이 장에서는 나오미의 고객지원팀이 이전에 직접 대응했던 트윗을 바탕으로 불만 트윗을 식별하는 방법을 학습하는 머신러닝 모델을 만들어보겠습니다.

4.2 업무 처리 절차

[그림 4-1]은 이 장에서 처리할 의사결정 처리 절차를 보여줍니다. 고객이 회사의 지원 트위터 계정에 트윗을 보내는 것부터 시작합니다. 나오미의 고객지원팀은 이 트윗을 살펴본 다음, 이 요청을 자동 처리 봇으로 해결할 수 있는지 혹은 고객지원팀이 직접 나서서 고객과 채팅을 하면서 지원해야 할지 판단합니다.

나오미는 [그림 4-1]의 1단계를 고객이 보낸 트윗이 얼마나 불만이 있어 보이는지 판단하는 머신러닝 애플리케이션으로 대체하기 원합니다. 이 장에서는 이 애플리케이션 작업을 어떻게 준비하는지 보여줄 것입니다.

그림 4-1 고객의 트윗에 대한 나오미의 고객지원 대응 절차

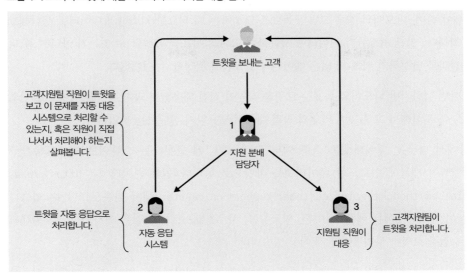

4.3 데이터셋 준비

1~2장에서는 처음부터 가공된 데이터셋을 준비했습니다. 이 장에서는 2017년 한 해 동안 IT 회사에 보낸 트윗 데이터셋을 사용할 것입니다. 이 데이터셋은 머신러닝 경연 대회를 주관하는 캐글^{Kaggle}이라는 회사에서 제공하고 있습니다.

캐글, 경연 대회, 그리고 공공 데이터셋

캐글은 매혹적인 회사입니다. 2010년에 설립된 캐글은 데이터 사이언티스트로 구성된 팀들이 마치 게임을 하듯이 머신러닝 문제를 해결하는 데 상금을 걸고 서로 경쟁하도록 만들었습니다. 구글에 합병되기 직전 2017년 중반의 발표에 따르면 캐글의 경연에 참가한 참가자들은 무려 백만 명을 넘어섰다고 합니다.

데이터 사이언스 경연에 참가할 의향이 없다 하더라도 캐글은 머신러닝 학습이나 작업에 사용할 수 있는 공공 데이터셋을 가지고 있어서 데이터셋을 구하려 할 때 좋은 곳입니다.

특정 문제를 해결하기 위해 어떤 데이터가 필요한지 판단하려면 자신이 추구하고 있는 목표에 집중해야 하며, 나오미의 경우 그녀의 목표를 달성하는 데 필요한 최소한의 데이터를 생각해보아야 합니다. 일단 최소한의 데이터만 사용하여 그녀의 목표를 달성할 수 있는지 아니면 좀 더 나은 결과를 달성하기 위해 더 많은 데이터가 필요한지 결정할 수 있습니다.

다시 한번 말하지만 나오미의 목표는 트윗을 직원이 직접 대응했던 과거 기록을 바탕으로 임의의 트윗을 분석해서 그 트윗이 직원의 직접 대응이 필요한지 판단하는 것입니다.

이 장에서 다루는 데이터셋은 스루 벡터through vector에 근무하는 스튜어트 액셀브룩Stuart Axelbrooke이 캐글에 업로드한 데이터셋을 바탕으로 합니다(원본 데이터셋은 https://www.kaggle.com/thoughtvector/customer-support-on-twitter/에서 다운로드할 수 있습니다).[1] 이 데이터셋에는 애플, 아마존, 영국항공, 사우스웨스트항공 같은 회사의 고객지원센터에서 수집한 트윗이 무려 3백만 개 이상 있습니다.

실제 회사 업무에서 사용하는 데이터셋과 마찬가지로 이 데이터셋도 변환 없이 그대로 사용할 수 없습니다. 머신러닝 알고리즘이 스스로 학습 과정에 무리 없이 사용할 수 있도록 데이터셋을 변환하고 규격화해야 합니다. 캐글에 있는 원본 데이터셋에는 실제 원본 트윗과 그 트윗에 대한 응답이 들어 있습니다. 하지만 이 장의 시나리오에서는 이 데이터셋에서 실제 원본 트윗 정보만 중요합니다. 데이터를 머신러닝이 사용할 수 있도록 변환하기 위해서는 이 데이터셋에서 실제 원본 트윗을 제외한 다른 트윗 정보를 제거하고, 응답 트윗은 고객지원팀의 수동 응답 여부에 대한 라벨 정보로 변환해야 합니다. 변환된 데이터셋은 이 라벨과 함께 아래와 같은 열을 가지게 됩니다.

- **tweet_id**: 고유 트윗 ID
- **author_id**: 고유 사용자 ID
- **created_at**: 트윗이 생성된 날짜
- **in_reply_to**: 연락 중인 회사
- **text**: 트윗 내용
- **escalate**: 트윗에 대해 고객지원팀이 직접 대응을 했는지 여부

---

1 옮긴이_ 이 데이터셋은 이 책이 출간된 후 내용이 변경되었습니다.

[표 4-1]은 이 데이터셋의 첫 트윗 3개를 보여줍니다. 각 트윗은 미국 통신사 스프린트^{Sprint}의 고객지원팀인 Sprint Care에 보내진 것입니다. 여기서 첫 번째 트윗(and how do you propose we do that^{그것을 하라고 어떻게 말할 수 있죠?})은 나오미의 고객지원팀에 전달되지 않았습니다. 하지만 두 번째 트윗(I have sent several private messages and no one is responding as usual^{개인 메시지를 여러 번 보냈는데 아무도 예전처럼 반응을 안 합니다.})은 고객지원팀에 전달됐습니다. 나오미 고객지원팀의 자동 응답 시스템은 첫 번째 트윗을 자동으로 응답했지만 두 번째 트윗은 고객지원팀의 직원이 직접 응답했습니다.

표 4-1 트윗 데이터셋

tweet_id	author_id	created_at	in_reply_to	text	escalate
2	115712	Tue Oct 31 22:11 2017	sprintcare	@sprintcare and how do you propose we do that	False
3	115712	Tue Oct 31 22:08 2017	sprintcare	@sprintcare I have sent several private messages and no one is responding as usual	True
5	115712	Tue Oct 31 21:49 2017	sprintcare	@sprintcare I did.	False

이 장에서는 트윗을 고객지원팀이 직접 응답할 것인지 아닌지 결정하는 머신러닝 애플리케이션을 만들어볼 것입니다. 이러한 머신러닝 애플리케이션은 이전 장에서 만든 것과는 약간 다릅니다. 각 트윗에 대한 고객지원팀의 지원 여부를 판단하기 위해서는 머신러닝 애플리케이션이 언어와 의미를 알아야 합니다. 이 작업은 아주 어려운 것처럼 들리지만 다행스럽게도 매우 유능한 연구자들이 이런 문제에 대해 오랫동안 연구해왔습니다. 이렇게 언어와 말의 의미를 파악하는 것을 **자연어 처리**^{natural language processing, NLP}라고 부릅니다.

4.4 자연어 처리

NLP를 사용하는 주 목적은 컴퓨터가 숫자나 다른 변수를 효과적으로 다루는 것처럼 언어 데이터를 효과적으로 다루는 데 있습니다. 하지만 언어는 워낙 풍부^{rich}하고 다양해서 쉬운 일이 아닙니다(앞 문장은 이 문제의 좋은 예제 문장입니다). 여기서 '풍부하다'라는 말은 사람에 대해 표현할 때와 언어에 대해 표현할 때 약간 다른 의미를 가집니다. 그리고 'Well, that's rich!^{을,} ^{그거 참 풍부하네!}'라는 문장이 다른 맥락에서는 얼마나 부유한지를 의미할 수도 있습니다. 과학자들은 초기 컴퓨터 시절부터 NLP 연구를 해왔지만 최근에서야 급격한 진전을 이루고 있습니다. 원래 NLP는 컴퓨터가 각 언어의 구조에 대해 이해하도록 고안되었습니다. 영어에서는 일반적인 문장의 구조가 'Sam throws the ball'과 같이 주어, 동사, 목적어 순서로 구성됩니다. 하지만 한국어 및 일본어에서는 '샘이 공을 던진다'와 같이 주어, 목적어, 동사 순서로 구성됩니다.

하지만 이렇게 언어 구조를 연구하는 접근 방식은 예상도 못한 숫자의 나열이나 다양한 예외와 개별 언어마다 별도로 묘사해야 하는 필요성 때문에 쉽게 진척이 이루어지지 못하고 있었습니다. 예를 들어 영어 NLP를 위해 작성한 코드는 한국어나 일본어에는 작동하지 않기 때문입니다.

하지만 2013년 NIPS가 발간한 워드벡터^{Word Vector}에 대한 논문 이후 급격한 연구 진척이 이루어졌습니다.[2] 이 방법은 언어의 한 부분만 보고 작업하지 않습니다. 대량의 문장을 수학적 알고리즘에 적용하고 이 알고리즘의 출력물을 가지고 작업합니다. 이 알고리즘은 두 가지 장점이 있습니다.

- 언어의 예외와 불일치를 자연스럽게 처리할 수 있습니다.
- 언어 분석 능력이 있어서 영어뿐만 아니라 한국어, 일본어로도 쉽게 작업할 수 있습니다.

세이지메이커에서 워드벡터를 사용하는 것은 2장과 3장에서 숫자 데이터를 다루었던 것처럼 쉽습니다. 세이지메이커는 사용자가 알고리즘의 내부 작동 방식을 몰라도 사용할 수 있지만, 설정해야 하는 몇 가지 사항은 이해해야 할 필요가 있습니다.

4.4.1 워드벡터 생성

2장에서 텍스트 데이터(desk, keyboard, mouse 같은 데이터)를 get_dumies라는 함수를 이용해서 숫자로 된 매우 큰 데이터셋으로 변경했던 것처럼, 워드벡터를 만드는 첫 번째 작업은 텍스트로 되어 있는 데이터를 숫자 데이터셋으로 변경하는 것입니다. 예를 들어 queen이라는 단어는 [그림 4-2]와 같이 데이터셋 0, 1, 0, 0, 0으로 표현할 수 있습니다. 단어 queen만 그 아래에 숫자 1을 가지고, 다른 단어들은 0을 가집니다. 이것은 **단일 차원 벡터**^{single dimensional} ^{vector}로 표기할 수 있습니다.

---

2 토마스 미콜로프의 논문 「Distributed Representations of Words and Phrases and their Compositionality」(https://papers.nips.cc/paper/5021-distributed-representations-of-words-and-phrases-and-their-compositionality.pdf)

단일 차원 벡터를 사용하면 동일성 확인만 가능합니다. 예를 들어 [그림 4-2]에서 볼 수 있듯이 벡터 0, 1, 0, 0, 0은 단어 queen과 동일하다는 것만 식별할 수 있습니다.

그림 4-2 단어의 동일성 확인을 위한 단일 차원 벡터

King	Queen	Man	Woman	Princess
0	**1**	**0**	**0**	**0**

미콜로프는 워드벡터 연구에서 새로운 돌파구를 찾아냈는데, 그것은 각 단어를 각각 차원으로 표현하고 이를 **다차원 벡터**로 표현하면 언어의 의미를 표현할 수 있다는 것입니다. [그림 4-3]은 다차원을 하나의 벡터에서 표기하는 방법을 개념적으로 보여줍니다. 그림에서 각 차원을 연관된 단어의 그룹이라고 생각할 수 있습니다. 미콜로프의 알고리즘에 따르면 연관어의 그룹에는 어떤 라벨도 없지만, 어떻게 다차원 벡터에서 의미를 유추할 수 있는지 보여주기 위해 그림 왼쪽에 라벨 4개를 넣었습니다. 왕족[Royalty], 남성[Masculinity], 여성[Femininity], 노령도[Elderliness]입니다.

그림 4-3 언어의 의미를 담고 있는 다차원 벡터

	King	Queen	Man	Woman	Princess
Royalty	0.99	0.99	0.02	0.02	0.98
Masculinity	0.99	0.05	0.99	0.01	0.02
Femininity	0.05	0.99	0.02	0.99	0.94
Elderliness	0.7	0.6	0.5	0.5	0.1

[그림 4-3]의 첫 번째 차원인 '왕족'을 살펴보면 King이나 Queen의 값이 Man이나 Woman의 값보다 높다는 것을 알 수 있습니다. 반면 두 번째 차원인 '남성'에는 King이나 Man의 값이 다른 것보다 높게 나와 있습니다. 이 차원 데이터로부터 유추할 수 있는 것은 King은 남성

왕족이고, Queen은 여성 왕족이라는 것입니다. 수많은 차원의 벡터에 대해 이런 유추를 하면 어떤 의미가 도출되는지 알 수 있습니다.

다시 나오미의 문제로 돌아와 보면, 매번 트윗이 올 때마다 애플리케이션은 트윗을 다차원 벡터로 분해한 다음 나오미팀에 의해 라벨링된 '직접 지원이 필요한' 트윗과 비교하게 됩니다. 애플리케이션은 학습 데이터셋에서 어떤 트윗들이 어떤 유사 벡터를 가지는지 미리 식별하고 있습니다. 그리고 신규 트윗이 입력되었을 때 학습 데이터셋의 특정 트윗과 비슷한 특성을 가졌다면 그 트윗과 같은 라벨을 가졌다고 판단하게 됩니다. 예를 들어 'no one is responding as usual^{아무도 예전처럼 반응을 안 합니다.}'라는 트윗이 새로 들어왔을 때 학습 데이터셋에서 유사한 벡터를 가진 트윗을 고객지원팀이 직접 지원했다면 이 트윗 역시 고객지원팀이 지원해야 하는 사항으로 분류합니다([표 4-1]에서 두 번째 트윗 참조).

워드벡터의 바탕이 되는 수학적 마법은 정의된 단어를 그룹으로 만드는 것입니다. 각 단어 그룹은 벡터에서 하나의 차원입니다. 예를 들어 'no one is responding as usual^{아무도 예전처럼 반응을 안 합니다.}'라는 트윗이 있을 때 as usual이라는 표현이 가령 of course, yeah obviously, a day라는 단어 그룹에 속할 수도 있는데, 이럴 경우 불만을 나타냄을 의미합니다.

여기서 언급한 King/Queen, Man/Woman의 예는 워드벡터를 설명할 때 종종 사용됩니다. 아드리안 콜리어^{Adrian Colyer}의 블로그인 '아침 뉴스'에서 워드벡터를 아주 자세히 설명합니다 (https://blog.acolyer.org/?s=the+amazing+power+of+word+vectors).

[그림 4-2]와 [그림 4-3]은 이 블로그의 첫 번째 문서에 나온 내용을 바탕으로 하고 있습니다. 좀 더 자세한 내용을 살펴보고 싶으면 아드리안의 블로그를 참고하세요.

4.4.2 워드벡터 단어 그룹의 단어 수 결정하기

세이지메이커로 워드벡터 작업을 하기 위해서는 단어 그룹을 몇 개의 단어로 구성할지 결정해야 합니다(단일 단어, 2단어의 단어쌍, 3단어의 단어쌍). 예를 들어 세이지메이커에서는 as usual이라는 2단어의 단어쌍을 사용하는 것이 as나 usual이라는 단일 단어를 사용하는 것보다 성능이 좋게 나옵니다. 2단어의 단어쌍은 단일 단어와 다른 의미를 가지기 때문입니다.

이 장의 작업에서는 일반적으로 2단어의 단어쌍을 사용을 하지만, 3단어의 단어쌍을 사용할 때 종종 더 좋은 결과를 도출하기도 합니다. 어떤 마케팅 관련 프로젝트에서는 3단어의 단어쌍을 사용하여 월등한 정확도를 얻어낼 수 있는데, 마케팅 관련된 문구가 world class results, high powered engine, fat burning machine과 같이 단어 3개로 되어 있는 경우가 많기 때문입니다.

NLP는 단일 단어, 2단어의 단어쌍, 3단어의 단어쌍을 각각 유니그램^{unigram}, 바이그램^{bigram}, 트라이그램^{trigram}이라는 용어를 사용합니다. [그림 4-4], [그림 4-5], [그림 4-6]에서는 각각 유니그램, 바이그램, 트라이그램 단어 그룹의 예를 보여주고 있습니다.

그림 4-4 NLP는 단일 단어를 유니그램으로 정의합니다.

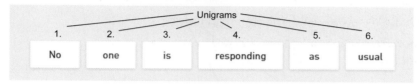

[그림 4-4]처럼 **유니그램**은 단일 단어를 사용합니다. 유니그램은 단어의 순서가 문장에서 중요하지 않을 때 사용합니다. 예를 들어 의학 전문 용어를 대상으로 워드벡터를 만들 경우 유니그램은 비슷한 개념을 그룹화하여 식별하는 데 매우 유용하게 사용될 수 있습니다.

[그림 4-5]처럼 **바이그램**은 단어 2개로 된 단어쌍을 사용하는 경우를 말합니다. 바이그램은 감성 분석과 같이 단어의 순서가 중요할 때 사용하면 좋습니다. 바이그램을 이용했을 때 as usual은 '평상시^{usual}와 다른 짜증스러운 상황'에 대한 중요한 단서를 전달해줍니다. 하지만 유니그램의 경우 as와 usual이 분리되어 그런 의미를 전달해주지 않습니다.

그림 4-5 단어 2개로 구성된 단어쌍은 바이그램입니다.

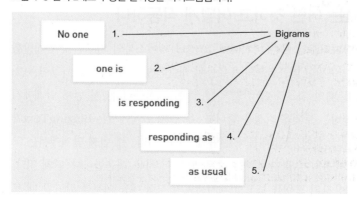

[그림 4-6]에 나온 **트라이그램**은 단어 3개로 구성된 단어쌍을 사용하는 경우입니다. 실제 상황에서는 바이그램 대신 트라이그램을 사용하더라도 큰 성능 향상을 기대할 수 없지만 특정한 경우에는 성능 향상을 기대할 수 있습니다. 앞서 언급한 마케팅 관련 단어들을 학습할 경우에는 트라이그램이 많은 성능 향상을 줄 수 있는데, 그 이유는 아마도 마케팅 용어에서는 약간 과장된 표현이 자주 사용되고, 이런 표현은 대체로 단어 3개로 구성되어 있기 때문입니다(예를 들면 great coffee maker나 fastest diesel car 같은 표현이 있습니다).

그림 4-6 단어 3개로 구성된 단어쌍은 트라이그램입니다.

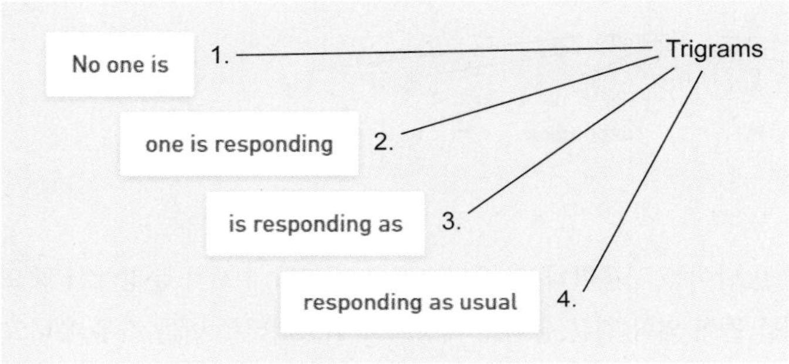

이 장의 예제인 나오미의 데이터셋의 경우 머신러닝 애플리케이션은 BlazingText 알고리즘을 사용합니다. 이 알고리즘은 임의의 트윗에 대해 고객지원팀이 직접 대응해야 할지 결정할 것입니다.

4.5 BlazingText는 어떤 것이고 어떻게 작동하나

BlazingText는 fastText 알고리즘의 다른 버전이며 2017년 페이스북의 연구원들이 개발했습니다. fastText는 구글의 연구원인 미콜로프와 동료들이 개발한 알고리즘입니다. [그림 4-7]은 BlazingText를 사용했을 때의 워크플로^{workflow, 작업 흐름}를 보여줍니다. 첫 번째 단계에서는 사용자가 고객지원을 요청하는 트윗을 작성을 합니다. 두 번째 단계에서는 BlazingText가 이 트윗을 보고 고객지원팀이 트윗에 직접 대응해야 할지 결정합니다. 세 번째 단계에서는 고객지원팀이 이 트윗에 직접 대응하거나(단계 3a) 혹은 봇^{bot}이 자동 대응합니다(단계 3b). BlazingText 알고리즘이 사용자의 트윗을 보고 고객지원팀의 직접 대응 여부를 판단할 때 트윗 내용에서 사용자가 진짜로 짜증내는지 여부나 무엇에 대해 얘기하고 있는지 등을 파악할 필요가 있습니다.

그림 4-7 트윗에 대해 고객지원팀의 직접 대응 여부를 판단하는 BlazingText의 워크플로

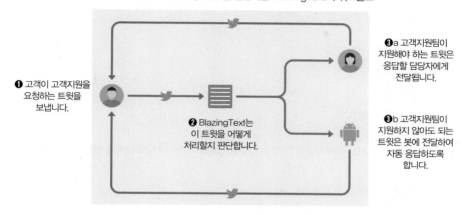

이 작업은 해당 트윗이 '짜증을 표현하는지 여부'를 라벨링된 학습 데이터셋의 다른 트윗과 얼마나 유사한지 판단하기만 하면 됩니다. 이런 사전 지식을 가지고 이제부터 머신러닝 모델을 만들어보겠습니다. BlazingText에 대한 자세한 사항을 알고 싶다면 다음 아마존 웹 문서를 참고하기 바랍니다(https://docs.aws.amazon.com/sagemaker/latest/dg/blazingtext.html).

세이지메이커 구조 복습

이제 주피터 노트북 사용에 익숙해졌을 것이므로 세이지메이커가 어떻게 구성되어 있는지 다시 살펴보겠습니다. 세이지메이커를 설정할 때 처음 했던 작업은 노트북 하나를 생성하는 것이었습니다. 지금까지는 부록 C에 나와 있는 것처럼 세이지메이커의 노트북 사양을 중간 정도 사양의 서버로 설정했는데, 이 정도의 사양만으로도 이 책에 나온 예제를 실행하기에 충분하기 때문입니다. 하지만 실제 업무에서 대량의 데이터를 다룰 때는 고급 사양의 서버를 사용해야 할 수도 있습니다.

그런데 이렇게 생성한 노트북으로 이 책의 예제를 실행할 때 AWS는 서버 2개를 추가로 생성합니다. 첫 번째는 머신러닝 예제를 학습할 학습 서버이고, 두 번째는 학습된 모델을 AWS가 호스팅할 엔드포인트 서버입니다. 엔드포인트 서버는 사용자가 삭제할 때까지 계속 사용 대기 상태로 되어 있습니다. 세이지메이커에서 엔드포인트를 삭제하려면 엔드포인트 이름 왼쪽에 있는 라디오 버튼을 클릭하여 선택하고 'Action → Delete'를 클릭하면 됩니다.

4.6 머신러닝 모델 구축 준비

앞선 설명으로 BlazingText 알고리즘을 이해했을 것이므로 지금부터는 세이지메이커에서 노트북을 생성하고 고객의 트윗을 판별하는 의사결정 모델을 구축하겠습니다. 2장과 3장에서 했던 것처럼 다음과 같은 작업을 할 것입니다.

1 S3에 데이터셋 업로드
2 세이지메이커에 노트북 구성
3 노트북 파일 업로드
4 데이터를 입력하여 노트북 실행

TIP 4장부터 읽기 시작한 독자는 아래 부록을 먼저 참조하세요. 부록에서는 이 장의 예제를 실행하는 방법을 설명합니다.
- 부록 A: 아마존의 웹서비스인 AWS에 가입
- 부록 B: AWS의 파일 스토리지 서비스인 S3 설정
- 부록 C: 세이지메이커 설정

4.6.1 S3에 데이터셋 업로드

이 장에서 사용할 데이터셋을 구성하려면 부록 B에서와 동일한 과정을 수행해야 합니다. 하지만 S3 버킷을 새로 생성할 필요는 없습니다. 이전 장에서 생성한 버킷을 그대로 사용하면 됩니다. 예제에서는 버킷 이름을 mlforbusiness로 설정했지만 다른 이름을 사용해도 됩니다. 자신의 AWS 계정으로 S3에 접속해보면 [그림 4-8]과 같은 화면을 볼 수 있습니다.

그림 4-8 S3 버킷의 리스트 조회

이 화면에서 버킷을 클릭하면 2장과 3장에서 생성한 ch02와 ch03 폴더를 볼 수 있습니다. 이 장에서는 ch04라는 새로운 폴더를 생성하겠습니다. Create folder를 클릭하고 프롬프트를 따라가면 폴더를 생성할 수 있습니다.

폴더 생성이 완료되면 버킷 내의 폴더 리스트 화면으로 돌아오고 방금 생성한 ch04 폴더가 보일 것입니다.

S3 버킷에 ch04 폴더가 생성되었으므로 이 폴더에 이 장에서 사용할 데이터 파일을 업로드하고 세이지메이커로 의사결정 모델을 만들 수 있습니다. 먼저 다음 링크에서 이 장에서 사용할 데이터 파일을 다운로드합니다.

```
https://s3.amazonaws.com/mlforbusiness/ch04/inbound.csv
```

S3 화면에서 ch04 폴더를 클릭하여 ch04 폴더로 이동한 후 Upload 버튼을 클릭하여 다운로드한 CSV 파일을 ch04 폴더에 업로드합니다. 이제 노트북 인스턴스를 구성할 준비가 되었습니다.

4.6.2 세이지메이커에 노트북 구성

이 장에서도 2장과 3장에서 했던 것과 같은 방법으로 세이지메이커에 노트북을 구성하겠습니다. 만약 2장과 3장을 건너뛰고 4장을 읽는다면 부록 C의 세이지메이커 설정 방법을 따라 하세요.

AWS의 세이지메이커 화면으로 가면 이미 생성한 노트북 인스턴스를 볼 수 있습니다. 2장과 3장에서 생성한(혹은 부록 C를 참조하여 생성한) 노트북 이름 옆에 Open 혹은 Start가 있을 것입니다. 만약 Start가 있다면 Start를 클릭한 후 2~3분 정도 기다려야 합니다. 화면에 Open Jupyter가 나타나면 클릭하여 노트북 파일 리스트를 볼 수 있습니다.

노트북 파일 리스트 화면이 열리면 'New → Folder'를 클릭하여 4장에서 사용할 새 폴더를 생성합니다. 그러면 Untitled Folder라는 이름의 새 폴더가 생성됩니다. 폴더 이름을 바꾸려면 폴더 이름 옆에 있는 체크박스를 클릭합니다. 그러면 Rename 버튼이 나타나는데, 이 버튼을 클릭한 후 폴더 이름을 ch04로 변경합니다. ch04 폴더를 클릭해보면 현재 아무 노트북 파일도 없을 것입니다.

S3에 업로드할 CSV 데이터셋(inbound.csv)을 미리 제공한 것처럼 이 장에서 사용할 주피터 노트북 파일 역시 미리 준비해두었습니다. 다음 링크에서 이 장에서 사용할 주피터 노트북 파일을 다운로드합니다.

https://s3.amazonaws.com/mlforbusiness/ch04/customer_support.ipynb

노트북 파일 리스트 화면에서 Upload 버튼을 클릭하여 방금 다운로드한 customer_support.ipynb 노트북 파일을 ch04 폴더에 업로드합니다. 그러면 노트북 리스트에 업로드한 노트북 파일이 보일 겁니다. 이 노트북 파일을 클릭해서 열어보세요. 이제 이전 장에서 했던 것처럼 몇 번의 키 입력만으로 머신러닝 모델을 실행할 수 있습니다.

4.7 머신러닝 모델 구축

2장, 3장과 마찬가지로 이 장에서도 노트북 코드를 다음 6단계로 나누어 하나씩 살펴보겠습니다.

1 데이터 로드 및 검사
2 데이터를 모델에 적합한 형태로 가공
3 학습용, 검증용, 테스트용 데이터셋 생성
4 머신러닝 모델 학습
5 머신러닝 모델 호스팅
6 모델 테스트 및 의사결정에 모델 적용

주피터 노트북 코드 실행 방법 복습

세이지메이커는 모델의 개발과 실행을 위한 인터페이스로 주피터 노트북을 사용합니다. 주피터 노트북은 오픈 소스 기반의 데이터 사이언스 애플리케이션으로서 코드와 텍스트를 혼합하여 사용할 수 있습니다. 다음 그림처럼 코드 영역은 회색으로, 텍스트 영역은 흰색으로 구분되어 있습니다.

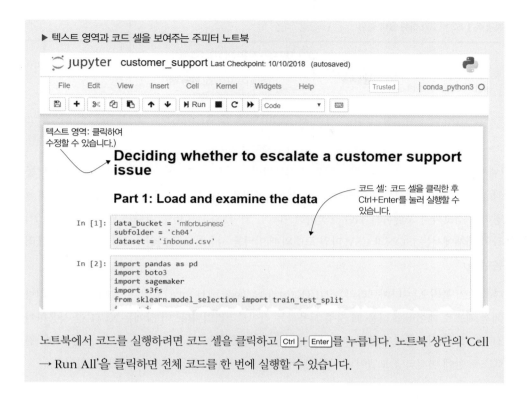

▶ 텍스트 영역과 코드 셀을 보여주는 주피터 노트북

노트북에서 코드를 실행하려면 코드 셀을 클릭하고 Ctrl + Enter 를 누릅니다. 노트북 상단의 'Cell → Run All'을 클릭하면 전체 코드를 한 번에 실행할 수 있습니다.

4.7.1 파트 1: 데이터 로드 및 검사

2장과 3장에서 했던 것처럼 첫 번째 단계에서는 세이지메이커에 데이터가 저장되어 있는 S3 버킷과 하위 폴더의 이름을 알려주어야 합니다. [예제 4-1]에서 S3 버킷 이름인 mlforbusiness를 독자가 데이터를 업로드할 때 만든 버킷 이름으로 변경하고, S3 버킷의 하위 폴더 이름도 데이터를 저장한 S3의 하위 폴더 이름으로 변경합니다.

이 장 앞부분에서 S3 폴더 이름을 ch04로 했다면 폴더 이름을 변경하지 않아도 됩니다. 그리고 업로드한 CSV 파일 이름을 그대로 사용했다면 예제에서 inbound.csv 라인을 변경할 필요 없습니다. 만약 파일 이름을 변경했다면 예제에서 inbound.csv라고 된 부분을 변경한 CSV 파일 이름으로 수정해야 합니다. 코드를 실행하려면 코드 셀을 마우스로 클릭한 다음 Ctrl + Enter 를 누릅니다.

예제 4-1 S3 버킷과 하위 폴더 설정

```
data_bucket = 'mlforbusiness'    ◁──┐ 데이터가 저장되어 있는 S3 버킷
subfolder = 'ch04'               ◁──┐ 데이터가 저장되어 있는
dataset = 'inbound.csv'    ◁──┐        S3 버킷의 하위 폴더
                              모델을 학습하고 테스트하는 데
                              사용할 데이터셋
```

[예제 4-2]에 사용하는 파이썬 모듈과 라이브러리는 라인 6, 7, 8을 제외하고는 2장, 3장과 동일합니다. 라인 6에서는 파이썬의 json 모듈을 불러오는데, 이 모듈은 JSON 포맷(데이터를 설명하는 정보까지 포함하기 위한 구조화된 마크업 언어)의 데이터를 다루는 데 사용합니다. 이 장의 예제에서는 JSON과 CSV 파일 포맷의 데이터를 사용하므로 라인 7에서 csv 모듈도 불러옵니다.

다음으로 불러오는 라이브러리는 NLTK(https://www.nltk.org)입니다. NLTK는 머신러닝에서 텍스트 데이터를 다룰 때 자주 사용하는 라이브러리입니다. 이 장에는 NLTK를 사용하여 긴 텍스트를 단어들로 **토큰화**tokenize할 것입니다.[3] 토큰화는 긴 텍스트를 나누는 일을 하며, 긴 텍스트 안에 머신러닝 모델이 분석할 때 어렵게 만드는 요소들을 제거하는 기능도 합니다.

이 장에서는 NLTK의 word_tokenize 함수를 사용하여 문장에 나오는 약어와 이상 데이터를 분리할 겁니다. BlazingText는 텍스트 데이터를 따로 전처리하지 않아도 잘 작동합니다. 따라서 이 장에서는 트윗 텍스트 데이터를 전처리할 때 약어와 이상 데이터 분리 정도만 수행할 것입니다(물론 [예제 4-7]에 나온 것처럼 각 트윗에 라벨을 지정하는 것도 포함됩니다). 예제를 실행하려면 해당 코드 셀을 마우스로 클릭한 다음 Ctrl + Enter 를 누릅니다.

예제 4-2 모듈 불러오기

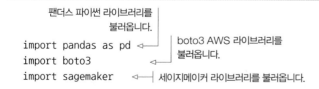

```
import pandas as pd    ◁──┐ boto3 AWS 라이브러리를
import boto3                불러옵니다.
import sagemaker    ◁──┤ 세이지메이커 라이브러리를 불러옵니다.
```
팬더스 파이썬 라이브러리를 불러옵니다.

---

3 옮긴이_ 텍스트를 말뭉치(corpus)라고 부르기도 합니다. 'This is a book'이라는 문장은 하나의 말뭉치입니다. 말뭉치는 자연어 연구를 위해 특정한 목적을 가지고 언어의 표본을 추출한 집합으로 정의할 수 있습니다. 토큰은 더 이상 나눌 수 없는 단위를 의미하며, 'This is a book'이라는 말뭉치를 토큰화하면 'This', 'is', 'a', 'book'이라는 더 이상 나눌 수 없는 단어 단위가 됩니다.

```
import s3fs
from sklearn.model_selection \
    import train_test_split
import json
import csv
from time import sleep
nltk.download('punkt')
import nltk

role = sagemaker.get_execution_role()
s3 = s3fs.S3FileSystem(anon=False)
```

S3 버킷 안의 파일을 쉽게 다루기 위해 s3fs 모듈을 불러옵니다.

sklearn 라이브러리에서 train_test_split 모듈만 불러옵니다.

JSON 파일을 다루기 위해 파이썬의 json 모듈을 불러옵니다.

트윗을 토큰화하기 위해 NLTK 모듈을 불러옵니다.

세이지메이커의 역할을 생성합니다.

CSV 파일을 다루기 위해 csv 모듈을 불러옵니다.

S3 버킷과 연결합니다.

지금까지 이 책의 예제에서 CSV 파일만 사용했습니다. JSON은 구조화된 마크업 언어로 XML 과 비슷하지만 훨씬 사용이 간단합니다. 다음은 JSON 포맷으로 기술한 청구서의 예를 보여줍니다.

예제 4-3 JSON 포맷의 예

```
{
  "Invoice": {
    "Header": {
      "Invoice Number": "INV1234833",
      "Invoice Date": "2018-11-01"
    },
    "Lines": [
      {
        "Description": "Punnet of strawberries",
        "Qty": 6,
        "Unit Price": 3
      },
      {
        "Description": "Punnet of blueberries",
        "Qty": 6,
        "Unit Price": 4
      }
    ]
  }
}
```

이제부터는 데이터를 로드하고 살펴보겠습니다. 이 데이터셋은 무려 50만 행이지만 현재 예제에서 사용하고 있는 세이지메이커의 중간 사이즈 서버를 사용하더라도 2~3초 정도면 로드할 수 있습니다. 셀의 코드가 실행되는 시간을 측정하고 출력하려면 다음 예제와 같이 해당 셀 안에 %%time이라는 코드를 입력하면 됩니다.

예제 4-4 데이터를 로드하고 살펴보기

[표 4-2]는 [예제 4-4]에서 display(df.head())를 수행한 결과입니다. 여기서 .head()라는 팬더스 함수는 해당 데이터프레임의 처음 5행을 출력하는 역할을 합니다.

표 4-2 트윗 데이터셋에서 처음 5행의 데이터

row_id	tweet_id	author_id	created_at	in_reply_to	text	escalate
0	2	115712	Tue Oct 31 22:11 2017	sprintcare	@sprintcare and how do you propose we do that	False
1	3	115712	Tue Oct 31 22:08 2017	sprintcare	@sprintcare I have sent several private messag…	True
2	5	115712	Tue Oct 31 21:49 2017	sprintcare	@sprintcare I did.	False
3	16	115713	Tue Oct 31 20:00:43 +0000 2017	sprintcare	@sprintcare Since I signed up with you…Sinc…	False
4	22	115716	Tue Oct 31 22:16:48 +0000 2017	Ask_Spectrum	@Ask_Spectrum Would you like me to email you a…	False

[표 4-2]를 보면 트윗 5개 중 한 개만 고객지원팀이 직접 대응한 것으로 나와 있습니다. 이 5개의 데이터만으로는 고객지원팀의 직접 대응 정도를 알 수 없으므로 [예제 4-5]에서는 전체 데

이터셋의 행 수, 고객지원팀이 대응한 트윗 수, 자동 대응한 트윗 수를 표시하도록 했습니다. 이 정보를 알기 위해 팬더스의 shape와 value_counts 함수를 사용했습니다.

예제 4-5 고객지원팀이 직접 대응한 트윗 수 표시

```
print(f'Number of rows in dataset: {df.shape[0]}')    ◁  전체 데이터셋의 행 수를
                                                          출력합니다.
print(df['escalated'].value_counts())    ◁  고객지원팀이 직접 대응한 트윗
                                             수와 자동 응답한 트윗 수를 출력
                                             합니다.
```

다음은 [예제 4-5]의 결과를 보여줍니다.

▶ 전체 트윗 수와 고객지원팀이 직접 대응한 트윗 수

```
Number of rows in dataset: 520793
False    417800
True     102993
Name: escalate, dtype: int64
```

전체 트윗이 50만 개 이상이고, 그중 10만 개 정도를 고객지원팀이 직접 대응했습니다. 만약 나오미가 머신러닝 알고리즘에 트윗을 읽게 하고 고객지원팀의 직접 지원 여부를 자동으로 결정하게 할 수 있으면 나오미 팀은 현재 리뷰하고 있는 트윗의 20%만 읽어보면 됩니다.

4.7.2 파트 2: 데이터를 모델에 적합한 형태로 가공

이제 주피터 노트북 환경에서 데이터셋을 사용할 수 있으니 이 데이터를 가지고 작업을 시작할 수 있습니다. 첫 번째 단계는 머신러닝 모델에 사용할 학습 및 검증용 데이터셋을 생성하는 것입니다. 이전 장과 마찬가지로 여기서도 sklearn의 train_test_split 함수를 사용해서 데이터셋을 생성합니다. BlazingTex를 사용하면 알고리즘이 모델을 검증할 때마다 로그에서 모델의 정확도를 확인할 수 있습니다. 따라서 테스트 데이터셋은 생성할 필요가 없습니다.

예제 4-6 학습 및 검증용 데이터셋 생성

```
train_df, val_df, _, _ = train_test_split(
    df,
    df['escalate'],
    test_size=0.2,              학습 및 검증용 데이터셋을
    random_state=0)             생성합니다.
print(f'{train_df.shape[0]} rows in training data')      학습 데이터의 행 수를
                                                          출력합니다.
```

앞 장에서 사용한 XG부스트와 달리 BlazingText 알고리즘은 CSV 파일을 읽어서 바로 사용할 수 없습니다. 다른 입력 파일 포맷이 필요하며, 이 작업을 [예제 4-7]부터 [예제 4-9]에 거쳐 진행하도록 하겠습니다.

BlazingText의 입력 데이터 포맷

BlazingText는 라벨을 자동 대응한 경우에는 __label__0, 고객지원팀이 직접 대응한 경우에는 __label__1로 기재해야 합니다. 그 후 토큰화 작업을 진행합니다. 토큰화는 텍스트를 가져와서 개별 의미가 담긴 최소 단위로 만드는 과정입니다. 이 작업은 개인이 일일이 하기에는 어렵지만 NLTK 라이브러리를 사용하면 쉽게 할 수 있습니다.

[예제 4-7]에서는 함수를 2개 선언했습니다. 첫 번째 함수 preprocess는 [예제 4-6]에서 만든 학습용 데이터셋이나 검증용 데이터셋을 데이터프레임 형태로 입력받아서 리스트 형태로 변경합니다. 그리고 이 변환된 리스트의 각 행에 대해 두 번째 함수 transform_instance를 호출합니다. 이 함수는 각 행의 포맷을 변경하는데, __label__0과 __label__1이 각 트윗의 앞부분에 들어가도록 만듭니다. 검증용 데이터셋에 대해 preprocess 함수를 수행하려면 [예제 4-7]에서 생성한 val_df 데이터프레임을 입력으로 사용하면 됩니다.

먼저 검증용 데이터셋으로, 그 후 학습용 데이터셋으로 [예제 4-7]을 실행합니다. 검증용 데이터셋의 행 수는 100,000개 정도며, 이 코드 셀을 수행하는 데 30초 정도 소요됩니다. 학습용 데이터셋의 행 수는 400,000개 정도며, 이 코드 셀을 수행하는 데 2분 정도 소요됩니다. 대부분의 시간은 데이터셋을 데이터프레임에서 리스트로, 그리고 다시 데이터프레임으로 변환하는 데 소요합니다. 이런 처리 과정은 지금처럼 데이터셋의 행이 50만 개 정도일 때는 문제가 되지 않지만, 행이 수백만 개일 때는 문제가 될 수 있습니다. 이런 경우에는 차라리 팬더스 모듈 대신

csv 모듈을 사용하는 것이 좋습니다. csv 모듈에 대해서는 파이썬 문서를 참고하세요(https://docs.python.org/3/lbrary/csv.html).

예제 4-7 BlazingText와 호환되는 데이터 포맷으로 변환하기

```
def preprocess(df):
    all_rows = df.values.tolist()          ◁─── 데이터프레임을 리스트로 변환합니다.
    transformed_rows = list(               ┌── 리스트의 각 행에 대해 transform_instance
        map(transform_instance, all_rows)) ◁── 함수를 적용합니다.
    transformed_df = pd.DataFrame(transformed_rows) ◁──┐ 리스트를 다시 데이터프레임으로
    return transformed_df  ◁──┐ 데이터프레임을 반환합니다.      변환합니다.

def transform_instance(row):          ┌── 빈 리스트를 생성합니다. 이 리스트에는 라벨이 맨 먼저
    cur_row = []              ◁────────── 들어가고 그다음에 트윗의 단어가 들어갑니다.
    label = '__label__1' if row[5] == True \     ┌── 고객지원팀이 직접 대응을 한 경우에는 라벨의 값이
        else '__label__0'         ◁───────────────── 1이 되고 그렇지 않은 경우에는 0이 됩니다.
    cur_row.append(label)  ◁────────┐
    cur_row.extend(                  └── cur_row의 첫 번째 항목을 라벨로 설정합니다.
        nltk.word_tokenize(row[4].lower())) ◁──┐ 각 단어를 리스트 안에 분리된
    return ' '.join(cur_row)  ◁──┐ 행을 반환합니다.    항목으로 넣습니다.
```

```
transformed_validation_rows = preprocess(val_df)
display(transformed_validation_rows.head())  ◁───
```
preprocess 함수를 실행합니다.　　　　데이터에서 처음 5행을 출력합니다.

[표 4-3]은 BlazingText와 호환되는 데이터 포맷으로 변환된 데이터 몇 개를 보여줍니다. 처음 2행은 라벨이 1로 되어 있고(고객지원팀이 직접 대응) 세 번째 행은 0으로 되어 있습니다(봇이 자동 대응).

표 4-3 나오미의 트윗에 대한 검증 데이터

Labeled preprocessed data
__label__1 @ 115990 no joke … this is one of the worst customer experiences i have had verizon. maybe time for @ 115714 @ 115911 @ att ? https://t.co/vqmlkvvwxe
__label__1 @ amazonhelp neither man seems to know how to deliver a package. that is their entire job! both should lose their jobs immediately.
__label__0 @ xboxsupport yes i see nothing about resolutions or what size videos is exported only quality i have a 34" ultrawide monitor 21:9 2560x1080 what i need https://t.co/apvwd1dlq8

이제 데이터셋이 BlazingText와 호환되는 포맷으로 변환되었고, 이 데이터셋이 데이터프레임 형태로 되어 있기 때문에 팬더스의 to_csv 함수를 사용해서 S3 버킷에 저장하면 BlazingText에 로드할 수 있습니다. [예제 4-8]은 검증 데이터를 S3 버킷에 저장합니다.

예제 4-8 BlazingText의 입력 형태로 데이터 변환하여 저장

```
s3_validation_data = f's3://{data_bucket}/\
{subfolder}/processed/validation.csv'

data = transformed_validation_rows.to_csv(
        header=False,
        index=False,
        quoting=csv.QUOTE_NONE,
        sep='|',
        escapechar='^').encode()
with s3.open(s3_validation_data, 'wb') as f:
    f.write(data)
```

다음 [예제 4-9]는 [예제 4-6]에서 생성한 학습용 데이터인 train_df 데이터프레임에 대해 preprocess 함수를 호출하여 전처리를 수행합니다.

예제 4-9 학습용 데이터의 전처리와 저장

```
%%time
transformed_train_rows = preprocess(train_df)
display(transformed_train_rows.head())

s3_train_data = f's3://{data_bucket}/{subfolder}/processed/train.csv'

data = transformed_train_rows.to_csv(
        header=False,
        index=False,
        quoting=csv.QUOTE_NONE,
        sep='|',
        escapechar='^').encode()
with s3.open(s3_train_data, 'wb') as f:
    f.write(data)
```

지금까지 학습 및 테스트용 데이터셋을 모델에서 사용할 수 있는 형식으로 S3에 저장했습니다. 다음 절에서는 데이터를 세이지메이커로 가져오는 방법을 알아보겠습니다.

4.7.3 파트 3: 학습용, 검증용, 테스트용 데이터셋 생성

이제 BlazingText와 호환되는 포맷으로 데이터를 변환하였으므로 이 데이터로 학습용과 검증용 데이터셋을 생성할 수 있습니다.

예제 4-10 학습용과 검증용 데이터셋 생성

```
%%time

train_data = sagemaker.session.s3_input(
    s3_train_data,
    distribution='FullyReplicated',
    content_type='text/plain',          ← 학습용 데이터셋을
    s3_data_type='S3Prefix')              생성합니다.
validation_data = sagemaker.session.s3_input(
    s3_validation_data,
    distribution='FullyReplicated',
    content_type='text/plain',          ← 검증용 데이터셋을
    s3_data_type='S3Prefix')              생성합니다.
```

위 예제를 실행하면 세이지메이커 세션에 데이터가 들어가고, 모델을 학습할 준비가 됩니다.

4.7.4 파트 4: 머신러닝 모델 학습

이제 데이터가 준비되었으므로 모델 학습을 시작할 수 있습니다. 모델 학습은 다음 3단계를 거치게 됩니다.

- 컨테이너 설정
- 모델에 맞게 하이퍼파라미터 설정
- 모델 학습 수행(모델 피팅)

모델을 학습하는 [예제 4-11]에서 흥미로운 부분은 다음 하이퍼파라미터입니다.

- **epochs**: 2장과 3장에서 나왔던 XG부스트의 num_round 파라미터와 비슷하며 BlazingText 알고리즘이 학습 데이터에 대해 학습하는 학습 횟수를 결정하는 파라미터입니다. 일단 epochs 값으로 10을 지정했는데, 먼저 작은 값으로 시도해보고 더 많은 epochs가 필요한지 확인하기 위해서입니다. 학습 결과가 수렴하는지 혹은 과적합되는지에 따라 이 값을 조정해야 합니다.

- **vector_dim**: 워드벡터의 데이터 차원을 설정합니다. 기본값은 1000이지만 여기서는 이 값을 10으로 설정합니다. 다른 값으로 설정했을 때보다 더 좋은 결과를 가져왔고 서버의 부하를 줄일 수 있기 때문입니다.
- **early_stopping**: XG부스트의 early_stopping과 유사합니다. epochs를 상당히 큰 값으로 설정한 경우 이 학습 사전 중지 기법은 검증 데이터에 대해 더 이상 성능이 개선되지 않을 때 학습을 종료하게 합니다.
- **patience**: 얼마나 많은 epochs 단계가 지나야 early_stopping이 작동하게 되는지 결정하는 파라미터입니다.[4]
- **min_epochs**: patience나 학습 개선 여부와 상관없이 수행할 최소 epochs 횟수입니다.
- **word_ngrams**: N-grams는 [그림 4-4] ~ [그림 4-6]에서 이미 설명한 바 있습니다.

[예제 4-11]의 세 번째 라인은 이 모델을 실행할 컨테이너를 설정합니다. **컨테이너**container는 모델을 실행할 서버라고 생각하면 됩니다.[5] 그다음 코드들은 이 서버를 설정합니다. 그중 set_hyperparameters 함수에는 모델에서 사용할 파라미터를 설정합니다. 맨 마지막 라인은 모델 학습을 실행하는 코드입니다.

예제 4-11 모델 학습

```
s3_output_location = f's3://{data_bucket}/\     ← 학습된 모델을 저장할 위치를 설정합니다.
{subfolder}/output'
sess = sagemaker.Session()     ← 이 학습 세션의 이름을 설정합니다.
container = sagemaker.amazon.amazon_estimator.get_image_uri(
    boto3.Session().region_name,
    "blazingtext",
    "latest")     ← 컨테이너(서버)를 설정합니다.

estimator = sagemaker.estimator.Estimator(
    container,     ← 서버를 설정합니다.
    role,          ← [예제 4-2]에서 설정한 역할을 지정합니다.
    train_instance_count=1,     ← 학습에 사용할 서버 수를 설정합니다.
    train_instance_type='ml.c4.4xlarge',     ← 서버의 사양을 설정합니다.
    train_max_run = 600,     ← 서버가 종료되기 전에 몇 분 동안 실행할지 설정합니다.
    output_path=s3_output_location,     ← 학습 완료된 모델을 저장할 위치를 설정합니다.
    sagemaker_session=sess)     ← 현재 학습 세션의 이름을 설정합니다.
```

---

4 옮긴이_ 예를 들어 검증 정확도가 10번째 epoch에서 0.9(90% 정확도)를 기록했는데 patience가 5라고 설정되어 있으면 15epoch 가 지나서야 정확도 0.9인지 확인하는 early_stopping이 작동합니다.

5 옮긴이_ BlazingText를 포함한 모든 세이지메이커 빌드인 알고리즘들은 도커 컨테이너로 사전 패키징되므로 아마존의 도커 레지스트리 서비스인 아마존 ECR(elastic container registry)에서 호스팅됩니다. 이 컨테이너들은 세이지메이커 관리형 인스턴스로만 가져올 수 없어서 로컬 머신에서 실행할 수 없습니다.

```
estimator.set_hyperparameters(          BlazingText의 모델을 설정합니다
    mode="supervised",                   (지도학습 또는 비지도학습).
    epochs=10,            ◁─┤  최대 몇 에포크(혹은 몇 번) 반복으로 학습할지 설정합니다.
    vector_dim=10,       ◁─┤  워드벡터의 차원을 설정합니다.
    early_stopping=True,     ◁─┤  학습 사전 중지 기법을 사용합니다.
    patience=4,      ◁─┤  검증 정확도가 개선되지 않으면 4epoch 후 학습을 사전 중지합니다.
┌─▷ min_epochs=5,
│   word_ngrams=2)     ◁─┤  바이그램을 사용합니다.
│
│ estimator.fit({'train': train_data, 'validation': validation_data})
검증 정확도가 개선되지 않아도
최소 5번 학습을 수행합니다.
```

NOTE_ BlazingText는 지도학습과 비지도학습 둘 다 가능합니다. 여기서는 라벨이 지정되어 있으므로 지도학습으로 진행합니다.

위 코드 셀을 실행하면 붉은색의 알림이 여러 라인 출력되는 것을 볼 수 있는데(2장과 3장의 코드 셀에서도 출력되었습니다), 이전 장의 XG부스트를 학습했을 때와 매우 다른 내용이 나올 것입니다.

머신러닝 모델은 모델의 종류에 따라 자신의 알고리즘 처리 과정을 이해하기 좋도록 적합한 정보를 제공합니다. 이 책의 목적에서 볼 때 가장 중요한 학습 진행 정보는 이 알림의 맨 마지막에 나타납니다. 그 정보는 학습이 끝났을 때 표시되는 학습과 검증의 정확도입니다. 다음 결과에 나오는 모델의 정보를 보면 이 모델은 학습 정확도가 98.88%, 검증 정확도가 92.28%입니다. 각 epoch에 대해 검증 정확도가 표시됩니다.

▶ 각 학습 단계 출력 내용

```
...
-------------- End of epoch: 9
Using 16 threads for prediction!
Validation accuracy: 0.922196
Validation accuracy improved! Storing best weights...
##### Alpha: 0.0005 Progress: 98.95% Million Words/sec: 26.89 #####
-------------- End of epoch: 10
Using 16 threads for prediction!
Validation accuracy: 0.922455
```

```
Validation accuracy improved! Storing best weights...
##### Alpha: 0.0000 Progress: 100.00% Million Words/sec: 25.78 #####
Training finished.
Average throughput in Million words/sec: 26.64
Total training time in seconds: 3.40

#train_accuracy: 0.9888      ◁── 학습 정확도
Number of train examples: 416634

#validation_accuracy: 0.9228   ◁── 검증 정확도
Number of validation examples: 104159

2018-10-07 06:56:20 Uploading - Uploading generated training model
2018-10-07 06:56:35 Completed - Training job completed
Billable seconds: 49
```

4.7.5 파트 5: 머신러닝 모델 호스팅

앞서 머신러닝 모델을 학습했으니 이 모델을 세이지메이커에 호스팅하여 의사결정을 수행할 수 있습니다(예제 4-12, 4-13). 이 장에서는 다른 많은 내용을 살펴봤으므로 모델 호스팅에 대한 자세한 설명은 다음 장에서 하겠습니다. 지금은 모델 호스팅이란 데이터를 입력받아서 의사결정의 결과를 반환하는 서버를 구성하는 것이라고 이해하면 됩니다.

예제 4-12 모델 호스팅하기

```
endpoint_name = 'customer-support'  ◁── 엔드포인트를 중복해서 만들지 않으려면
try:                                     엔드포인트 이름을 지정합니다.
    sess.delete_endpoint(
        sagemaker.predictor.RealTimePredictor(        이미 존재하는 같은 이름의
            endpoint=endpoint_name).endpoint)   ◁── 엔드포인트를 삭제합니다.
    print(
        'Warning: Existing endpoint deleted to make way for new endpoint.')
except:
    pass
```

다음 [예제 4-13]은 엔드포인트를 생성하고 배포합니다. 세이지메이커는 확장성이 뛰어나고 대용량의 데이터셋을 쉽게 다룰 수 있습니다. 이 책에서 사용하는 데이터셋은 엔드포인트를 호스팅하는 데 t2.medium 유형의 서버면 충분합니다.

예제 4-13 모델을 호스팅할 새로운 엔드포인트 생성

```
print('Deploying new endpoint...')
text_classifier = estimator.deploy(
    initial_instance_count = 1,
    instance_type = 'ml.t2.medium',
    endpoint_name=endpoint_name)        ◁── 새로운 엔드포인트를
                                            생성합니다.
```

4.7.6 파트 6: 모델 테스트

이제 엔드포인트 생성과 호스팅 설정이 완료되었으니 의사결정을 테스트할 수 있습니다. [예제 4-14]에서는 샘플 트윗을 만들고 그것을 토큰화한 후 추론합니다.

다른 트윗(영문)으로 테스트하려면 첫 번째 라인의 텍스트를 수정하고 Ctrl + Enter 를 누릅니다. 예를 들어 disappointed^{실망했다}를 happy^{기쁘다} 혹은 ambivalent^{모호하다}으로 변경하면 머신러닝 모델의 추론 결과는 1에서 0으로 변경될 것입니다. 즉, Help me I'm very disappointed 트윗은 고객지원팀이 직접 대응하게 되지만 Help me I'm very happy나 Help me I'm very ambivalent 트윗은 자동 대응 봇이 처리하게 됩니다.

예제 4-14 테스트 데이터로 추론 실행

```
tweet = "Help me I'm very disappointed!"   ◁─┤ 테스트용 샘플 트윗

tokenized_tweet = \                         트윗을 토큰화
    [' '.join(nltk.word_tokenize(tweet))]  ◁ 합니다.         [예제 4-13]에서 생성한 text_
payload = {"instances" : tokenized_tweet}  ◁──               classifier의 입력 포맷에 맞는
response = \                                                 데이터를 생성합니다.
    text_classifier.predict(json.dumps(payload))  ◁────── 머신러닝 모델의 결과를 받습니다.
escalate = pd.read_json(response)  ◁──
escalate                                머신러닝 모델의 결과를 팬더스
        │                               데이터프레임으로 변환합니다.
        └─ 머신러닝 모델의 결과를 출력합니다.
```

4.8 엔드포인트 삭제와 노트북 인스턴스 중지

생성한 엔드포인트를 삭제하고 사용 중인 노트북 인스턴스를 중지하는 것은 비용 측면에서 매우 중요합니다. 사용하지 않는 세이지메이커 서비스에 대해 요금을 지불하면 안 되기 때문입니다. 이 서비스를 사용하지 않을 때도 계속 켜놓으면 매 초마다 비용을 지불해야 합니다.

4.8.1 엔드포인트 삭제

부록 D는 세이지메이커 콘솔을 이용해서 노트북 인스턴스를 중지하고 엔드포인트를 삭제하는 방법을 자세하게 설명하고 있습니다. 또는 아래 [예제 4-15]와 같이 노트북 안에서 코드로 엔드 포인트를 삭제할 수 있습니다.

예제 4-15 엔드포인트 삭제

```
# Remove the endpoint (optional)
# Comment out this cell if you want the endpoint to persist after Run All
sess.delete_endpoint(text_classifier.endpoint)
```

위 예제에서 맨 마지막 라인이 주석 처리되어 있으면 먼저 주석을 해제합니다. 그리고 나서 코드 셀을 마우스로 클릭한 다음 Ctrl + Enter 를 누르면 엔드포인트가 삭제됩니다.

4.8.2 노트북 인스턴스 중지

노트북를 중지하려면 세이지메이커가 열려 있는 브라우저 탭으로 돌아갑니다. 세이지메이커 왼쪽 메뉴에서 'Notebook instances'를 클릭하여 사용 중인 노트북 인스턴스를 조회할 수 있습니다. [그림 4-9]에서처럼 중지시킬 노트북 인스턴스 왼쪽에 있는 라디오 버튼을 클릭하고 'Actions → Stop'을 클릭합니다. 노트북 인스턴스가 종료되는 데 약 2~3분 정도 소요될 것입니다.

그림 4-9 노트북 인스턴스 중지

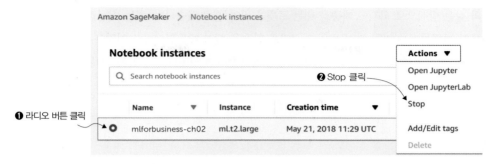

4.9 엔드포인트 삭제 여부 확인

노트북에서 코드로 엔드포인트를 삭제하지 않았다면(혹은 엔드포인트가 삭제되었는지 확인하려면) 세이지메이커 콘솔 화면에서 이 작업을 수행할 수 있습니다. 엔드포인트를 삭제하려면 엔드포인트 이름 왼쪽에 있는 라디오 버튼을 클릭하고 'Actions → Delete'를 클릭합니다.

엔드포인트를 모두 삭제하면 AWS는 더 이상 과금을 하지 않을 것입니다. 이를 확인하려면 세이지메이커의 엔드포인트 페이지에 'There are currently no resources'라는 메시지가 표시되어 있는지 보면 됩니다(그림 4-10).

그림 4-10 엔드포인트를 성공적으로 삭제했는지 확인

나오미는 여러분이 도출한 결과에 아주 만족할 것입니다. 이제 나오미는 그녀의 고객지원팀이 받은 모든 트윗 메시지를 머신러닝 애플리케이션에 입력하고 어떤 트윗을 직접 대응해야 하는

지 알 수 있습니다. 이 머신러닝 애플리케이션은 나오미 팀원들이 불만 내용의 트윗을 판단했던 것과 같은 방식으로 고객이 짜증을 내는 트윗을 파악할 수 있습니다(이는 머신러닝 알고리즘이 나오미 팀원들이 처리한 과거 트윗 메시지로 학습을 했기 때문입니다). 이것은 정말 대단한 일입니다. 만약 이런 작업을 규칙기반으로 직접 작성했다면 얼마나 힘들었을까요?

4.10 요약

- 고객지원팀이 직접 대응해야 하는 트윗 메시지를 결정하기 위해 다차원 워드벡터를 통해 텍스트의 의미를 알아내는 자연어 처리를 사용했습니다.

- 워드벡터를 세이지메이커에서 사용하기 위해 결정해야 할 사항은 단지 단어 그룹의 크기를 단일 단어, 2단어의 단어쌍, 3단어의 단어쌍 중에서 어떤 것을 사용할지 결정하는 것뿐입니다. 이에 해당되는 각각의 NLP 용어는 유니그램, 바이그램, 트라이그램입니다.

- BlazingText는 라벨링된 텍스트를 분류하여 NLP 시나리오에 맞게 데이터를 구성할 수 있는 알고리즘입니다.[6]

- NLTK는 텍스트를 토큰화하여 텍스트 데이터를 머신러닝 모델에 사용할 수 있도록 변환할 때 많이 사용하는 라이브러리입니다.

- 텍스트의 토큰화는 텍스트를 분할하고 머신러닝 모델이 분석하기 어려운 부분을 제거합니다.

---

6 옮긴이_ 한국어 데이터에 대한 BlazingText 핸즈온 랩은 다음 링크에서 수행할 수 있습니다(http://bit.ly/blazingtext-kr). 이 핸즈온 랩에서 한국어 위키백과의 단어 임베딩, 네이버 영화평 긍정/부정 평가 분류 방법, 호스팅된 세이지메이커 엔드포인트를 웹서비스에 활용하는 방법, 사전 학습된 모델을 세이지메이커 엔드포인트로 호스팅하는 방법 등을 익힐 수 있습니다.

## CHAPTER 5

공급업체가 보낸 청구서에 대해 추가 질의 여부 결정

이 장의 내용

- 찾으려는 해답에 대한 실제 질문 찾기
- 학습 데이터 없이 사용하는 머신러닝 시나리오
- 지도학습과 비지도학습의 차이점
- 이상치 탐지에 대한 이해
- 랜덤 컷 포레스트 알고리즘 사용

브렛은 대형은행의 변호사입니다. 그는 은행이 고용한 법률사무소에서 청구하는 비용을 확인하는 일을 합니다. '이 일이 뭐 얼마나 힘들까?'라고 말할 수 있지만 실제로는 꽤 힘든 일입니다. 작년에 브렛의 은행은 수천 건의 법적 문제를 수백 개의 다른 법률사무소에 맡겼습니다. 그리고 법률사무소가 보내는 각 청구서의 항목은 수십 또는 수백 줄로 되어 있습니다. 엑셀과 같은 스프레드시트로 각 항목을 추적하는 작업은 그에게는 악몽과 같습니다.

이 장에서는 세이지메이커와 랜덤 컷 포레스트 random cut forest, RCF 알고리즘을 사용하여 청구서 내용 중 법률사무소에 추가 질의할 항목의 라인을 표시하는 머신러닝 모델을 만들 것입니다. 모델이 생성되면 브렛은 모든 청구서를 검토하는 작업에 이 모델을 적용하여 변호사들이 청구서를 좀 더 정확하게 작성하도록 만들 수 있고 그의 은행은 연간 수십만 달러를 절약할 수 있습니다. 자 이제 시작합니다!

5.1 이 장의 의사결정 사항

언제나처럼 첫 번째로 살펴봐야 하는 것은 '무엇에 대해 의사결정할 것인가'입니다. 이 장에서 브렛이 답을 찾아야 하는 질문은 언뜻 보기에 '법률사무소가 올바로 비용을 청구했는지 판단하기 위해 각 청구 항목을 좀 더 세밀하게 살펴봐야 하는가?'입니다. 하지만 이 질문에 100% 정확하게 대답하는 머신러닝 알고리즘을 구축한다면 실패 확률이 매우 높습니다(거의 대부분 실패할 것입니다). 다행히도 이것은 진정한 핵심 질문이 아닙니다.

브렛이 은행에 가져다주는 진정한 가치를 이해하려면 그의 작업 절차를 살펴봐야 합니다. 브렛과 그의 팀이 임무를 수행하기 전에, 은행은 법률사무소 비용이 통제할 수 없을 정도로 급증하고 있다는 것을 발견했습니다. 브렛 팀은 지난 몇 년 동안 각 비용 청구서를 수작업으로 검토하고 법률사무소에 추가 질의해야 하는 비용 항목을 직감적으로 판단했습니다. 브렛은 청구서를 보면 법률사무소에서 진행 중인 사건 유형과 청구 비용이 일치하는지 판단하는 데 꽤 좋은 감을 가지고 있습니다. 그는 특정 사건에 대해 신입 변호사와 비교하여 법률사무소가 비정상적으로 많은 시간으로 비용 청구를 했는지 꽤 정확하게 알 수 있습니다. 또는 법률사무소가 법무사의 작업 시간을 초과 청구하고 있을 가능성 여부를 정확하게 알 수 있습니다.

브렛이 청구서의 비용이 잘못되었다고 생각하는 명백한 이상 현상을 발견하면 법률사무소에 연락하여 수수료에 대한 추가 정보를 제공하도록 요청합니다. 그러면 법률사무소는 다음 두 가지 방식으로 답변합니다.

- 수수료를 정당화하기 위한 추가 정보를 제공합니다.
- 같은 유형의 사건과 비용이 일치하도록 수수료를 줄입니다.

한 가지 유의할 점은 브렛은 법률사무소와의 관계에서 영향력이 별로 없다는 것입니다. 만약 은행이 법률사무소에 어떤 사건을 의뢰하고, 법률사무소는 법무사가 특정한 부분을 조사하는 데 5시간이 걸렸다고 했을 때 브렛이 이에 대해 거의 이의제기를 할 수 없습니다. 브렛이 '이 사건은 조사 시간이 너무 과한 것 같다'라고 말하더라도 법률사무소가 '음... 그 정도 시간이 필요합니다'라고 말하면 그대로 받아들일 수밖에 없습니다.

하지만 브렛의 일을 이런 식으로 바라보는 것은 너무 제한적입니다. 브렛의 작업에 대해 흥미로운 점은 다음과 같습니다. 브렛이 은행에서 중요한 이유는 비용 청구 항목 중 법률사무소에 문의할 사항을 100% 식별할 수 있기 때문이 아닙니다. 법률사무소가 브렛이 비용 청구 내용 중 이상 현상을 매우 잘 찾아낼 수 있다는 것을 알고 있기 때문입니다. 따라서 법률사무소가 특정 유형의 서비스에 대해 일반적인 비용보다 더 많은 요금을 청구한다면 그 청구 항목에 대해 추후 입증을 해야 한다는 것을 알고 있습니다.

변호사들은 입증 작업을 정말 싫어하는데, 입증 작업을 할 수 없기 때문이 아니라 고객에게 비용을 다시 청구하는 데 걸리는 시간 때문이다. 따라서 변호사들은 타임시트^{timesheet, 작업시간표}를 준비할 때 청구 항목이 쉽게 입증할 수 있는 것보다 더 많은 작업 시간으로 책정되어 있다면 작업 시간을 하향 조정해야 하는지 여부를 저울질하게 됩니다. 이러한 결정은 매년 은행에 청구되는 수천 개의 항목에 적용되므로 은행에 수십만 달러의 절감 효과를 가져다줍니다.

따라서 이 시나리오에서 찾으려는 해답에 대한 실제 질문은 '법률사무소들이 은행에 제대로 청구하게 하려면 어떤 청구 비용 항목을 추가 질의해야 할까요?'입니다.

그리고 이 질문은 원래 질문인 '어떤 청구 항목이 비정상적인지 어떻게 정확하게 판단할 수 있을까요?'와는 근본적으로 다릅니다. 이상 징후를 정확하게 식별하려는 경우 정확도에 따라 성공 여부가 결정됩니다. 그러나 법률사무소가 은행에 올바르게 비용을 청구하도록 장려하기에 충분한 이상 징후를 식별하려고 한다면 **이상 징후의 충분한 탐지**의 임곗값에 얼마나 효과적으로 도달할 수 있는지에 따라 성공 여부가 결정됩니다.

> **이상 징후를 충분히 탐지하려면 전체 이상치의 몇 퍼센트 정도를 찾아내면 될까요?**
>
> 이 질문에 정확하게 대답하는 데 많은 시간과 노력이 필요할 수 있습니다. 만약 변호사가 천 개의 비정상적인 청구 항목 중 하나만 추가 질의될 것이라는 것을 알고 있다면 그들의 행동은 전혀 변하지 않을 수 있습니다. 그러나 10개의 비정상적인 항목 중 9개가 추가 질의될 것이라는 것을 알고 있다면 아마 좀 더 고려해서 타임시트를 준비할 것입니다.
>
> 학술 논문에서는 이 임곗값을 명확하게 규정지을 필요가 있습니다. 그러나 일반 업무에서는 이 정확도의 이점과 이 작업 때문에 다른 프로젝트의 작업을 못하는 비용을 비교하여 고려해야 합니다. 브렛의 경우 알고리즘 결과와 브렛 팀 구성원이 그 임무를 얼마나 잘 수행할 수 있는지 비교하는 것으로 충분할 것입니다. 만약 이 비교 결과가 거의 비슷한 것으로 나온다면 임곗값에 도달한 것으로 생각해도 될 것입니다.

5.2 업무 처리 절차

[그림 5-1]은 브렛의 의사결정 절차를 보여줍니다. 브렛의 일은 변호사가 비용 청구서를 만들어 보낼 때부터 시작됩니다(1). 브렛의 팀원이 변호사의 청구서를 받으면 청구서를 검토하고 (2), 청구서에 나열된 수수료가 정상적으로 청구된 것으로 보이는지에 따라 다음 두 가지 작업 중 하나를 수행합니다.

- 비용 지불을 위해 청구서를 지불 계좌에 전달합니다(3).
- 일부 비용에 대한 해명 요청과 함께 청구서를 변호사에게 반송합니다(4).

그림 5-1 브렛이 변호사에게 받은 비용 청구서를 검토하는 현재의 업무 처리 절차

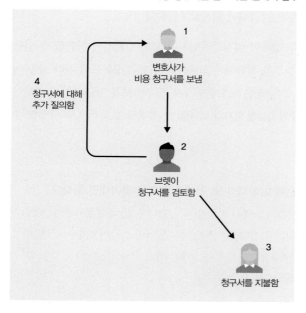

브렛과 그의 두 직원은 매년 청구서 수천 건을 풀타임으로 검토합니다. [그림 5-2]는 이 장에서 구축하는 머신러닝 애플리케이션을 적용한 브렛의 새로운 업무 절차를 보여줍니다. 변호사가 청구서를 보내면(1), 브렛 팀은 청구서를 검토하는 대신 청구서를 머신러닝 모델에 입력하여 비정상 청구 내역이 포함되었는지 여부를 확인합니다(2). 비정상 청구 내역이 없으면 브렛 팀의 추가 검토 없이 지불 계좌에 전달합니다(3). 만약 머신러닝 애플리케이션이 비정상 항목을 탐지하면 애플리케이션은 청구서를 곧바로 변호사에게 반송하고 청구된 수수료에 대한 추가 정보

를 요청합니다(4). 이 과정에서 브렛의 역할은 시스템이 설계된 대로 작동하는지 확인하기 위해 이 애플리케이션의 처리 내역 중 일부만 선별하여 검토하는 것입니다(5).

그림 5-2 청구서의 이상을 탐지하기 위한 머신러닝 앱을 구현한 새로운 업무 처리 절차

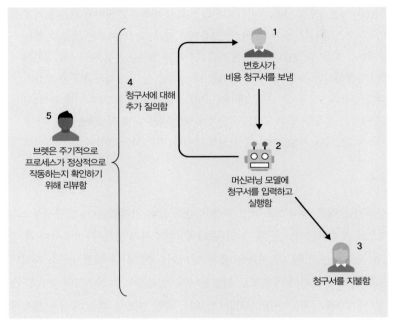

이제 브렛은 청구서를 일일이 검토할 필요가 없으므로 그가 거래하는 법률사무소와의 관계 유지 및 개선 같은 다른 측면의 역할에 더 시간을 할애할 수 있습니다.

5.3 데이터셋 준비

이 장에서 사용하는 데이터셋은 이 책의 저자 중 한 명인 리치가 가공한 것입니다. 이 데이터셋에는 브렛의 은행이 거래하는 법률사무소의 청구 데이터 100,000개가 포함되어 있습니다.

보통 법률사무소의 청구서는 매우 상세하고 작업 수행 시간도 함께 기재합니다. 법률사무소의 수수료 구조는 일반적으로 계층화되어 있는데, 신입(주니어) 변호사와 법무사(변호사가 꼭 하지 않아도 되는 작업을 수행하는 직원)의 비용은 중견(시니어) 변호사나 법률사무소 파트너(직접 영업을 뛰는 변호사)보다 저렴한 비용으로 책정됩니다. 법률사무소 청구서의 중요한 정보는 작업한 자료 유형(예: 독점 금지), 수행한 사람(법무사, 신입 변호사, 파트너 등), 활동에 소요된 시간, 비용입니다. 이 장에서 사용할 데이터셋에는 다음 열이 포함되어 있습니다.

- **Matter Number**: 각 청구서의 식별자. 두 라인에 동일한 사건 번호가 있는 경우 동일한 청구서에 대한 청구 항목 라인이라는 것을 의미합니다.
- **Firm Name**: 법률사무소의 이름
- **Matter Type**: 청구서와 관련된 활동의 유형
- **Resource**: 활동을 수행하는 리소스
- **Activity**: 리소스가 수행하는 활동
- **Minutes**: 활동을 수행하는 시간으로 분 단위로 기재
- **Fee**: 리소스의 시간당 요금
- **Total**: 총 요금
- **Error**: 청구서의 각 항목 라인에 오류[1]가 있는지 여부. 이 열은 이 데이터셋에만 존재하고 실제 데이터셋에

----

1 옮긴이_ 오류는 변호사가 잘못 청구한 것을 의미합니다.

는 없을 수 있음을 주의하세요. 이 열은 모델이 오류 청구 항목을 얼마나 성공적으로 찾아냈는지 확인하기 위해 포함시켰습니다.

[표 5-1]에는 데이터셋에서 청구서 항목 3라인만 표시하였습니다.

표 5-1 은행에 제출한 청구서 데이터셋의 청구서 항목 라인

Matter Number	Firm Name	Matter Type	Resource	Activity	Minutes	Fee	Total	Error
0	Cox Group	Antitrust	Paralegal	Attend Court	110	50	91.67	False
0	Cox Group	Antitrust	Junior	Attend Court	505	150	1262.50	True
0	Cox Group	Antitrust	Paralegal	Attend Meeting	60	50	50.00	False

이 장에서는 오류 청구 항목 라인을 찾아내는 머신러닝 애플리케이션을 구축합니다. 머신러닝 용어로는 데이터의 이상치를 식별한다고 합니다.

5.4 이상치 정의

이상치는 데이터 중에서 예외적인(비정상적인) 데이터 포인트를 말합니다. **예외**unusual를 정의하는 것이 항상 쉬운 일은 아닙니다. 예를 들어 [그림 5-3]의 이미지에는 발견하기 쉬운 이상치가 포함되어 있습니다. 이미지의 모든 문자가 S인데 문자 하나만 5입니다.

그림 5-3 간단한 이상치. 이 데이터셋에서는 이상치를 쉽게 발견할 수 있습니다.

```
S S S S S S S S S S S S S S S S S S S S
S S S S S S S S S S S S S S S S S S S S
S S S S S S S S S S S S S S S S S S S S
S S S S S S S S S S S S S S S S S S S S
S S S S S S S S S S S S S S 5 S S S S S
S S S S S S S S S S S S S S S S S S S S
S S S S S S S S S S S S S S S S S S S S
```

하지만 [그림 5-4]의 이미지에서는 이상치가 그리 쉽게 드러나지 않습니다. 이 데이터셋에는 실제로 이상치가 2개 있습니다. 하나는 [그림 5-3]의 이상치와 유사합니다. 숫자 5가 유일하게 이미지 오른쪽 중단에 있고, 그 외 다른 모든 글자는 문자입니다. 그리고 다른 이상치는 발견하기 어려운데 알파벳의 모음 문자(여기서는 E와 U)만 쌍으로 나타난다는 것입니다. 사람이 2번째 이상치를 발견하는 것은 거의 불가능하지만, 머신러닝 알고리즘은 충분한 데이터가 있다면 이를 찾아낼 수 있습니다.

그림 5-4 복잡한 이상치. 이 데이터셋에서 두 번째 이상치를 발견하는 것은 훨씬 더 어렵습니다.

```
F G R T Z M Q Y I S Z H D V N G J L M C
S Y G D H Y K X A F U I E P W R X D E E
Y X K F S E I P D B P S W M U C Z S F T
G X O H R W L C U J Y D M Q D G J I E C
U D B I W U Z I P F D S W 5 J W Q T Y E
N C F K I Y P R Z U U W B E D I O Y R P
Q U G T W P T O K R W R J D Y F M S G L
```

[그림 5-3]과 [그림 5-4]의 이미지에서처럼 브렛의 일은 법률사무소가 은행에 보낸 청구서의 이상치를 식별하는 것입니다. 일부 청구서에는 쉽게 찾을 수 있는 이상치가 있습니다. 청구서에는 법무사 또는 신입 변호사에게 시간당 500달러를 청구하는 등 특정 리소스(작업자)에 대해 비정상적으로 높은 수수료를 청구하는 내용이나, 회의 시간에 대해 360분을 청구하는 등 특정 활동에 대해 너무 많은 시간을 청구하는 내용이 들어 있을 수 있습니다.

그러나 다른 이상치는 찾기 더 어렵습니다. 예를 들어 반독점 문제는 일반적으로 파산 문제보다 법원 심리 시간이 더 길어질 수 있습니다. 만약 그렇다면 파산 문제에 대한 법원 심리 시간 500분은 이상치일 수 있지만, 같은 법원이더라도 반독점 문제에 대한 심리 시간 500분은 이상치가 아닐 수 있습니다.

[그림 5-3]과 [그림 5-4]의 이상치 탐색에서 알 수 있는 난관 중 하나는 이상치의 유형을 알 수 없다는 것입니다. 이런 어려움은 실제 데이터에서 이상치를 탐색할 때도 동일하게 나타납니다. 이상치가 숫자 대 문자와 관련이 있다고 미리 알았다면 [그림 5-3]과 [그림 5-4]에서 숫자 5를 쉽게 찾을 수 있습니다. 브렛은 숙련된 변호사이며 수년 동안 법적 청구서를 검토해왔으므로 이상치를 빠르고 쉽게 찾아낼 수 있지만, 특정 청구 항목을 왜 이상치라고 느끼는지에 대해서는 의식하지 못할 수 있습니다.

이 장에서는 모델이 청구 항목의 이상치를 결정하는 어떤 규칙도 정의하지 않을 것입니다. 사실 어떤 청구 항목 라인이 이상치를 포함하고 있는지도 모델에 제시하지 않고 모델이 자체적으로 알아내도록 할 것입니다. 이를 **비지도학습**이라 합니다.

5.5 지도학습과 비지도학습

이 장에서 작업하는 예제는 브렛이 일상적으로 법률사무소에 추가 질의하는 청구 항목을 라벨링하여 학습 데이터셋을 만들고, 2장과 3장과 유사하게 XG부스트 모델에 학습 데이터를 입력하고 학습시켜 모델을 생성할 수도 있습니다. 하지만 브렛이 이런 라벨링 작업을 하지 않겠다고 하면 어떻게 해야 할까요? 이 상황에서도 이 문제를 해결하기 위해 머신러닝을 계속 사용할 수 있을까요? 미리 얘기하지만 이 상황에서도 머신러닝을 사용할 수 있습니다.

이 장의 머신러닝 애플리케이션은 랜덤 컷 포레스트라는 비지도학습 알고리즘을 사용하여 청구서를 추가 질의할지 결정합니다. 지도학습 알고리즘과 비지도학습 알고리즘의 차이점은 **비지도학습** 알고리즘에는 라벨링된 데이터를 제공하지 않는다는 것입니다. 단지 데이터를 입력하기만하면 알고리즘이 데이터를 해석하는 방법을 스스로 결정합니다.

2장과 3장, 4장에서 사용한 머신러닝 알고리즘은 **지도학습** 알고리즘입니다. 그리고 이 장에서 사용할 알고리즘은 비지도학습 알고리즘입니다. 2장의 데이터셋에는 tech_approval_required라는 열이 있었는데, 이 열은 모델이 기술 담당자의 승인 여부를 학습하는 데 사용했습니다. 3장의 데이터셋에는 모델이 고객 이탈 여부를 학습하는 데 사용한 churned라는 열이 있었습니다. 그리고 4장의 데이터셋에는 특정 트윗을 고객지원팀이 직접 대응해야 하는지 여부를 학습시키는 escalate라는 열이 있었습니다.

이 장에서는 어떤 청구서를 추가 질의해야 하는지 모델에 알리지 않을 것입니다. 대신 알고리즘이 이상치가 포함된 청구서를 알아내게 하고, 특정 임곗값을 초과하는 이상치를 가지는 청구서에 대해 법률사무소에 추가 질의할 것입니다. 이것이 바로 비지도학습입니다.

5.6 랜덤 컷 포레스트의 개요 및 동작 방식

이 장에서 사용할 머신러닝 알고리즘은 랜덤 컷 포레스트인데, 이름 자체가 알고리즘을 너무나 잘 설명하고 있습니다. 이 알고리즘은 임의의 데이터 포인트^{Random}를 가져와서 데이터 포인트가 동일한 수가 되도록 잘라서^{Cut} 트리를 생성하기 때문입니다. 그런 다음 생성된 모든 트리^{Forest}를 살펴보면서 특정 데이터 포인트가 이상치인지 판단합니다. 그래서 이름이 **랜덤 컷 포레스트**입니다.

트리는 보통 숫자 데이터를 순차적으로 저장하는 방법으로 사용됩니다. 트리의 가장 간단한 유형은 **이진 트리**^{binary tree}입니다. 이진 트리는 컴퓨터가 쉽고 빠르게 처리할 수 있기 때문에 데이터를 저장하기에 매우 좋은 방식이기도 합니다. 이상치 탐색을 위한 트리를 만들기 위해 데이터 포인트를 분리하면서 이상치 여부를 테스트하는데, 이상치 여부가 확인될 때까지 계속 랜덤하게 세분화합니다. 데이터 포인트를 세분화할 때마다 트리의 새로운 레벨이 만들어집니다. 목표 데이터 포인트를 분리하기까지 세분화해야 하는 횟수가 적을수록 해당 목표 데이터 포인트는 주어진 데이터 샘플에서 이상치가 될 가능성이 높습니다.

다음 두 절에서는 목표 데이터 포인트가 들어간 두 가지 트리 샘플을 살펴보겠습니다. 첫 번째 샘플은 목표 데이터 포인트가 이상치로 보이는 반면, 두 번째 샘플은 목표 데이터 포인트가 이상치가 아닙니다. 이 두 샘플을 합쳐서 포레스트^{forest}로 만들어보면 후자의 데이터 포인트가 이상치가 될 가능성이 없음을 알 수 있습니다.

5.6.1 샘플 1

[그림 5-5]는 데이터셋에서 무작위로 가져온 데이터 포인트 6개를 검은 점 6개로 표현하여 보여줍니다. 흰 점은 이상치 여부를 확인하기 위해 테스트하는 목표 데이터 포인트입니다. 시각적으로 이 흰 점이 이 데이터 샘플의 다른 값과 다소 떨어져 있으므로 이 흰 점은 이상치가 될 것 같습니다. 그러나 이것을 알고리즘으로 어떻게 결정할 수 있을까요? 이곳이 바로 트리 표현이 적용되는 부분입니다.

그림 5-5 샘플 1: 이상치를 표현하는 흰 점

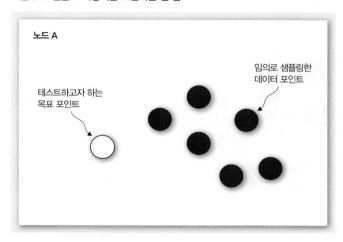

[그림 5-6]은 트리의 최상위 레벨을 나타냅니다. 최상위 레벨은 샘플의 모든 데이터 포인트를 대표하는 단일 노드입니다(테스트하려는 목표 데이터 포인트도 포함됨). 이 노드가 테스트 대상인 목표 포인트 외의 다른 데이터 포인트를 포함할 경우 검은 점으로 표시됩니다(최상위 노드는 샘플의 모든 데이터 포인트를 대표하기 때문에 항상 검게 표시됩니다).

그림 5-6 샘플 1: 레벨 1 트리는 한 그룹에 모든 데이터 포인트가 있는 노드를 나타냅니다.

[그림 5-7]은 첫 번째 세분화 후 데이터 포인트를 보여주는 그림입니다. 구분선은 데이터 포인트를 통해 무작위로 삽입됩니다. 세분화의 각 면은 트리의 노드를 나타냅니다.

그림 5-7 샘플 1: 레벨 2 데이터 포인트는 첫 번째 세분화 후 두 노드로 나뉩니다.

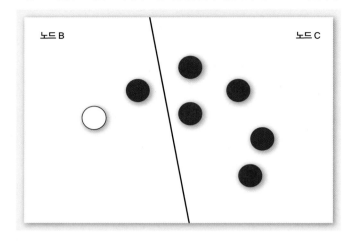

[그림 5-8]은 트리의 다음 레벨을 보여줍니다. [그림 5-7]의 왼쪽은 [그림 5-8]의 트리 왼쪽에 있는 노드 B가 되고, 오른쪽은 [그림 5-8]의 트리 오른쪽에 있는 노드 C가 됩니다. [그림 5-7]의 세분화된 다이어그램 양쪽에 적어도 하나의 검은 점을 포함하기 때문에 [그림 5-8] 트리의 두 노드는 모두 검게 표시됩니다.

그림 5-8 샘플 1: 레벨 2 트리는 두 그룹으로 분할된 데이터 포인트를 나타내며, 두 노드가 모두 검은 점으로 표시됩니다.

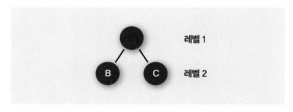

다음 단계에서 목표 데이터 포인트를 포함하는 다이어그램의 일부를 더 세분화하는데, [그림 5-9]가 그 과정을 보여줍니다. [그림 5-9] 오른쪽의 노드 C는 그대로 그대로인 반면, 왼쪽은 노드 D와 노드 E로 세분화된 것을 볼 수 있습니다. 노드 E는 목표 데이터 포인트만 포함하므로 더 이상 세분화가 필요하지 않습니다.

그림 5-9 샘플 1: 레벨 3 데이터 포인트는 데이터셋의 값에서 목표 데이터 포인트를 분리합니다.

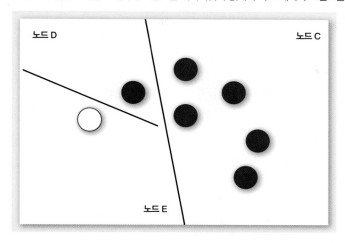

[그림 5-10]은 최종적으로 만들어진 트리를 보여줍니다. 노드 E는 목표 데이터 포인트만 포함하기 때문에 흰색으로 표시됩니다. 트리에는 세 가지 레벨이 있습니다. 트리의 레벨이 작을수록 해당 목표 데이터 포인트는 이상치일 가능성이 커집니다. 3레벨 트리는 매우 작은 트리이므로 목표 데이터 포인트가 이상치가 될 가능성이 크다는 것을 말해줍니다.

그림 5-10 샘플 1: 레벨 3 트리는 목표 데이터 포인트를 격리하기 위해 레벨 2 그룹 중 하나를 다시 분할했음을 보여줍니다.

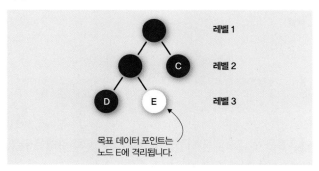

이제 목표 데이터 포인트 주위에 데이터 포인트 6개가 밀접하게 군집화된 다른 샘플을 살펴보겠습니다.

5.6.2 샘플 2

두 번째 데이터 샘플에서는 무작위로 선택된 데이터 포인트가 목표 데이터 포인트 주위에 더 가깝게 군집화되어 있습니다. 다만 목표 데이터 포인트는 샘플 1에서 사용한 것과 동일한 데이터 포인트입니다. 샘플 1과 유일한 차이점은 데이터셋에서 추출한 데이터 포인트 샘플이 다르다는 것뿐입니다. [그림 5-11]을 보면 데이터 포인트 샘플(검은 점)이 샘플 1보다 목표 데이터 포인트 주위에 더 밀접하게 모여 있음 알 수 있습니다.

그림 5-11 샘플 2: 레벨 1 데이터 포인트 및 트리는 단일 그룹의 모든 데이터 포인트를 나타냅니다.

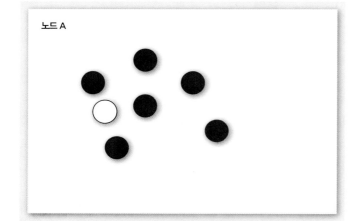

> **NOTE_** [그림 5-11] 이후의 그림에서는 트리를 데이터 포인트 다이어그램 아래에 붙여서 표시했습니다.

샘플 1과 같이 [그림 5-12]의 다이어그램은 두 그룹으로 나뉘는데, 각각 B와 C로 라벨을 붙였습니다. 두 그룹 모두 검은 점을 포함하므로 트리의 레벨 2는 검게 표시됩니다.

다음으로 목표 데이터 포인트를 포함하는 그룹이 다시 분할됩니다. [그림 5-13]은 B 그룹을 D 및 E라고 라벨이 붙은 두 그룹으로 분할하고 트리에 새 레벨을 추가한 것을 보여줍니다. 이 두 그룹 모두 검은 점을 한 개 이상 포함하므로 트리의 레벨 3도 검게 표시됩니다.

그림 5-12 샘플 2: 레벨 2의 데이터 포인트와 트리는 레벨 1 그룹이 두 그룹으로 분할되었음을 나타냅니다.

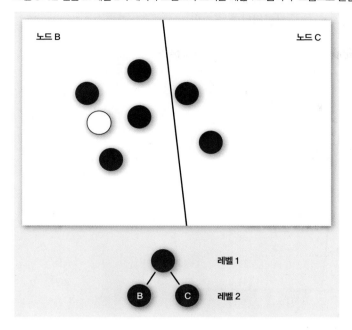

그림 5-13 샘플 2: 레벨 3의 데이터 포인트와 트리는 레벨 2 그룹 중 하나가 다시 두 그룹으로 분할되었음을 나타냅니다.

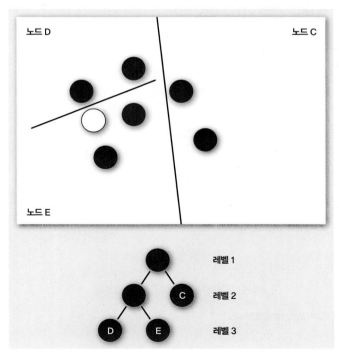

[그림 5-13]을 보면 목표 데이터 포인트가 그룹 E에 있으므로 그룹 E는 [그림 5-14]와 같이 F 와 G라고 라벨이 붙은 두 그룹으로 다시 분할됩니다.

그림 5-14 샘플 2: 레벨 4 데이터 포인트와 트리는 레벨 3 그룹 중 하나가 두 그룹으로 분할된 것을 보여줍니다.

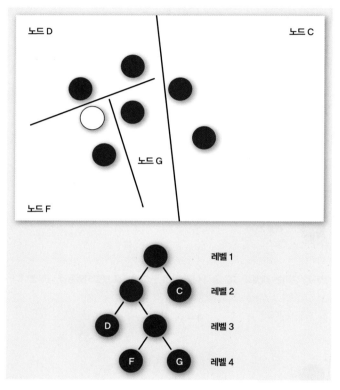

[그림 5-14]를 보면 목표 데이터 포인트는 그룹 F에 있으므로 그룹 F는 [그림 5-15]와 같이 H 와 J라고 라벨이 붙은 두 그룹으로 다시 분할됩니다. 그리고 그룹 J가 목표 데이터 포인트만 포 함하므로 트리 다이어그램에서 노드 J가 흰색으로 표시되고 더 이상 분할할 필요가 없습니다. 최종 결과 다이어그램에는 레벨이 5까지 있는데 이는 목표 데이터 포인터가 이상치일 가능성이 없다는 것을 나타냅니다.[2]

---

2 옮긴이_ 트리의 레벨이 상대적으로 크므로 이상치일 가능성이 없습니다.

그림 5-15 샘플 2: 레벨 5의 데이터 포인트와 트리는 레벨 4 그룹 중 하나가 두 그룹으로 분할되고 목표 데이터 포인트가 격리되었음을 보여줍니다.

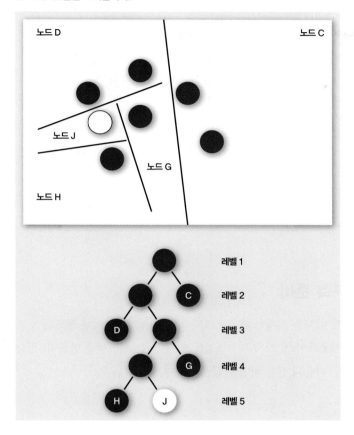

랜덤 컷 포레스트 알고리즘의 마지막 수행 단계는 트리를 숲^{forest}으로 결합하는 것입니다. 대체로 많은 샘플이 매우 작은 트리가 될 경우에는 목표 데이터 포인트가 이상치일 가능성이 높습니다. 반대로 몇 개 안 되는 샘플만 작은 트리가 될 경우에는 이상치일 가능성이 없습니다.

AWS 웹사이트의 다음 링크에서 랜덤 컷 포레스트 알고리즘에 대해 더 자세히 확인할 수 있습니다.

https://docs.aws.amazon.com/sagemaker/latest/dg/randomcutforest.html

랜덤 컷 포레스트 알고리즘에서 포레스트에 대한 리치의 설명

랜덤 컷 포레스트 알고리즘은 데이터셋을 포레스트(숲) 안의 트리 수(num_trees 하이퍼파라미터로 지정)만큼 분할합니다. 그리고 학습 도중 전체 데이터셋에서 데이터 포인트를 총 num_trees × num_samples_per_tree만큼 샘플링하는데, 샘플링 데이터를 바꾸지는 않습니다. 작은 데이터셋의 경우에는 샘플링 데이터 포인트 수를 관측되는 전체 데이터셋 수와 같게 해야 할 수도 있지만, 큰 데이터셋의 경우에는 그렇게 할 필요 없습니다.

그러나 추론하는 동안에는 새로운 데이터 포인트의 이상치 점수를 얻기 위해 포레스트에 있는 모든 트리를 순회하면서 각 트리에서의 신규 데이터 포인트에 대한 이상치 점수를 산정합니다. 그런 다음 이 점수의 평균값을 계산하여 실제로 이상 징후로 간주되어야 하는지 여부를 결정합니다.

5.7 머신러닝 모델 구축 준비

앞에서 랜덤 컷 포레스트의 동작 방식을 자세히 배웠으므로 이제 세이지메이커에 별도의 노트북을 구성하고 이 알고리즘을 사용하여 몇 가지 의사결정을 할 수 있는 시스템을 만들 수 있습니다. 2, 3, 4장에서 했던 것처럼 다음과 같은 작업을 할 것입니다.

1 S3에 데이터셋 업로드
2 세이지메이커에 노트북 구성
3 노트북 파일 업로드
4 데이터를 입력하여 노트북 실행

TIP 5장부터 읽기 시작한 독자는 아래 부록을 먼저 참조하세요. 부록에서는 이 장의 예제를 실행하는 방법을 설명합니다.

- 부록 A: 아마존의 웹서비스인 AWS에 가입
- 부록 B: AWS의 파일 스토리지 서비스인 S3 설정
- 부록 C: 세이지메이커 설정

5.7.1 S3에 데이터셋 업로드

이 장에서 사용할 데이터셋을 구성하려면 부록 B에서와 동일한 과정을 수행해야 합니다. 하지만 S3 버킷을 새로 생성할 필요는 없습니다. 이전에 생성한 버킷을 그대로 사용하면 됩니다. 이 책의 예제에서는 S3 버킷 이름을 mlforbusiness로 설정했지만 다른 이름을 사용해도 됩니다.

AWS 웹사이트에서 독자의 계정으로 로그인하고 S3 서비스 화면으로 이동하면 이전 장에서 데이터 파일을 저장하기 위해 만든 버킷을 볼 수 있습니다. 이 버킷을 클릭하면 이전 장에서 만든 폴더 ch02, ch03, ch04가 있을 것입니다. 이 장에서는 ch05라는 폴더를 만들겠습니다. Create folder를 클릭하고 프롬프트를 따라가면 새 폴더를 만들 수 있습니다. 폴더 생성이 완료되면 버킷 내의 폴더 리스트 화면으로 돌아오고 방금 생성한 ch05 폴더가 보일 것입니다.

S3 버킷에 ch05 폴더가 생성되었으므로 이 폴더에 이 장에서 사용할 데이터 파일을 업로드하고 세이지메이커로 의사결정 모델을 만들 수 있습니다. 먼저 다음 링크에서 이 장에서 사용할 데이터 파일을 다운로드합니다.

    https://s3.amazonaws.com/mlforbusiness/ch05/activities.csv

데이터 파일을 다운로드하였으면 S3 화면에서 ch05 폴더를 클릭하여 ch05 폴더로 이동한 후 Upload 버튼을 클릭하여 다운로드한 CSV 파일을 ch05 폴더에 업로드합니다. 이제 노트북 인스턴스를 구성할 준비가 되었습니다.

5.7.2 세이지메이커에 노트북 구성

이 장에서도 2장, 3장, 4장에서 했던 것과 같은 방법으로 세이지메이커에 노트북을 구성합니다. 만약 이전 장을 건너뛰고 이 장부터 읽는다면 부록 C의 세이지메이커 설정 방법을 따라 하세요.

AWS의 세이지메이커 화면으로 이동하면 이미 생성한 노트북 인스턴스를 볼 수 있습니다. 이전 장에서 만든 노트북 인스턴스(또는 부록 C의 지침에 따라 만든 노트북 인스턴스) 옆에 Open 혹은 Start가 보일 겁니다. Start가 보이면 Start를 클릭하고 세이지메이커가 노트북 인스턴스를 시작할 때까지 몇 분 정도 기다립니다. 화면에 Open Jupyter가 표시되면 이 링크를 클릭하여 노트북 파일 리스트를 볼 수 있습니다.

노트북 파일 리스트가 열리면 'New → Folder'를 클릭하여 5장에서 사용할 새 폴더를 생성합니다. 새 폴더의 이름은 기본적으로 Untitled Folder로 지정됩니다. 폴더 이름을 바꾸려면 폴더 이름 옆에 있는 체크박스를 클릭하여 선택합니다. 그러면 Rename 버튼이 나타나는데, 이 버튼을 클릭하고 폴더 이름을 ch05로 변경합니다. ch05 폴더를 클릭해보면 노트북 리스트가 하나도 없을 것입니다.

S3에 업로드할 CSV 데이터셋(activities.csv)을 미리 제공한 것처럼 이 장에서 사용할 주피터 노트북 파일 역시 미리 준비해두었습니다. 다음 링크에서 이 장에서 사용할 주피터 노트북 파일을 다운로드합니다.

https://s3.amazonaws.com/mlforbusiness/ch05/detect_suspicious_lines.ipynb

노트북 파일 리스트 화면에서 Upload 버튼을 클릭하고 방금 다운로드한 detect_suspicious_lines.ipynb 노트북 파일을 ch05 폴더에 업로드합니다. 그러면 노트북 리스트에 업로드한 노트북 파일이 보일 겁니다. 이 노트북 파일을 클릭해서 열어보세요. 이제 이전 장에서 했던 것처럼 몇 번의 키 입력만으로 머신러닝 모델을 실행할 수 있습니다.

5.8 머신러닝 모델 구축

이전 장과 마찬가지로 이 장에서도 노트북 코드를 다음 6단계로 나누어 하나씩 살펴보겠습니다.

1 데이터 로드 및 검사
2 데이터를 모델에 적합한 형태로 가공
3 학습용과 검증용 데이터셋 생성(이 예제에서는 테스트 데이터셋이 필요 없음)
4 머신러닝 모델 학습
5 머신러닝 모델 호스팅
6 모델 테스트 및 의사결정에 모델 적용

주피터 노트북의 코드 실행 방법 복습

세이지메이커는 모델의 개발과 실행을 위한 인터페이스로 주피터 노트북을 사용합니다. 주피터 노트북은 오픈 소스 기반의 데이터 사이언스 애플리케이션으로서 코드와 텍스트를 혼합하여 사용할 수 있습니다. 다음 그림처럼 코드 영역은 회색으로, 텍스트 영역은 흰색으로 구분되어 있습니다.

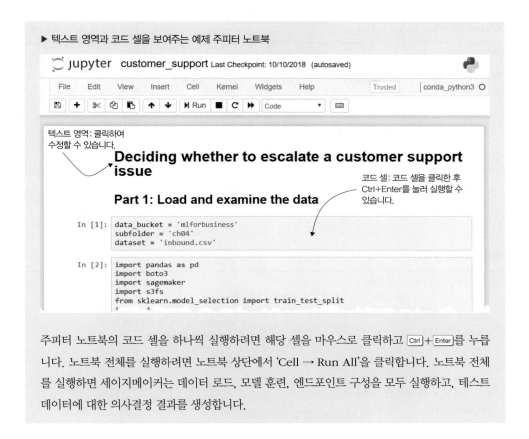

▶ 텍스트 영역과 코드 셀을 보여주는 예제 주피터 노트북

주피터 노트북의 코드 셀을 하나씩 실행하려면 해당 셀을 마우스로 클릭하고 [Ctrl]+[Enter]를 누릅니다. 노트북 전체를 실행하려면 노트북 상단에서 'Cell → Run All'을 클릭합니다. 노트북 전체를 실행하면 세이지메이커는 데이터 로드, 모델 훈련, 엔드포인트 구성을 모두 실행하고, 테스트 데이터에 대한 의사결정 결과를 생성합니다.

5.8.1 파트 1: 데이터 로드 및 검사

앞의 세 장과 마찬가지로 첫 번째 단계에서는 세이지메이커에 데이터가 저장되어 있는 위치를 알려주어야 합니다. [예제 5-1]에서 S3 버킷 이름인 mlforbusiness를 독자가 데이터를 업로드할 때 만든 버킷 이름으로 변경하고, S3 버킷의 하위 폴더 이름도 데이터를 저장한 S3의 하위 폴더 이름으로 변경하세요.

이 장 앞부분에서 S3 폴더 이름을 ch05로 했다면 폴더 이름을 변경하지 않아도 됩니다. 그리고 업로드한 CSV 파일 이름을 그대로 사용했다면 예제에서 activities.csv 라인을 변경할 필요 없습니다. 만약 파일 이름을 변경했다면 예제에서 activities.csv라고 된 부분을 변경한 CSV 파일 이름으로 수정해야 합니다. 코드를 실행하려면 코드 셀을 마우스로 클릭한 다음 [Ctrl]+[Enter]를 누릅니다.

예제 5-1 S3 버킷과 하위 폴더 설정

```
data_bucket = 'mlforbusiness'
subfolder = 'ch05'
dataset = 'activities.csv'
```

데이터가 저장되어 있는 S3 버킷

데이터 저장되어 있는 S3 버킷의 하위 폴더

모델을 학습하고 테스트하는 데 사용할 데이터셋

다음에는 세이지메이커가 데이터 준비, 머신러닝 모델 학습, 엔드포인트 설정에 사용하는 모든 파이썬 라이브러리 및 모듈을 불러옵니다. [예제 5-2]에서는 이전 장과 동일한 파이썬 모듈 및 라이브러리를 불러옵니다.

예제 5-2 모듈 불러오기

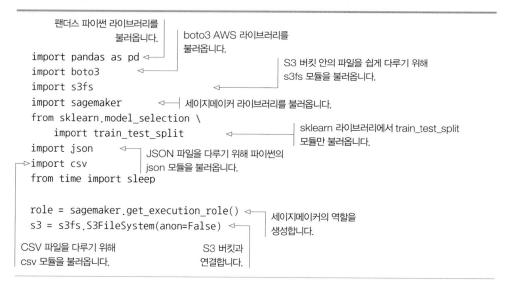

```
import pandas as pd
import boto3
import s3fs
import sagemaker
from sklearn.model_selection \
    import train_test_split
import json
import csv
from time import sleep

role = sagemaker.get_execution_role()
s3 = s3fs.S3FileSystem(anon=False)
```

팬더스 파이썬 라이브러리를 불러옵니다.

boto3 AWS 라이브러리를 불러옵니다.

S3 버킷 안의 파일을 쉽게 다루기 위해 s3fs 모듈을 불러옵니다.

세이지메이커 라이브러리를 불러옵니다.

sklearn 라이브러리에서 train_test_split 모듈만 불러옵니다.

JSON 파일을 다루기 위해 파이썬의 json 모듈을 불러옵니다.

세이지메이커의 역할을 생성합니다.

CSV 파일을 다루기 위해 csv 모듈을 불러옵니다.

S3 버킷과 연결합니다.

데이터셋에는 지난 3개월 동안 변호사 그룹이 처리한 모든 사건의 비용 청구 항목 라인이 포함되어 있습니다. 이 데이터셋에는 청구서 2,000개가 들어 있는 100,000라인 정도의 청구 항목이 있습니다(청구서 당 청구 항목이 50라인). 이 데이터셋의 열은 다음과 같습니다.

- **Matter Number**: 각 청구서의 식별자. 두 라인에 동일한 사건 번호가 있는 경우 동일한 청구서에 대한 청구 항목 라인이라는 것을 의미합니다.
- **Firm Name**: 법률사무소의 이름
- **Matter Type**: 청구서와 관련된 활동의 유형

- **Resource**: 활동을 수행하는 리소스
- **Activity**: 리소스가 수행하는 활동
- **Minutes**: 활동을 수행하는 시간으로 분 단위로 기재
- **Fee**: 리소스의 시간당 요금
- **Total**: 총 요금
- **Error**: 청구서의 각 항목 라인에 오류가 있는지 여부

> **NOTE_** Error 열은 학습 중에는 사용되지 않습니다. 이 장의 시나리오에서 이 정보는 법률사무소에 연락해서 해당 청구 항목의 오류 여부를 확인하기 전까지는 알 수 없기 때문입니다. 이 필드는 모델이 얼마나 잘 작동하는지 확인하기 위해 포함시켰습니다.

다음에는 데이터를 로드하고 살펴볼 것입니다. [예제 5-3]에서는 activities.csv 파일의 CSV 데이터를 읽어서 팬더스 데이터프레임에 저장하고 이 중 일부 행을 화면에 출력합니다. 예제에서는 팬더스 데이터프레임의 행을 표시할 때 이전과는 다른 방식을 사용합니다. 이전에는 head() 함수를 사용해서 처음 5행을 출력했는데, 이번에는 특정 행을 출력하기 위해 명시적으로 행 번호를 지정했습니다.

예제 5-3 데이터 로드 및 조회

```
df = pd.read_csv(
    f's3://{data_bucket}/{subfolder}/{dataset}')    ◁── [예제 5-1]에서 지정한
                                                          S3 데이터셋을 읽습니다.
display(df[5:8])    ◁── 데이터프레임에서 3행(5, 6, 7행)을
                        출력합니다.
```

예제에서 처음 5행에는 오류가 없습니다. 행에 오류가 표시되는지 여부는 가장 오른쪽 Error 열을 보면 알 수 있습니다. 5, 6, 7행을 표기한 이유는 Error = False인 행과 Error = True인 행을 모두 보기 위해서입니다. 5, 6 ,7행에는 Error = False인 행이 두 개 있고, Error = True 인 행이 한 개 있습니다. [표 5-2]는 display(df[5:8])을 실행한 결과를 보여줍니다.

표 5-2 청구 항목 데이터셋에 대해 display(df[5:8])을 수행하여 3행을 출력

Row number	Matter Number	Firm Name	Matter Type	Resource	Activity	Minutes	Fee	Total	Error
5	0	Cox Group	Antitrust	Paralegal	Attend Court	110	50	91.67	False
6	0	Cox Group	Antitrust	Junior	Attend Court	505	150	1262.50	True
7	0	Cox Group	Antitrust	Paralegal	Attend Meeting	60	50	50.00	False

[예제 5-4]에서는 팬더스의 value_counts 함수를 사용하여 오류율을 결정합니다. 데이터의 100,000개 행 중 약 2,000개 행에 오류가 있으므로 오류율이 약 2%입니다. 실제 상황의 시나리오에서는 오류율을 알 수 없으므로 별도의 작은 프로젝트를 수행하여 청구서 항목을 샘플링하고 오류율을 산출해야 할 수도 있습니다.

예제 5-4 오류율 표시

```
[id="esc
----
df['Error'].value_counts()    ◀── 오류율 표시: False는 오류 없음,
----                               True는 오류
```

다음은 [예제 5-4]를 실행한 결과입니다.

▶ Error = False인 청구 항목 라인 수와 Error = True인 청구 항목 라인 수

```
False    103935
True       2030
Name: escalate, dtype: int64
```

[예제 5-5]는 사건, 리소스 및 활동의 유형을 보여줍니다.

예제 5-5 데이터 유형

```
print(f'Number of rows in dataset: {df.shape[0]}')
print()
print('Matter types:')
print(df['Matter Type'].value_counts())
```

```
print()
print('Resources:')
print(df['Resource'].value_counts())
print()
print('Activities:')
print(df['Activity'].value_counts())
```

다음은 [예제 5-5]를 실행한 결과입니다. 사건 유형은 독점 금지에서 증권 소송까지 10가지가 있음을 알 수 있습니다. 리소스 유형은 법무사에서 파트너까지 4가지가 있고, 활동 유형은 전화 통화, 회의 참석, 법원 출석, 미팅 참석의 4가지가 있습니다.

▶ 데이터 유형 결과

```
Number of rows in dataset: 105965

Matter types:
Antitrust              23922
Insolvency             16499
IPO                    14236
Commercial arbitration 12927
Project finance        11776
M&A                     6460
Structured finance      5498
Asset recovery          4913
Tax planning            4871
Securities litigation   4863
Name: Matter Type, dtype: int64


Resources:
Partner     26587
Junior      26543
Paralegal   26519
Senior      26316
Name: Resource, dtype: int64
*
Activities:
Prepare Opinion   26605
Phone Call        26586
Attend Court      26405
Attend Meeting    26369
Name: Activity, dtype: int64
```

머신러닝 모델은 위와 같은 특성 정보를 사용하여 오류 가능성이 충분한 청구 항목 라인을 찾아냅니다. 다음 절에서는 이러한 특성 정보를 가공하여 머신러닝 모델에 적합한 모양으로 만들 것입니다.

5.8.2 파트 2: 데이터를 모델에 적합한 형태로 가공

앞 절에서 데이터를 로드하였으므로 이제 로드한 데이터를 작업하기 적합한 형태로 가공해야 합니다. 다음 몇 가지 단계로 이 작업을 수행합니다.

- 범주형 데이터를 숫자 데이터로 변경
- 데이터셋을 학습 및 검증 데이터로 분할
- 불필요한 열 제거

이 노트북에서 사용할 머신러닝 알고리즘은 랜덤 컷 포레스트입니다. 2장과 3장에서 사용한 XG부스트 알고리즘과 마찬가지로 랜덤 컷 포레스트는 텍스트 값을 처리할 수 없으며 모든 데이터 값은 숫자여야 합니다. 또한 2장과 3장에서와 같이 팬더스의 get_dummies 함수를 사용하여 Matter Type, Resource, Activity 열에 들어 있는 각기 다른 텍스트 값에 대해 각각 새로운 열을 만들고 0 또는 1 값으로 채울 것입니다. 예를 들어 열 3개를 가진 [표 5-3]은 열 4개를 가진 테이블로 변환됩니다.

표 5-3 get_dummies 함수를 적용하기 전의 데이터

Matter Number	Matter Type	Resource
0	Antitrust	Paralegal
0	Antitrust	Partner

변환된 테이블(표 5-4)은 열 4개를 가지는데, 열의 각 고윳값에 대해 추가 열이 만들어지기 때문입니다. [표 5-3]의 Resource 열에는 고윳값이 두 개 있기 때문에 해당 열이 두 개로 분할됩니다. 즉, Resource의 각 유형별로 열 1개씩 생성됩니다.

표 5-4 get_dummies 함수를 적용한 후의 데이터

Matter Number	Matter_Type_Antitrust	Resource_Paralegal	Resource_Partner
0	1	1	0
0	1	0	1

[예제 5-6]에서 원본 팬더스 데이터프레임인 df의 get_dummies( ) 함수를 호출하여 endcoded_df라는 새로운 팬더스 데이터프레임을 생성합니다. 그리고 여기에 head(3) 함수를 호출하여 처음 3행을 출력합니다.

앞에서 한 작업은 모든 고윳값에 대해 새로운 열이 생성되기 때문에 매우 많은 열을 가지는 데이터셋이 만들어질 수 있음을 주의해야 합니다. 이 장에서 작업하는 데이터프레임은 9열의 테이블에서 24열의 테이블로 증가합니다. 테이블의 너비를 계산하려면 get_dummies 함수를 적용하는 열의 개수는 빼고, 그 열의 고유한 값의 개수를 더해야 합니다. 따라서 원래 9열의 테이블은 get_dummies 함수를 적용하는 열 3개를 빼면 6열의 테이블이 됩니다. 그런 다음 Matter Type 열의 각 고윳값에 대해 열 10개가 추가되고, Resource 열과 Activity 열의 고윳값에 대해 각각 열 4개씩 추가되기 때문에 24열을 가지는 테이블로 확장됩니다.

예제 5-6 get_dummies 함수를 사용하여 텍스트 데이터를 숫자 데이터로 변환

```
encoded_df = pd.get_dummies(
    df,
    columns=['Matter Type','Resource','Activity'])    ◁ ── 열 3개를 각 고윳값에 대해 새로운
encoded_df.head(3)    ◁ ──                                  열을 추가하도록 변환합니다.
                          새로 생성된 데이터프레임의
                          처음 3행을 출력합니다.
```

5.8.3 파트 3: 학습용과 검증용 데이터셋 생성

이제 데이터셋을 학습용 데이터와 검증용 데이터로 분할해야 합니다. 이 노트북에는 테스트용 데이터가 없다는 점을 유의하세요. 실제 상황에서 데이터를 테스트하는 가장 좋은 방법은 머신러닝 알고리즘 사용 전후의 오류 탐색 성공 비율을 비교하는 것일 수 있습니다.

테스트 크기를 0.2로 지정할 경우 데이터의 80%를 학습용 데이터프레임에 할당하고 20%를 검증용 데이터프레임에 할당합니다. 데이터셋을 학습용과 검증용으로 나눌 때 일반적으로 데이터의 70%를 학습용 데이터셋에 할당하고, 20%를 테스트용으로 할당하며, 10%를 검증용으로 할당합니다. 이 장에서 사용하는 데이터셋의 경우 브렛의 데이터를 학습용과 검증용 데이터셋으로만 분할합니다. 테스트용 데이터는 생성하지 않습니다.

```
train_df, val_df, _, _ = train_test_split(
    encoded_df,
    encoded_df['Error'],
    test_size=0.2,                    학습용과 검증용 데이터셋을
    random_state=0)                   생성합니다.
train_df_no_result = train_df.drop(['Error','Firm Name'], axis=1)
val_df_no_result = val_df.drop(['Error','Firm Name'], axis=1)
print(f'{train_df.shape[0]} rows in training data')      학습용 데이터의 행 수를
                                                         출력합니다.
print(f'{val_df.shape[0]} rows in validation data')
                                          검증용 데이터의 행 수를
                                          출력합니다.
```

앞의 작업으로 세이지메이커에 사용할 데이터를 생성했으므로 모델을 학습할 준비가 되었습니다.

5.8.4 파트 4: 머신러닝 모델 학습

[예제 5-8]을 보면 RandomCutForest 모듈을 불러오고, 이 모듈과 같은 이름의 함수에 학습 관련 파라미터를 설정하고, rcf 변수에 결과를 저장합니다. 이 모든 것이 RandomCutForest 함수의 마지막 두 파라미터를 제외하고는 이전 장의 모델 학습 작업을 설정하는 방법과 매우 유사합니다.

num_samples_per_tree 파라미터는 각 트리에 포함되는 샘플 수를 설정합니다. 트리를 5.6절의 샘플에서 본 그래프 형태로 생각할 때 이 파라미터 값은 한 트리에 속하는 검은 점의 수로 생각할 수 있습니다. 트리당 샘플이 많은 경우 함수가 목표 포인트만 포함하는 부분을 만들기 전까지 트리가 매우 커질 수 있습니다. 큰 트리는 작은 트리보다 계산하는 데 시간이 오래 걸립니다. AWS는 트리당 100개의 샘플로 시작하는 것을 추천하는데, 이 정도가 속도와 크기를 고려했을 때 좋은 중간 지점이기 때문입니다.

num_trees 파라미터는 트리 수(검은 점의 그룹)를 지정하는 파라미터입니다. 이 파라미터는 예상되는 오류율에 근사하게 설정해야 합니다. 이 장의 데이터셋에서는 오류율이 약 2%(또는 1/50)로 나오므로 트리 수를 50개로 설정합니다. [예제 5-8]의 마지막 코드 라인은 모델 학습 작업을 실행하고 모델을 생성하는 코드입니다.

예제 5-8 모델 학습

```python
from sagemaker import RandomCutForest

session = sagemaker.Session()

rcf = RandomCutForest(role=role,
                      train_instance_count=1,
                      train_instance_type='ml.m4.xlarge',
                      data_location=f's3://{data_bucket}/{subfolder}/',
                      output_path=f's3://{data_bucket}/{subfolder}/output',
                      num_samples_per_tree=100,      ← 트리당 샘플 수
                      num_trees=50)       ←
                                                     트리 수
rcf.fit(rcf.record_set(train_df_no_result.values))
```

5.8.5 파트 5: 머신러닝 모델 호스팅

이제 학습 모델이 생성되었으므로 세이지메이커에 학습 모델을 호스팅하여 의사결정을 내릴 준비가 되었습니다. 이 장의 예제 노트북을 이미 실행한 경우 엔드포인트가 생성되어 있을 것입니다. [예제 5-9]는 사용하지 않는 엔드포인트에 대한 비용을 지불하지 않기 위해 이미 생성된 엔드포인트를 삭제합니다.

예제 5-9 모델 호스팅: 이미 생성된 엔드포인트 삭제

```python
                                        엔드포인트의 중복 생성을 막기 위해
                                        엔드포인트 이름을 지정합니다.
endpoint_name = 'suspicious-lines'  ←
try:                                         지정한 이름으로 생성되어 있는
                                             엔드포인트를 삭제합니다.
    session.delete_endpoint(endpoint_name)  ←
    print('Warning: Existing endpoint deleted to make way for your new endpoint.')
    sleep(30)
except:
    pass
```

[예제 5-10]에서는 엔드포인트를 생성하고 배포합니다. 세이지메이커는 확장성이 매우 뛰어나서 매우 큰 데이터셋도 처리할 수 있습니다. 이 책에서 사용하는 데이터셋의 경우 엔드포인트를 호스팅하는 데 t2.medium 유형의 서버만 사용해도 됩니다.

```
rcf_endpoint = rcf.deploy(
    initial_instance_count=1,            ◄──── 엔드포인트를 호스팅하는
    instance_type='ml.t2.medium'         ◄──      서버 수
)                                               서버 유형
```

다음은 엔드포인트로부터 추론 결과를 가져와 사용자가 쉽게 작업할 수 있는 포맷으로 변환하는 코드입니다.

예제 5-11 모델 호스팅: 추론 결과를 작업하기 용이한 포맷으로 변환

```
from sagemaker.predictor import csv_serializer, json_deserializer

rcf_endpoint.content_type = 'text/csv'
rcf_endpoint.serializer = csv_serializer
rcf_endpoint.accept = 'application/json'
rcf_endpoint.deserializer = json_deserializer
```

5.8.6 파트 6: 모델 테스트

이제 [예제 5-12]와 같이 검증 데이터에 대한 이상치를 계산할 수 있습니다. 여기서는 val_df_no_result 데이터셋이 Error 열을 포함하지 않기 때문에(학습 데이터에 Error 열이 포함되지 않은 것처럼) 이 데이터셋을 사용합니다. 그런 다음 새로운 scores_df 데이터프레임에 rcf_endpoint.predict 함수에서 반환한 숫자로 된 결괏값을 저장합니다. 그런 다음 scores_df와 val_df 데이터프레임을 결합합니다. 이렇게 하면 학습 데이터의 각 행에 랜덤 컷 포레스트 알고리즘의 점수를 연결하여 볼 수 있습니다.

예제 5-12 검증 데이터에 스코어 추가

```
results = rcf_endpoint.predict(         val_df_no_result 데이터프레임을      추론 결과를 저장하는 새로운
    val_df_no_result.values)   ◄──      입력으로 추론 결과를 받습니다.       데이터프레임을 생성합니다.
scores_df = pd.DataFrame(results['scores'])                        ◄──
val_df = val_df.reset_index(drop=True)   ◄──┐
results_df = pd.concat(                        val_df 데이터프레임의 인덱스가 0부터
    [val_df, scores_df], axis=1)  ◄──          시작하도록 인덱스를 초기화합니다.
                                          val_df와 scores_df 데이터프레임의 컬럼을 결합하여
                                          results_df 데이터프레임에 저장합니다.
```

```
results_df['Error'].value_counts()  ◀──
```
results_df 데이터프레임에서 오류 수
(Error 컬럼의 값 수)를 출력합니다.

데이터를 결합하기 위해 [예제 5-12]에서는 팬더스 라이브러리의 concat 함수를 사용했습니다. 이 함수는 데이터프레임의 인덱스를 사용하여 두 데이터프레임을 결합합니다. axis 파라미터가 0인 경우 행을 결합하고, 1인 경우 열을 결합합니다.

scores_df 데이터프레임을 새로 생성했으므로 행의 인덱스는 0에서 21,192까지 생성됩니다 (val_df 및 scores_df 데이터프레임에 21,193개의 행이 있기 때문). 따라서 val_df 데이터프레임의 인덱스를 초기화하여 0부터 시작되도록 하였습니다. 이렇게 하면 이 두 데이터프레임을 결합할 때 scores_df 데이터프레임에 있는 스코어가 val_df 데이터프레임의 각 행에 정확하게 들어가게 됩니다.

다음 결과를 보면 검증 데이터셋(val_df)에 정상 거래 20,79건과 오류 거래 402건(val_df 데이터프레임의 Error 열 기준)이 있음을 확인할 수 있습니다.

▶ 오류 거래 행 검토

```
False    20791    ◀──┤ 오류 거래를 포함하지 않는 행 수
True       402    ◀──┤ 오류 거래를 포함한 행 수
Name: Error, dtype: int64
```

브렛은 법률사무소의 오류 중 절반 정도를 포착하면 변호사들의 행동을 은행이 원하는 대로 유도하기에 충분하다고 믿습니다. 이 정도로 발견한다면 변호사들이 정확하게 청구서를 작성하지 않을 경우 청구서에 대해 추가 정보 제공을 요구할 것이라는 것을 분명히 알게 되기 때문에 비용 청구를 정확하게 하게 될 것입니다.

추론 결과 중 스코어를 기준으로 상위 절반의 스코어에 해당하는 오류를 찾아내려면 팬더스의 median 함수를 사용하여 오류의 중앙값을 식별한 다음 results_above_cutoff 데이터프레임을 만들어 저장합니다(예제 5-13). 이 값이 중앙값인지 확인하기 위해 데이터프레임의 Error 열의 값 수를 확인해보면 데이터프레임에 행이 201개 있음을 알 수 있습니다(val_df 데이터프레임의 총 오류 수의 절반입니다).

다음 예제는 스코어가 중앙값보다 큰 행 수를 계산합니다.

예제 5-13 1.5(스코어의 중앙값)보다 큰 오류 계산

```
score_cutoff = results_df[
    results_df['Error'] == True]['score'].median()
print(f'Score cutoff: {score_cutoff}')
results_above_cutoff = results_df[
    results_df['score'] > score_cutoff]
results_above_cutoff['Error'].value_counts()
```

results_df 데이터프레임에서 Error 열의 값이 True인 행(즉, 오류 거래인 건)의 스코어의 중앙값을 계산하여 score_cutoff에 저장합니다.

score 값이 score_cutoff 값보다 큰 행을 추출하여 results_above_cutoff 데이터프레임에 저장합니다.

results_above_cutoff 데이터프레임의 Error 열 값을 기준으로 한 행 수를 출력합니다.

다음은 중앙값보다 큰 참 긍정(진짜 오류)의 수와 거짓 긍정(오류가 아닌데 오류로 추론한 것)의 수를 보여줍니다.

▶ 거짓 긍정 확인

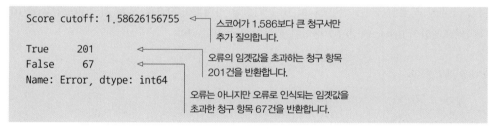

```
Score cutoff: 1.58626156755

True     201
False     67
Name: Error, dtype: int64
```

스코어가 1.586보다 큰 청구서만 추가 질의합니다.

오류의 임곗값을 초과하는 청구 항목 201건을 반환합니다.

오류는 아니지만 오류로 인식되는 임곗값을 초과한 청구 항목 67건을 반환합니다.

Error 열의 value_counts에서 알 수 있듯이 오류가 아닌 행 67개에 대해서도 법률사무소에 추가 질의를 하고 있습니다. 브렛은 이 정도면 그의 팀이 일반적으로 얻을 수 있는 것보다 더 나은 적중률이라고 말합니다. 이 정보를 사용하면 모델의 성능을 설명할 수 있는 두 가지 주요 비율인 **재현율**recall과 **정밀도**precision를 알 수 있습니다.

• 재현율은 오류 청구 항목의 총 수에 대해 올바르게 식별된 오류의 비율입니다.
• 정밀도는 오류로 예측된 청구 항목의 총 수에 대해 올바르게 식별된 오류의 비율입니다.

이러한 개념은 예를 들면 더 쉽게 이해할 수 있습니다. 이 분석에서 재현율과 정밀도를 계산할 수 있게 하는 주요 수치는 다음과 같습니다.

• 검증 데이터셋에는 오류가 402개 있습니다.
• 법률사무소가 제출한 잘못된 청구 항목의 절반을 식별하기 위해 컷오프를 설정했습니다(청구 항목 201개).
• 이렇게 컷오프를 설정하면 67개의 올바른 청구 항목을 오류로 잘못 인식합니다.

재현율은 식별된 오류 수를 총 오류 수로 나눈 값입니다. 컷오프 값으로 score의 중앙값을 사용하기로 했기 때문에 재현율은 항상 50%가 될 것입니다.

정밀도는 정확하게 식별된 오류 수를 예측된 총 오류 수로 나눈 값입니다. 예측된 총 오류 수는 268(201+67)입니다. 따라서 정밀도는 201/268, 즉 75%입니다.

앞에서 컷오프를 정의했으므로 다음 예제에서 볼 수 있듯이 results_df 데이터프레임에 새로운 열을 만들어 score 값이 컷오프를 초과하는 행에 대해서는 True 값을 설정하고, 컷오프보다 작은 행에 대해서는 False 값을 설정할 수 있습니다.

예제 5-14 팬더스 데이터프레임에 청구서의 오류 유무를 추론한 결과를 넣고 화면에 출력

```
results_df['Prediction'] = \
    results_df['score'] > score_cutoff
results_df.head()
```

score가 컷오프보다 클 경우 Prediction 컬럼에 True 값을 설정합니다.

결과를 화면에 출력합니다.

이제 최종 데이터셋(results_df)은 검증 데이터셋의 각 청구 항목에 대한 추론 결과를 포함하여 보여줍니다.

연습 문제

1 val_df 데이터셋의 356번째 행의 score는 무엇일까요?

2 예측 함수에 연습 문제 1번의 결과로 얻어진 단일 행을 입력하여 이 행에 대해서만 score를 얻으려면 어떻게 해야 할까요?

5.9 엔드포인트 삭제와 노트북 인스턴스 중지

사용하지 않는 노트북 인스턴스를 종료하고 엔드포인트를 삭제하는 것은 비용 측면에서 매우 중요합니다. 사용하지 않는 세이지메이커 서비스에 대한 요금이 부과되는 것을 막기 위해서입니다.

5.9.1 엔드포인트 삭제

부록 D는 세이지메이커 콘솔 화면에서 노트북 인스턴스를 종료하고 엔드포인트를 삭제하는 방법을 자세하게 설명하고 있지만, 다음 예제의 코드로도 엔드포인트를 삭제할 수 있습니다.

예제 **5-15** 엔드포인트 삭제

```
# Remove the endpoint (optional)
# Comment out this cell if you want the endpoint to persist after Run All
sagemaker.Session().delete_endpoint(rcf_endpoint.endpoint)
```

[예제 5-15]에서 맨 마지막 라인이 주석 처리되어 있으면 먼저 주석을 해제해야 합니다(예제에서는 해당 코드가 주석 처리되어 있지 않으므로 주석을 해제할 필요가 없습니다). 그리고 나서 코드 셀을 마우스로 클릭한 다음 [Ctrl]+[Enter]를 눌러 코드를 실행하면 엔드포인트가 삭제됩니다.

5.9.2 노트북 인스턴스 중지

노트북을 중지하려면 세이지메이커가 열려 있는 브라우저 탭으로 돌아갑니다. 세이지메이커 왼쪽 메뉴에서 'Notebook instances'를 클릭하여 사용 중인 노트북 인스턴스를 조회할 수 있습니다. 다음 그림과 같이 노트북 인스턴스 이름 왼쪽에 있는 라디오 버튼을 클릭하여 선택하고 'Actions → Stop'을 클릭하면 선택한 노트북이 중지됩니다. 노트북이 중지되기까지 몇 분 정도 소요됩니다.

그림 **5-16** 노트북 인스턴스 중지

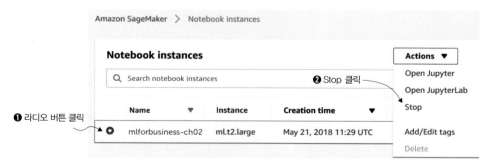

5.10 엔드포인트 삭제 여부 확인

노트북에서 코드로 엔드포인트를 삭제하지 않았다면(혹은 엔드포인트가 삭제되었는지 확인하려면) 세이지메이커 콘솔 화면에서 이 작업을 수행할 수 있습니다. 엔드포인트를 삭제하려면 엔드포인트 이름 왼쪽에 있는 라디오 버튼을 클릭하고 'Actions → Delete'를 클릭합니다.

엔드포인트를 모두 삭제하면 AWS는 더 이상 과금을 하지 않을 것입니다. 이를 확인하려면 세이지메이커의 엔드포인트 페이지에 'There are currently no resources'라는 메시지가 표시되어 있는지 보면 됩니다.

그림 5-17 엔드포인트 삭제 확인

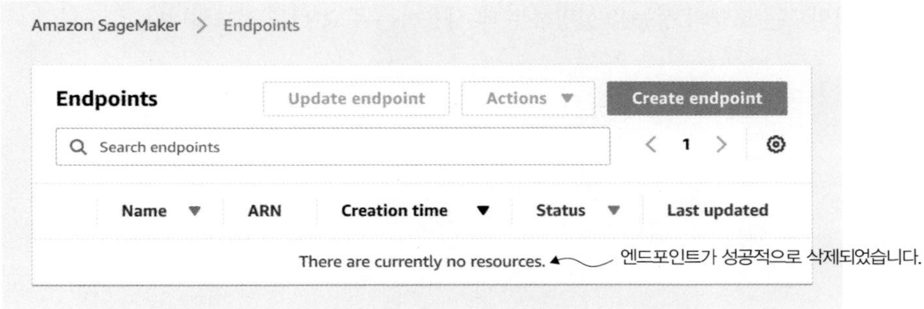

브렛 팀은 이제 변호사로부터 받은 각 청구서를 머신러닝 모델에 입력하고 실행하여 청구서에 대해 추가 질의할지 여부를 몇 초 안에 결정할 수 있습니다. 이제 브렛 팀은 청구서에 대해 추가 질의 여부를 판단하는 일보다는 추가 질의에 대한 법률사무소의 답변의 적합성을 평가하는 데 집중할 수 있습니다. 브렛 팀은 동일한 노력으로 훨씬 더 많은 청구서를 처리할 수 있게 되었습니다.

5.11 요약

• 알고리즘으로 달성하려는 목표를 파악하세요. 브렛의 경우 알고리즘이 청구 항목의 모든 오류를 식별할 필요는 없으며, 법률사무소의 올바른 행동을 유도하기에 충분한 청구 항목만 식별하면 됩니다.

- 가공 데이터는 분석가가 생성한 데이터로서 실제 세계에서 발견되는 실제 데이터와는 다릅니다. 좋은 실제 데이터셋은 일반적으로 좀 더 세부적인 뉘앙스를 포함하기 때문에 가공 데이터로 작업하는 것보다 더 많은 의미를 발견할 수 있습니다.

- 비지도학습을 사용하여 라벨링된 데이터가 없을 때의 문제점을 해결할 수 있습니다.

- 지도학습 알고리즘과 비지도학습 알고리즘의 차이점은 비지도학습 알고리즘에는 라벨링된 데이터를 제공하지 않는다는 것입니다. 데이터만 제공하더라도 알고리즘이 데이터를 해석하는 방법을 결정합니다.

- 이상치는 데이터에서 일반적이지 않은 특이점을 가지고 있는 데이터 포인트입니다.

- 랜덤 컷 포레스트는 이상치를 식별할 때의 근본적인 어려움을 해결하는 데 사용할 수 있습니다.

- 재현율과 정밀도는 모델의 성능을 설명하는 데 사용하는 주요 비율 정보입니다.

## CHAPTER 6

월간 전력 사용량 예측

이 장의 내용

- 시계열 분석을 위한 데이터 준비
- 주피터 노트북에서 데이터 시각화
- 예측을 위한 신경망 사용 방법
- 전력 사용량 예측을 위한 DeepAR 사용 방법

키아라는 전국에 지점 48개를 보유한 소매 체인 회사에서 일하고 있습니다. 그녀는 엔지니어이며, 매달 상사에게 다음 달의 전력 사용량을 추정하여 보고합니다. 키아라는 전임자한테 배운 절차에 따라 다음 달 전력 사용량을 추정하는데, 이 추정치는 작년 같은 달에 소비한 전력 사용량에 신규 매장 수와 폐업한 매장 수를 보정하여 산출합니다. 그녀의 상사는 이 추정치를 시설관리팀에 보내 활동 계획을 수립하게 하고, 회계팀에도 보내 지출을 예측하게 합니다. 여기서 문제는 키아라의 추정치가 항상 정확하지 않았다는 것입니다(어떨 때는 추정치가 매우 차이나기도 합니다).

엔지니어로서 그녀는 이 문제를 해결하기 위해 더 좋은 방법이 있을 거라고 생각합니다. 이 장에서는 세이지메이커를 사용하여 키아라가 전력 사용량을 더 잘 추정할 수 있도록 도울 것입니다.

6.1 이 장의 의사결정 사항

이 장은 이전 장들과는 조금 다른 내용을 다루고 있습니다. 이전까지는 의사결정을 할 때 지도

학습이나 비지도학습 알고리즘을 사용했습니다. 그러면서 사용하는 알고리즘의 작동 방식을 설명했고, 그다음에 실제 데이터를 알고리즘에 적용했습니다. 이 장에서는 키아라의 회사가 다음 달의 전력 사용량을 예측하기 위해 **신경망**neural network을 사용합니다.

신경망은 지금까지 다룬 머신러닝 알고리즘보다 직관적으로 이해하기 훨씬 어렵습니다. 이 장에서는 신경망 알고리즘에 대한 심도 깊은 설명보다는 신경망의 결과에 초점을 맞춰 설명하겠습니다. 따라서 신경망의 동작 방식 대한 이론 대신 신경망을 사용하여 시계열 이벤트를 예측하는 방법과 예측 결과를 해석하는 방법을 설명하겠습니다. 즉, 이 장에서는 신경망의 'why'(어떻게 동작하는지 혹은 추론의 이론적 근거)를 자세히 배우기보다는 'how'(알고리즘을 사용하는 방법)를 배울 것입니다.

[그림 6-1]은 2018년 10월 중순부터 2018년 11월 말까지 6주 동안 키아라가 예측하는 매장 중 한 곳의 실제 전력 사용량과 예측값을 보여줍니다. 이 매장의 전력 사용량은 평일에는 높고 일요일에는 매우 낮은 패턴을 보이고 있으며, 이 패턴은 주별로 나타납니다.

그림 6-1 2018년 11월 한 달 동안 키아라의 한 매장의 전력 사용량 예측값과 실젯값

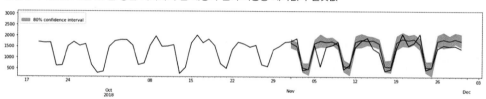

음영으로 표시한 영역은 키아라가 정확도 80%로 예측한 범위를 보여줍니다. 키아라가 계산한 예측의 평균 오차는 5.7%입니다. 즉, 어떠한 예측을 하더라도 실젯값이 예측값의 5.7% 이내에 있을 가능성이 높다는 것을 의미합니다. 세이지메이커를 사용하면 신경망의 내부 기능과 동작 방식을 깊이 이해하지 않고도 이 모든 작업을 할 수 있습니다. 또한 신경망 사용 방법 위주로 이해해도 신경망을 업무에 적용하는 데 큰 무리는 없을 것입니다.

신경망이 시계열 예측에 어떻게 사용될 수 있는지 이해하려면 먼저 시계열 예측이 왜 까다로운지부터 이해해야 합니다. 일단 그 이유를 이해하고 나면 신경망이 무엇이고, 신경망을 시계열 예측에 어떻게 적용할 수 있는지 알게 될 것입니다. 그런 다음 본격적으로 세이지메이커를 동작시켜서 실제 데이터로 신경망이 어떻게 동작하는지 확인해보도록 하겠습니다.

6.1.1 시계열 데이터

시계열 데이터는 특정 간격의 여러 관측 데이터로 구성됩니다. 예를 들어 체중의 시계열 데이터를 만든다면 1년 동안 매달 1일에 체중을 기록할 수 있을 것입니다. 이 경우 시계열 데이터는 각 달에 측정한 관측치 숫자 12개로 구성됩니다. [표 6-1]은 이 시계열 데이터가 어떤 모습인지 보여주고 있습니다.

표 6-1 이 책의 저자 중 한 명인 더그의 지난 1년간 몸무게를 보여주는 시계열 데이터

Date	Weight(kg)
2018-01-01	75
2018-02-01	73
2018-03-01	72
2018-04-01	71
2018-05-01	72
2018-06-01	71
2018-07-01	70
2018-08-01	73
2018-09-01	70
2018-10-01	69
2018-11-01	72
2018-12-01	74

데이터를 표로 보면 꽤 지루하고 제대로 이해하기 어렵습니다. 데이터를 보는 가장 좋은 방법은 라인 차트를 사용하는 것입니다. [그림 6-2]는 동일한 데이터를 차트로 보여줍니다.

그림 6-2 지난 1년간 몸무게의 시계열 데이터(표 6-1)를 표현하는 라인 차트

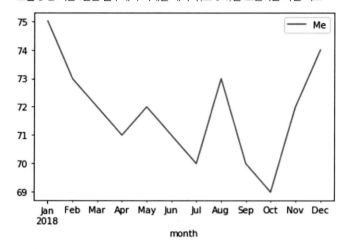

[표 6-1]의 시계열 데이터를 보면 날짜는 왼쪽에 있고 몸무게는 오른쪽에 있습니다. 여기에 가족 전체의 체중 시계열을 기록하려고 한다면 가족 구성원에 대한 열을 추가하면 됩니다. [표 6-2]는 더그(Me로 표기됨)와 더그 가족의 1년간 몸무게를 보여줍니다.

표 6-2 가족 구성원의 1년간 몸무게를 킬로그램 단위로 보여주는 시계열 데이터

Date	Me	Spouse	Child 1	Child 2
2018-01-01	75	52	38	67
2018-02-01	73	52	39	68
2018-03-01	72	53	40	65
2018-04-01	71	53	41	63
2018-05-01	72	54	42	64
2018-06-01	71	54	42	65
2018-07-01	70	55	42	65
2018-08-01	73	55	43	66
2018-09-01	70	56	44	65
2018-10-01	69	57	45	66
2018-11-01	72	57	46	66
2018-12-01	74	57	46	66

[표 6-2]의 데이터를 [그림 6-3]과 같이 4개로 분리된 차트로 시각화할 수 있습니다.

그림 6-3 가족 구성원의 1년간 몸무게의 시계열 데이터(표 6-2)를 표현하는 라인 차트

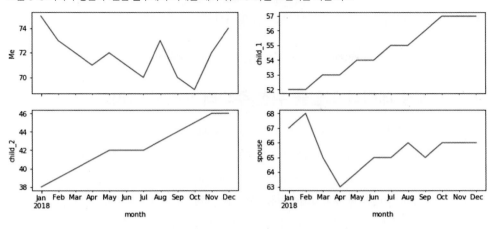

이 장과 다음 장에서는 이러한 형태의 차트를 보게 될 것입니다. 이는 시계열 데이터를 간결하게 표시할 때 많이 사용하는 일반적인 형식입니다.

6.1.2 키아라의 시계열 데이터: 일간 전력 사용

전력 사용 데이터는 체중 데이터와 유사하게 표시할 수 있습니다. 키아라의 회사는 서로 다른 48개 지점이 있기 때문에 데이터를 집계할 때 각 지점마다 자체 열을 갖게 됩니다. 각 관측치는 각 열의 셀이 됩니다. [표 6-3]은 이 장에서 사용한 전력 데이터의 샘플을 보여주고 있습니다.

표 6-3 키아라의 회사에서 30분 간격으로 측정한 전력 사용 데이터 샘플

Time	Site_1	Site_2	Site_3	Site_4	Site_5	Site_6
2017-11-01 00:00:00	13.30	13.3	11.68	13.02	0.0	102.9
2017-11-01 00:30:00	11.75	11.9	12.63	13.36	0.0	122.1
2017-11-01 01:00:00	12.58	11.4	11.86	13.04	0.0	110.3

이 데이터는 매달 가족 구성원의 몸무게를 보여주는 [표 6-2]의 데이터와 비슷합니다. 차이점은 몸무게 데이터에서는 각 열이 가족 구성원을 나타내지만 키아라의 데이터에서는 각 열이 회사의 지점을 나타낸다는 것입니다. 그리고 몸무게 데이터에서는 각 행이 각 월의 첫째 날의 체중을 나타내지만 키아라의 데이터에서는 각 행이 30분 단위로 각 지점이 사용한 전력량입니다.

시계열 데이터를 어떻게 표현하고 시각화할 수 있는지 알아보았으므로 이제부터 주피터 노트북을 사용하여 이 데이터를 시각화하는 방법을 알아보겠습니다.

6.2 시계열 데이터 작업을 위한 주피터 노트북 불러오기

여기서는 이 책에서 처음으로 세이지메이커 머신러닝 모델이 포함되지 않은 주피터 노트북으로 작업하겠습니다. 세이지메이커에서 시계열 데이터를 보여주는 방법을 설명하기 위해서입니다. 세이지메이커 환경은 표준 주피터 노트북 서버에 세이지메이커 모델에 접근할 수 있는 기능을 추가한 것이기 때문에 세이지메이커를 사용하여 일반 주피터 노트북도 실행할 수 있습니다. 먼저 다음 링크에서 이 장에서 사용할 주피터 노트북 파일을 다운로드합니다.

https://s3.amazonaws.com/mlforbusiness/ch06/time_series_practice.ipynb

그다음에는 저장한 노트북 파일을 이전 장에서 사용한 세이지메이커 환경에 업로드합니다. 이전 장과 마찬가지로 세이지메이커에 노트북을 설정할 것입니다. 앞 장을 건너뛰었다면 부록 C의 설명에 따라 세이지메이커를 설정해야 합니다.

AWS의 세이지메이커 화면으로 가면 이미 생성한 노트북 인스턴스를 볼 수 있습니다. 이전 장에서 생성한(혹은 부록 C를 참조하여 생성한) 노트북 이름 옆에 Open 혹은 Start가 있을 것입니다. 만약 Start가 있다면 Start를 클릭한 후 2~3분 정도 기다려야 합니다. 화면에 Open Jupyter가 나타나면 클릭하여 노트북 파일 리스트를 볼 수 있습니다(그림 6-4).

그림 6-4 노트북 인스턴스 리스트 조회

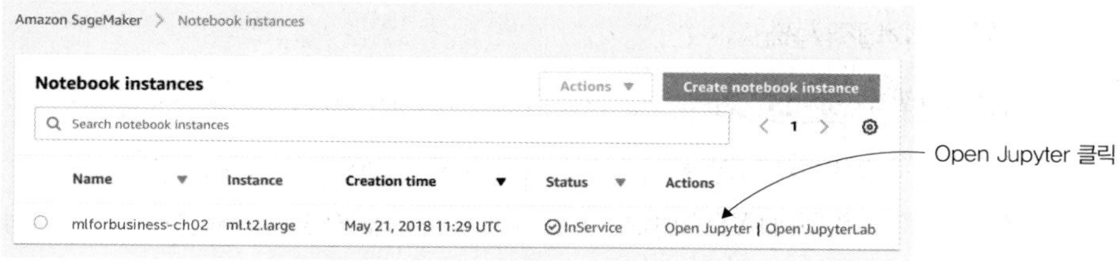

노트북 파일 리스트 화면이 열리면 [그림 6-5]에서처럼 'New → Folder'를 클릭하여 이 장에서 사용할 새 폴더를 생성합니다. Untitled Folder라는 이름의 새 폴더가 생성될 것입니다.

그림 6-5 세이지메이커에서 새로운 폴더 생성

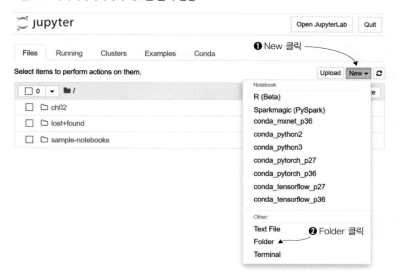

Untitled Folder의 이름을 바꾸려면 폴더 이름 옆에 있는 체크박스를 클릭하여 선택합니다. 그러면 Rename 버튼이 나타나는데, 이 버튼을 클릭한 후 폴더 이름을 ch06으로 변경합니다.

ch06 폴더를 클릭하면 빈 노트북 리스트가 나타날 것입니다. 이제 Upload를 클릭하여 다운로드한 노트북 파일 time_series_practice.ipynb를 업로드합니다.

노트북 파일을 업로드하면 노트북 리스트에 업로드한 파일이 보일 겁니다. 이 파일을 클릭하여 열면 이제 노트북 파일 time_series_practice.ipynb로 작업할 준비가 된 것입니다. 하지만 이 노트북 파일의 시계열 데이터를 작업하기 전에 먼저 시계열 분석을 둘러싼 이론과 실습을 살펴보겠습니다.

6.3 데이터셋 준비: 시계열 데이터의 차트 그리기

주피터 노트북과 팬더스는 시계열 데이터 작업을 위한 매우 유용한 도구입니다. 이 장 뒷부분에서 만들 세이지메이커 신경망 노트북에서는 맷플롯립이라는 데이터 시각화 라이브러리와 팬더스를 사용하여 신경망을 위한 데이터를 준비하고 결과를 분석할 것입니다. 이를 어떻게 작업해야 할지 이해하기 위해 각기 다른 사람 4명의 1년간 몸무게를 시각화하는 샘플 노트북 파일로 작업하겠습니다.

주피터 노트북을 사용하여 데이터를 시각화하려면 노트북을 설정해야 합니다. [예제 6-1]에서 보듯이 우선 이 노트북에 차트를 표시할 것임을 주피터에 알려주어야 합니다. 예제의 첫 번째 라인 %matplotlib inline으로 이 작업을 할 수 있습니다.

예제 6-1 차트 표시

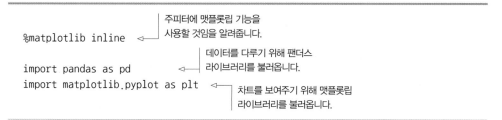

맷플롯립은 파이썬의 차트 작성 라이브러리입니다. 물론 다른 파이썬 차트 작성 라이브러리도 많이 있습니다. 여기서는 맷플롯립을 선택했는데, 파이썬의 표준 라이브러리에서 이 라이브러리를 제공하기 때문이기도 하고, 단순한 차트를 그릴 때 매우 사용하기 쉽기 때문입니다.

% 기호로 시작하는 첫 번째 라인은 코드의 라인이 아니라 주피터 노트북에 **지시**instruction하는 것입니다. 이 지시는 차트를 표시할 것이라고 주피터 노트북에 알려주어서 주피터 노트북이 이를 위한 소프트웨어를 준비하도록 합니다. 이렇게 %로 시작하는 명령을 **매직 커맨드**magic command라고 부릅니다.

매직 커맨드: 정말 마법 같은가?

매직 커맨드가 말 그대로 마법과 같은지에 대해 간단하게 답한다면 실제로 '그렇다'라고 말할 수 있습니다. 주피터 노트북 안에서 % 또는 %%로 시작하는 명령을 매직 커맨드라고 부릅니다. 매직 커맨드는 주피터 노트북에서 파이썬 코드 실행 이외의 부가 기능을 수행할 수 있게 하는데, 예를 들어 차트를 보여주거나 외부 스크립트를 수행할 수 있게 합니다. 매직 커맨드에 대한 자세한 내용은 아래 링크를 참고하세요.

https://ipython.readthedocs.io/en/stable/interactive/magics.html

---

[예제 6-1]에서 볼 수 있듯이 매직 커맨드로 맷플롯립 기능을 주피터 노트북에서 사용할 수 있도록 지시한 후 팬더스와 맷플롯립 같은 라이브러리를 불러왔습니다(예제에서 맷플롯립 라이브러리를 불러오는 시점은 첫 번째 라인에 있는 매직 커맨드인 %matplotlib inline이 아니라 세 번째 라인에 있는 import matplotlib.pyplot as plt임을 유의하세요).

필요한 라이브러리를 불러온 다음에는 데이터를 가져와야 합니다. 앞서 세이지메이커에서 작업할 때는 데이터를 S3에서 불러왔습니다. 하지만 지금은 팬더스와 주피터 노트북으로 시각화하는 방법을 알아보는 것이 목적이기 때문에 [예제 6-2]와 같이 약간의 데이터를 만들어 팬더스 데이터프레임에 저장하겠습니다.

예제 6-2 시계열 데이터 입력

```
my_weight = [
    {'month': '2018-01-01', 'Me': 75},          ← [그림 6-1]의 데이터에 대한
    {'month': '2018-02-01', 'Me': 73},             데이터셋을 생성합니다.
    {'month': '2018-03-01', 'Me': 72},
    {'month': '2018-04-01', 'Me': 71},
    {'month': '2018-05-01', 'Me': 72},
    {'month': '2018-06-01', 'Me': 71},
    {'month': '2018-07-01', 'Me': 70},
    {'month': '2018-08-01', 'Me': 73},
    {'month': '2018-09-01', 'Me': 70},
    {'month': '2018-10-01', 'Me': 69},
    {'month': '2018-11-01', 'Me': 72},
    {'month': '2018-12-01', 'Me': 74}
]
df = pd.DataFrame(my_weight).set_index('month')    ← 데이터셋을 팬더스 데이터프레임으로
df.index = pd.to_datetime(df.index)                   변환합니다.
df.head()   ←                                       ← 데이터프레임의 인덱스를
        └ 처음 5행을 출력합니다.                         시계열 포맷으로 설정합니다.
```

이제부터 진짜 마법 같은 부분이 있는데, 차트를 그릴 때 단지 주피터 노트북 셀에 다음 한 줄만 입력하면 된다는 것입니다

```
df.plot()
```

맷플롯립 라이브러리는 [예제 6-2]의 세 번째 라인에서 설정한 인덱스 타입을 보고 이 데이터가 시계열 데이터임을 인식하여 차트를 마법과 같이 자동으로 그려줍니다. df.plot() 명령의 출력은 [그림 6-6]에 나타나 있습니다.

그림 6-6 df.plot이 지난 1년간 몸무게(킬로그램 단위)의 시계열 데이터를 차트로 그린 결과

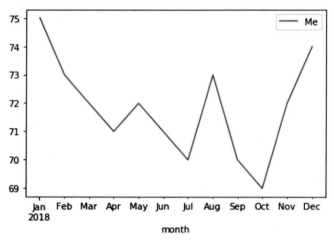

전체 가족의 몸무게를 포함하도록 데이터를 확장하려면 먼저 데이터를 다시 만들어야 합니다. 다음 예제는 모든 가족 구성원의 데이터로 확장된 데이터셋을 보여줍니다.

예제 6-3 가족 전체의 몸무게에 대한 시계열 데이터 입력

```
family_weight = [                                    ←┐ 월과 각 사람의 몸무게에 대한
    {'month': '2018-01-01', 'Me': 75, 'spouse': 67,     데이터셋을 생성합니다.
        'ch_1': 52, 'ch_2': 38},
    {'month': '2018-02-01', 'Me': 73, 'spouse': 68,
        'ch_1': 52, 'ch_2': 39},
    {'month': '2018-03-01', 'Me': 72, 'spouse': 65,
        'ch_1': 53, 'ch_2': 40},
    {'month': '2018-04-01', 'Me': 71, 'spouse': 63,
        'ch_1': 53, 'ch_2': 41},
    {'month': '2018-05-01', 'Me': 72, 'spouse': 64,
        'ch_1': 54, 'ch_2': 42},
    {'month': '2018-06-01', 'Me': 71, 'spouse': 65,
        'ch_1': 54, 'ch_2': 42},
    {'month': '2018-07-01', 'Me': 70, 'spouse': 65,
        'ch_1': 55, 'ch_2': 42},
```

```
        {'month': '2018-08-01', 'Me': 73, 'spouse': 66,
            'ch_1': 55, 'ch_2': 43},
        {'month': '2018-09-01', 'Me': 70, 'spouse': 65,
            'ch_1': 56, 'ch_2': 44},
        {'month': '2018-10-01', 'Me': 69, 'spouse': 66,
            'ch_1': 57, 'ch_2': 45},
        {'month': '2018-11-01', 'Me': 72, 'spouse': 66,
            'ch_1': 57, 'ch_2': 46},
        {'month': '2018-12-01', 'Me': 74, 'spouse': 66,
            'ch_1': 57, 'ch_2': 46}
    ]
df2 = pd.DataFrame(
        family_weight).set_index('month')    ◁── 데이터셋을 팬더스 데이터프레임으로
                                                  변환합니다.
df2.index = pd.to_datetime(df2.index)    ◁── 데이터프레임의 인덱스를 시계열
df2.head()    ◁──                            포맷으로 설정합니다.
              처음 5행을 출력합니다.
```

맷플롯립에 차트 4개를 그리는 것은 차트 1개를 그리는 것보다 조금 더 복잡합니다. 먼저 차트를 그릴 영역을 만든 다음, 데이터의 각 열마다 반복해서 차트로 그려야 합니다. 반복 수행을 위해 이 책에서 처음으로 반복문loop을 사용하므로 좀 더 자세히 설명하겠습니다.

6.3.1 반복문으로 데이터의 각 열 출력

반복문은 리스트(일반적으로 같은 내용의 데이터를 묶어서 저장할 때 사용하는 자료 구조)가 주어졌을 때 리스트 안의 각 항목에 대한 여러 처리를 반복적으로 수행하는 것을 의미합니다. 리스트에 대한 반복문은 데이터 분석과 머신러닝에서 사용하는 가장 일반적인 유형인데, 반복 처리하는 대부분의 데이터가 항목의 리스트이거나 데이터의 행이기 때문입니다.

다음 예제는 for 반복문의 표준 방식을 보여줍니다. 이 예제의 첫 번째 라인은 A, B, C 세 가지 항목을 가지는 리스트를 정의하고 있습니다. 그리고 두 번째 라인은 반복문을 설정하고, 세 번째 라인은 반복문 안의 각 항목을 반복적으로 출력합니다.

예제 6-4 리스트를 반복 처리하는 표준 방식

```
my_list = ['A', 'B', 'C']    ◁── my_list라는 리스트를 생성합니다.
for item in my_list:    ◁── my_list를 반복 처리합니다.
    print(item)    ◁── 리스트 안의 각 항목을 출력합니다.
```

이 코드를 실행하면 다음과 같이 A, B, C가 출력됩니다.

▶ 리스트를 반복 처리하는 명령을 실행했을 때 출력 결과

```
A
B
C
```

맷플롯립으로 차트를 생성할 때 반복문 외에도 반복 횟수를 추적해야 할 필요가 있습니다. 파이썬에는 이에 대해 enumerate^열거라는 좋은 방법이 있습니다.

리스트에 대해 각 항목을 나열할 때 두 가지 변수를 지정해야 하는데, 하나는 반복문의 정보이고, 다른 하나는 반복 처리하는 리스트의 개별 항목입니다. 파이썬의 enumerate 함수는 앞서 언급한 두 가지 변수를 반환합니다. 첫 번째 변수는 반복 횟수(0부터 시작)고, 두 번째 변수는 리스트에서 가져온 개별 항목입니다. [예제 6-5]는 [예제 6-4]의 일반적인 for 반복문을 enumerate를 사용한 for 반복문으로 변환한 코드입니다.

예제 6-5 enumerate를 사용한 반복문의 표준 방식

```
my_list = ['A', 'B', 'C']        ◁─┤ my_list라는 리스트를 생성합니다.
for i, item in enumerate(my_list):    ◁─────
    print(f'{i}. {item}')    ◁─  반복 횟수(0부터 시작)와 리스트
                                 안의 각 아이템을 출력합니다.
```

my_list를 for 반복문으로 반복 처리하면서 반복 횟수는 변수 i, 리스트의 아이템은 변수 item에 저장합니다.

이 코드를 실행하면 앞의 결과와 같은 내용이 출력되지만 리스트를 반복 처리한 횟수도 함께 출력합니다. 코드를 실행하려면 셀을 클릭하고 Ctrl + Enter 를 누릅니다. 다음 예제는 반복문에서 enumerate 함수를 사용한 출력을 보여줍니다.

▶ enumerate를 사용한 반복문을 수행했을 때 출력 결과

```
0. A
1. B
2. C
```

앞의 내용을 이해했으면 이제 맷플롯립에서 다중 차트를 생성할 준비가 된 것입니다.

6.3.2 다중 차트 생성

맷플롯립에서 다중 차트를 생성하려면 서브플롯^{subplot}[1] 기능을 사용합니다. 서브플롯을 데이터로 채우려면 표([예제 6-3]에서 만든 가족 구성원 몸무게의 표)의 각 열을 반복하면서 각 열의 데이터를 각 서브플롯에 그려야 합니다.

예제 6-6 가족 전체의 시계열 데이터를 차트로 그리기

```
start_date = "2018-01-01"      ←— 시작일 설정
end_date = "2018-12-31"        ←— 종료일 설정
fig, axs = plt.subplots(
    2,
    2,
    figsize=(12, 5),           ←— 차트 4개를 가지는
    sharex=True)                   맷플롯립을 생성합니다.
axx = axs.ravel()              생성된 플롯을 루프로 반복 처리하기
                               위해 시리즈로 변환하여 저장합니다.[2]
for i, column in enumerate(df2.columns):
    df2[df2.columns[i]].loc[start_date:end_date].plot(   데이터의 각 컬럼에 대해
        ax=axx[i])                                        반복 작업합니다.
    axx[i].set_xlabel("month")   ←— 특정 컬럼의 데이터를 차트로
    axx[i].set_ylabel(column)        그리도록 설정합니다.
                               x축 라벨 설정
            y축 라벨 설정
```

[예제 6-6]의 3번째 라인에서 차트 4개를 2×2 그리드^{grid}[3]에 그리도록 했는데, 이때 전체 크기는 너비 12인치와 높이 5인치입니다. 그 결과 데이터를 채울 수 있는 2×2 그리드에 4개의 맷플롯립 객체가 생성됩니다. 코드의 4번째 라인에서는 반복문으로 반복 작업할 수 있도록 2×2 그리드를 리스트로 변환하여 변수 axx에 저장합니다. 이렇게 하면 변수 axx에 각 열의 데이터를 채울 맷플롯립 서브플롯의 리스트가 저장됩니다.

코드 셀을 클릭하고 Ctrl + Enter 를 눌러 실행하면 [그림 6-7]과 같은 차트를 볼 수 있습니다.

---

1 옮긴이_ 한 화면에 여러 차트를 그리는 것
2 옮긴이_ 생성된 플롯은 2×2의 2차원 배열 형태이므로 이를 반복문으로 처리하기 위해 1차원 배열 형태의 자료구조인 시리즈로 변환
3 옮긴이_ 격자 형태의 그림 공간

그림 6-7 [예제 6-3]에서 생성한 가족 전체의 1년간 몸무게에 대한 시계열 데이터를 2×2 그리드 형태로 그린 차트

```
start_date = "2018-01-01"
end_date = "2018-12-31"
fig, axs = plt.subplots(2, 2, figsize=(12, 5), sharex=True)
axx = axs.ravel()
for i, column in enumerate(df2.columns):
    df2[df2.columns[i]].loc[start_date:end_date].plot(ax=axx[i])
    axx[i].set_xlabel("month")
    axx[i].set_ylabel(column)
```

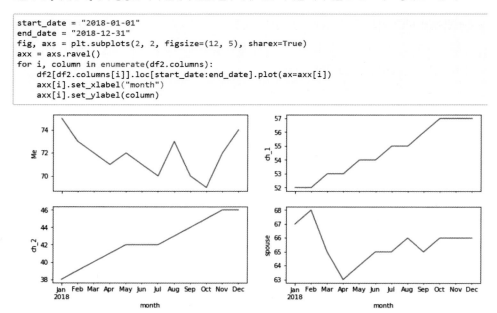

지금까지 시계열 데이터를 살펴보았고, 반복 처리 방법과 시각화 방법을 알아보았습니다. 이제부터는 왜 신경망이 시계열 이벤트를 예측하기에 좋은 방법인지 알아보겠습니다.

6.4 신경망이란

신경망(**딥러닝**$^{deep\ learning}$이라고도 합니다)은 학습할 때 XG부스트와 같은 기존의 머신러닝 모델과는 전혀 다른 방식으로 접근합니다. XG부스트와 신경망은 모두 지도학습이지만 각각 다른 도구를 사용하여 문제를 해결합니다. XG부스트는 대상 결과를 예측하기 위한 여러 접근법을 앙상블^{ensemble}하지만 신경망은 하나의 접근법만 사용합니다.

신경망은 서로 연결된 뉴런^{neuron} 층을 이용하여 문제를 해결하려고 하는데, 이때 뉴런은 한쪽에서 입력을 받아 반대쪽으로 결과를 출력합니다. 뉴런들 사이의 연결부에는 각 뉴런에 대한 가중치가 할당되어 있습니다. 각 뉴런이 일정 이상의 가중치를 가진 입력을 받으면 연결된 다음 층의 뉴런으로 신호를 보냅니다.

예를 들어 독자가 하나의 신경망 안의 뉴런이라고 가정해보세요. 이 신경망은 길거리의 소문을 듣고, 이 소문이 얼마나 추잡한지 혹은 진실인지에 따라 소문을 걸러내도록 고안되었습니다. 독자에게 소문을 알려주는 열 사람(연결된 뉴런)이 있는데, 만약 이 소문이 진실이든 추잡한 소문이든 아니면 둘 다 해당되든 간에 확실할 경우 이 소문을 독자 다음의 열 사람에게 넘겨줄 것입니다. 확실하지 않으면 독자 혼자만 알고 전달하지는 않을 것입니다.

그리고 독자에게 소문을 전달하는 사람들 중 몇 사람은 그다지 믿을 만한 사람이 아닌 반면, 다른 사람은 완전히 믿을 수 있다고 생각해보세요(소문 출처의 신뢰도는 전달한 소문의 진실 여부와 추잡성의 공감 정도에 대한 피드백을 받을 때 변할 것입니다). 믿을 수 없는 여러 명에게 들은 소문은 다른 사람에게 전하지 않겠지만, 비록 한 명이라도 가장 믿을 만한 사람에게 들은 소문은 다른 사람에게 전달할 수도 있을 것입니다.

이제 전력 사용량을 예측하는 데 사용할 특정 시계열 신경망 알고리즘을 살펴보겠습니다.

DeepAR이란?

DeepAR은 아마존의 시계열 신경망 알고리즘으로, 입력으로 시계열 관련 유형의 데이터를 받아서 데이터셋 내 모든 데이터를 자동으로 결합합니다. 그다음에는 결합된 데이터를 모든 시계열 모델을 포함하는 글로벌 모델에 넣어서 미래의 사건을 예측합니다. DeepAR은 이런 방식으로 다양한 유형의 시계열 데이터(전력 사용량, 온도, 풍속 등)를 통합하여 단일 모델에 넣을 수 있습니다. 예제에서는 이 모델을 전력 사용량 예측에 사용할 것입니다.

이 장에서는 DeepAR을 소개하고, 키아라의 48개 지점의 과거 기록 데이터를 사용하는 모델을 구축할 것입니다. 7장에서는 DeepAR 알고리즘의 다른 특징 정보(날씨 패턴 등)를 통합하여 예측을 향상시킬 것입니다.[4]

---

4 AWS 웹사이트에서 DeepAR에 대한 자세한 정보를 얻을 수 있습니다(https://docs.aws.amazon.com/sagemaker/latest/dg/deepar.html).

6.5 머신러닝 모델 구축 준비

이제 신경망과 DeepAR이 어떻게 작동하는지 배웠으므로 세이지메이커에 별도의 노트북을 설정하고 몇 가지 의사결정을 수행하겠습니다. 이전 장과 같이 다음과 같은 작업을 할 것입니다.

1 S3에 데이터셋 업로드
2 세이지메이커에 노트북 구성
3 노트북 파일 업로드
4 데이터를 입력하여 노트북 실행

TIP 6장부터 읽기 시작한 독자는 아래 부록을 먼저 참조하세요. 부록에서는 이 장의 예제를 실행하는 방법을 설명합니다.
- 부록 A: 아마존의 웹서비스인 AWS에 가입
- 부록 B: AWS의 파일 스토리지 서비스인 S3 설정
- 부록 C: 세이지메이커 설정

6.5.1 S3에 데이터셋 업로드

이 장에서 사용할 데이터셋을 구성하려면 부록 B에서와 동일한 과정을 수행해야 합니다. 하지만 S3 버킷을 새로 생성할 필요는 없습니다. 이전 장에서 생성한 버킷을 그대로 사용하면 됩니다. 예제에서는 버킷 이름을 mlforbusiness로 설정했지만 다른 이름을 사용해도 됩니다.

자신의 AWS 계정으로 S3에 접속하면 자신의 버킷 리스트를 볼 수 있습니다. 이 화면에서 버킷을 클릭하면 이전 장에서 생성한 ch02, ch03, ch04, ch05 폴더를 볼 수 있습니다. 이 장에서는 ch06이라는 새로운 폴더를 생성하겠습니다. Create folder를 클릭하고 프롬프트를 따라가면 폴더를 생성할 수 있습니다.

폴더 생성이 완료되면 버킷 내의 폴더 리스트 화면으로 돌아오고 방금 생성한 ch06 폴더가 보일 겁니다.

S3 버킷에 ch06 폴더가 생성되었으므로 이 폴더에 이 장에서 사용할 데이터 파일을 업로드하고 세이지메이커로 의사결정 모델을 만들 수 있습니다. 먼저 다음 링크에서 이 장에서 사용할 데이터 파일을 다운로드합니다.

```
https://s3.amazonaws.com/mlforbusiness/ch06/meter_data.csv
```

S3 화면에서 ch06 폴더를 클릭하여 ch06 폴더로 이동한 후 Upload 버튼을 클릭하여 다운로드한 CSV 파일을 ch06 폴더에 업로드합니다. 이제 노트북 인스턴스를 구성할 준비가 되었습니다.

6.5.2 세이지메이커에 노트북 구성

앞서 S3에 업로드할 데이터 파일(meter_data.csv)의 다운로드 링크를 제공한 것처럼 이 장에서 사용할 주피터 노트북 파일 역시 다운로드 링크를 제공하고 있습니다. 다음 링크에서 이 장에서 사용할 주피터 노트북 파일을 다운로드합니다.

> https://s3.amazonaws.com/mlforbusiness/ch06/energy_usage.ipynb

노트북 파일을 다운로드했으면 Upload 버튼을 클릭하여 이 장의 앞부분에서 사용했던 노트북 파일 time_series_practice.ipynb와 동일한 세이지메이커 폴더(ch06 폴더)에 업로드하세요.

6.6 머신러닝 모델 구축

이전 장과 마찬가지로 이 장에서도 노트북 코드를 다음 6단계로 나누어 하나씩 살펴보겠습니다.

1 데이터 로드 및 검사
2 데이터를 모델에 적합한 형태로 가공
3 학습용, 검증용, 테스트용 데이터셋 생성
4 머신러닝 모델 학습
5 머신러닝 모델 호스팅
6 모델 테스트 및 의사결정에 모델 적용

6.6.1 파트 1: 데이터 로드 및 검사

이전 장과 마찬가지로 첫 번째 단계에서는 세이지메이커에 데이터가 저장되어 있는 위치를 알려주어야 합니다. [예제 6-7]에서 S3 버킷 이름인 mlforbusiness를 독자가 데이터를 업로드할 때 만든 버킷 이름으로 변경하고, S3 버킷의 하위 폴더 이름도 데이터를 저장한 S3의 하위 폴더 이름으로 변경하세요.

이 장 앞부분에서 S3 폴더 이름을 ch06으로 했다면 폴더 이름을 변경하지 않아도 됩니다. 그리고 업로드한 CSV 파일 이름을 그대로 사용했다면 예제에서 meter_data.csv 라인을 변경할 필요 없습니다. 만약 파일 이름을 변경했다면 예제에서 meter_data.csv라고 된 부분을 변경한 CSV 파일 이름으로 수정해야 합니다. 코드를 실행하려면 코드 셀을 마우스로 클릭한 다음 `Ctrl` + `Enter` 를 누릅니다.

예제 6-7 S3 버킷과 하위 폴더 설정

```
data_bucket = 'mlforbusiness'    ◁─── 데이터가 저장되어 있는 S3 버킷
subfolder = 'ch06'               ◁─── 데이터가 저장되어 있는 S3 버킷의 하위 폴더
dataset = 'meter_data.csv'    ◁─── 모델을 학습하고 테스트하는 데
                                   사용할 데이터셋
```

[예제 6-8]에서 불러온 파이썬 모듈과 라이브러리는 이전 장과 거의 동일하지만 다른 점은 이 장에서는 맷플롯립을 사용한다는 것입니다.

예제 6-8 모듈 불러오기

```
%matplotlib inline    ◁─── 주피터 노트북에서 플롯 기능을 사용합니다.

import datetime    ◁─── 날짜와 시간에 대한        JSON 파일을 다루기 위해 파이썬의
                        함수를 사용합니다.         json 모듈을 불러옵니다.
import json
import random                                               랜덤 숫자를 생성하기 위해
from random import shuffle    ◁─── 랜덤 숫자를 섞기 위해      random 모듈을 불러옵니다.
                                   shuffle 함수를 불러옵니다.
import boto3    ◁─── boto3 AWS 라이브러리를 불러옵니다.    주피터 노트북에서 코드의 실행 결과를
                                                         인터렉티브하게 보여줄 수 있도록
import ipywidgets as widgets    ◁─────────────────────── 인터렉티브 위젯 모듈을 불러옵니다.
import matplotlib.pyplot as plt
import numpy as np    ◁─── 숫자의 배열을 다루기 위해 numpy    맷플롯립 라이브러리에서
import pandas as pd         라이브러리를 불러옵니다.          플롯 기능을 불러옵니다.
from dateutil.parser import parse    ◁───
                                          날짜 문자열을 구문분석(parsing)하는 편의 함수
import s3fs    ◁─── S3 버킷 안의 파일을 쉽게 다루기 위해 s3fs 모듈을 불러옵니다.
import sagemaker
              ◁─── 세이지메이커 라이브러리를 불러옵니다.

role = sagemaker.get_execution_role()    ◁─── 세이지메이커의 역할을 생성합니다.
s3 = s3fs.S3FileSystem(anon=False)    ◁───
팬더스 파이썬 라이브러리를                    S3 버킷과 연결합니다.
불러옵니다.
```

이번에는 데이터를 불러오고 살펴볼 것입니다. [예제 6-9]에서는 CSV 데이터를 읽어서 팬더스 데이터프레임에 저장하고 처음 5행을 출력합니다. 데이터셋의 각 행에는 30분 간격의 에너지 사용 데이터가 들어 있는데, 이 데이터는 2017년 11월 1일부터 2018년 12월 중순까지 13개월 동안의 데이터입니다. 각 열은 키아라 회사의 48개 지점을 나타냅니다.

예제 6-9 데이터 불러오기와 조회

```
s3_data_path = \
    f"s3://{data_bucket}/{subfolder}/data"        ◁─┤ 학습 및 테스트용 데이터가
                                                      저장되어 있는 S3 경로
s3_output_path = \
    f"s3://{data_bucket}/{subfolder}/output"   ◁─┤ 학습된 모델을 저장할 S3 경로
df = pd.read_csv(
    f's3://{data_bucket}/{subfolder}/meter_data.csv',
    index_col=0)  ◁
df.head()  ◁─┐          입력 데이터인 meter_data.csv 파일을 읽습니다.
             └─ 데이터프레임의 처음 5행을 출력합니다.
```

[표 6-4]는 [예제 6-9]의 실행 결과 5행 중 처음 3행만 보여주고 있습니다. 또한 열에서는 순서 대로 매장 6개를 보여주고 있지만 실제로 주피터 노트북의 데이터셋에는 매장 48개가 모두 들 어 있습니다.

표 6-4 30분 간격의 전력 사용량 데이터

Index	Site_1	Site_2	Site_3	Site_4	Site_5	Site_6
2017-11-01 00:00:00	13.30	13.3	11.68	13.02	0.0	102.9
2017-11-01 00:30:00	11.75	11.9	12.63	13.36	0.0	122.1
2017-11-01 01:00:00	12.58	11.4	11.86	13.04	0.0	110.3

[표 6-4]의 5번째 열(열 이름이 Site_5)을 보면 11월 01일 처음 1시간 반 동안 전력 사용량이 0인 것을 알 수 있습니다. 그런데 이것이 데이터의 오류인지 아니면 그 기간 동안 매장에서 전 력을 전혀 사용하지 않은 것인지 알 수 없습니다. 분석 작업을 진행하면서 이런 데이터의 영향 에 대해서도 토론할 것입니다.

다음으로 데이터셋의 크기를 살펴봅시다. [예제 6-10]의 코드를 실행하면 데이터셋에는 열이 48개(지점당 1열), 행이 19,632개(30분간의 전력 사용량이 1행) 있음을 알 수 있습니다.

```
print(f'Number of rows in dataset: {df.shape[0]}')
print(f'Number of columns in dataset: {df.shape[1]}')
```

6.6.2 파트 2: 데이터를 모델에 적합한 형태로 가공

앞 절에서 데이터를 로드하였으므로 이제 로드한 데이터를 작업하기 적합한 형태로 가공해야 합니다. 다음 몇 가지 단계로 이 작업을 수행합니다.

- 데이터를 적절한 간격으로 변환
- 결측값이 문제가 되는지 여부 판단
- 필요한 경우 결측값 보정
- S3에 데이터 저장

제일 먼저 할 일은 데이터를 올바른 간격으로 변환하는 것입니다. 각 지점에서 생성하는 전력 사용량계의 시계열 데이터는 30분 간격으로 기록됩니다. 이 데이터는 매우 세분화되어 있어서 전력 사용의 급상승이나 감소를 신속하게 파악하는 작업에는 유용하지만, 여기에서의 분석에는 적절하지 않습니다.

이 장에서는 이 데이터셋을 다른 데이터셋과 결합하지 않기 때문에 30분 간격의 데이터를 그대로 사용하여 모델을 실행할 수도 있습니다. 그러나 다음 장에서는 익월의 소비량을 더 잘 예측하기 위해 전력 사용 이력 데이터와 일별 날씨 예보 데이터를 결합할 예정입니다. 7장에서 사용할 날씨 데이터는 기상 상태를 일별로 저장하고 있습니다. 전력 사용량 데이터와 일별 기상 데이터를 결합하기 때문에 동일한 간격을 사용하여 전력 사용 데이터를 처리하는 것이 가장 좋습니다.

데이터셋을 30분 간격에서 일별로 변환

[예제 6-11]은 30분 간격의 데이터를 일별 데이터로 변환하는 방법을 보여주고 있습니다. 팬더스 라이브러리에는 시계열 데이터의 작업에 도움되는 기능이 많이 있습니다. 가장 유용한 것 중 하나가 resample 함수인데, 이 함수는 특정 간격(예를 들면 30분 간격)의 시계열 데이터를 다른 간격(예를 들면 일별)으로 쉽게 변환해줍니다.

resample 함수를 사용하려면 데이터셋이 날짜 열을 인덱스로 사용하고, 인덱스가 data-time 포맷이어야 합니다. 여기서 인덱스는 이름에서 알 수 있듯이 데이터셋의 특정 행을 찾는 데 사용됩니다. 예를 들어 인덱스 값이 1:30 AM 1 November 2017인 데이터는 1:30 AM 1 November 2017이란 값으로 찾아갈 수 있습니다. 팬더스 라이브러리는 이러한 인덱스에 의해 참조되는 행을 가져와서 일, 월, 분기 또는 년과 같은 다른 기간으로 변환할 수 있습니다.

예제 6-11 일별 수치 데이터로 변환

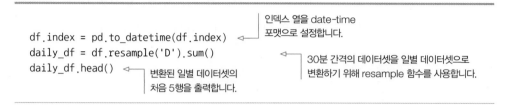

[표 6-5]는 일별 수치로 변환된 데이터를 보여줍니다.

표 6-5 일별 전력 사용량 데이터

Index	Site_1	Site_2	Site_3	Site_4	Site_5	Site_6
2017–11–01	1184.23	1039.1	985.95	1205.07	None	6684.4
2017–11–02	1210.9	1084.7	1013.91	1252.44	None	6894.3
2017–11–03	1247.6	1004.2	963.95	1222.4	None	6841

[예제 6-12]는 데이터셋의 행 수와 열 수 그리고 시작 날짜와 끝 날짜를 출력합니다.

예제 6-12 일별 데이터 조회

```
print(daily_df.shape)
print(f'Time series starts at {daily_df.index[0]} \
and ends at {daily_df.index[-1]}')
```

데이터셋의 행 수와 열 수를 출력합니다.

데이터셋의 시작 날짜와 끝 날짜를 출력합니다.

다음은 [예제 6-12]의 출력 결과입니다. 30분 간격의 데이터셋이 일별 데이터로 변경되어 행이 19,000개에서 409개로 줄어들었고, 열 수는 동일하게 유지된 것을 확인할 수 있습니다.

```
(409, 48)
Time series starts at 2017-11-01 00:00:00 and ends at 2018-12-14 00:00:00
```

결측값 처리

팬더스 라이브러리에는 매우 유용한 기능들이 있는데, 이 기능들을 사용하여 처리하기 어려운 문제를 쉽게 처리할 수 있습니다. [예제 6-13]은 이런 경우의 예 중 하나입니다.

기본적으로 이 장에서 사용하고 있는 데이터는 처음 30일을 제외하고는 상태가 양호합니다. 하지만 이 데이터에는 데이터 포인트의 일부가 누락되어 있습니다. 이 결측값은 학습에는 영향을 미치지 않지만(DeepAR은 결측값을 잘 처리합니다) 예측할 때는 문제가 됩니다. 예측할 데이터에 결측값이 있을 때는 예측이 아예 수행되지 않습니다. 따라서 예측에 사용되는 데이터셋은 결측값이 없는지 먼저 확인해야 합니다. 이 절에서는 이 작업 방법을 설명합니다.

> **NOTE_** 예측에 사용하는 데이터가 완전하고 결측값이 없는지 확인해야 합니다.

팬더스 라이브러리의 fillna 함수에는 누락된 데이터를 채울 수 있는 기능이 있습니다. 즉, 결측값이 있을 경우 결측값 앞에 있는 값으로 결측값을 채울 수 있습니다. 그러나 키아라는 결측값의 대부분이 주별로 특정한 요일에 나타난다는 것을 알고 있습니다. 예를 들어 그녀 회사의 물류 창고 중 한 곳(격주로 토요일에 휴무하는 지점)의 토요일 데이터가 누락되었다고 합시다. 이 경우 금요일의 데이터로 채우면 데이터가 정확하지 않을 것입니다. 대신 일주일 전 같은 요일의 값으로 대체하면 훨씬 더 정확해질 것입니다. 이에 대한 코드가 다음 예제에 나와 있습니다.

예제 6-13 결측값 채우기

```
daily_df = daily_df.fillna(daily_df.shift(7))
```

위 예제와 같이 단지 코드 한 줄로 결측값을 일주일 전의 값으로 바꿀 수 있습니다.

데이터 조회

시계열 데이터는 시각화하여 조회할 때 가장 잘 이해됩니다. 여기에서는 데이터를 잘 이해할 수 있도록 각 지점의 전력 사용량을 시각적으로 보여주는 차트를 생성할 것입니다. [예제 6-14]는 이 장 앞부분에서 연습한 노트북의 코드와 유사합니다. 가장 큰 차이점은 모든 지점을 반복하는 대신 변수 indicies에 차트를 그릴 지점의 리스트를 넣고 이 리스트에 대해 반복한다는 것입니다.

[예제 6-8]에서 `matplotlib.pyplot` 라이브러리를 `plt`라는 이름으로 불러왔습니다. 이렇게 하면 `plt`라는 이름으로 `matplotlib.pyplot`의 모든 함수를 사용할 수 있습니다. 다음 [예제 6-14]의 라인 2에서는 2×5 그리드 형태를 가지는 맷플롯립 그림을 생성합니다. 라인 3에서는 맷플롯립이 다차원으로 된 차트 객체의 배열[5]을 1차원 배열 형태로 변환합니다.

라인 4에 나오는 변수 indices는 데이터셋에 있는 각 지점의 열 번호를 저장합니다. 파이썬에서 모든 인덱스는 0부터 시작하므로 0은 지점 1이 된다는 점을 유의해야 합니다. 라인 4에서 지정한 지점 10개의 데이터를 라인 2에 설정한 2×5 그리드에 그릴 것입니다. 다른 지점의 데이터를 그리려면 indices 안에 설정된 열 번호를 변경하고 셀을 다시 실행하세요.

라인 5는 라인 4에서 정의한 indices의 각 항목에 대해 반복 작업을 하는 반복문을 만드는 코드입니다. 이 반복문 안에서 수행하는 반복 작업은 indices의 각 항목의 데이터를 라인 2에서 생성한 Matplotplib의 그림에 추가하는 것입니다. 그림에는 2×5 그리드 형태로 총 10개의 차트를 포함하는 공간이 있는데, 총 공간 수는 라인 4에서 생성한 indices의 항목 수와 동일합니다.

라인 6과 라인 7은 모든 데이터를 차트에 넣는 코드입니다. `daily_df`는 각 지점의 일별 전력 사용 데이터를 저장하는 데이터셋입니다. 라인 6에서 차트에 넣을 데이터를 선택하고, 라인 7에서 데이터를 차트에 넣습니다. 라인 8과 9에서는 차트의 제목을 설정합니다.

예제 6-14 각 지점의 일별 전력 사용량을 보여주는 차트 생성

```
print('Number of time series:',daily_df.shape[1])
fig, axs = plt.subplots(
    5,
    2,
    figsize=(20, 20),
    sharex=True)
axx = axs.ravel()
indices = [0,1,2,3,4,5,40,41,42,43]
```

차트를 그릴 데이터의 열 번호를 저장하고 있는 리스트 indices는 1차원 배열이므로 차트 객체의 배열도 1차원으로 만들어야 합니다.

daily_df 데이터셋의 컬럼 수를 출력합니다. 컬럼 수는 48개이며 이는 총 지점 수입니다.

차트 10개를 가지는 맷플롯립 그림을 생성합니다(차트 2개를 가지는 행이 5개임).

차트로 그릴 지점 10개를 정의합니다.

---

5 옮긴이_ 라인 2에서 2×5 그리드 형태로 그림을 생성하였으므로 차트를 그릴 객체는 2×5 배열 형태로 만들어집니다.

```
for i in indices:                    ⟵─── 각 지점에 대해 반복 작업을 하는 반복문
    plot_num = indices.index(i)      ─┐  리스트 indices에서 하나씩
    daily_df[daily_df.columns[i]].loc[   │  항목(지점의 열 번호)을 가져
        "2017-11-01":"2018-01-31"].plot(    옵니다.
            ax=axx[plot_num])
    axx[plot_num].set_xlabel("date")    ⟵─┤ x축 제목 설정
    axx[plot_num].set_ylabel("kW consumption") ⟵┐
                                              │ y축 제목 설정
```

indices 안의 각 번호에 해당하는 지점의
데이터를 차트에 그리도록 설정합니다.

데이터가 어떤 형태로 되어 있는지 그래프로 확인할 수 있습니다. 다음 절에서는 학습 및 테스트용 데이터셋을 생성하겠습니다.

6.6.3 파트 3: 학습 및 테스트용 데이터셋 생성

DeepAR의 입력 데이터는 JSON 포맷어야 합니다. JSON은 사람과 컴퓨터가 읽을 수 있는 매우 일반적인 데이터 포맷입니다.

JSON은 계층 구조 형태로 된 자료 구조인데, 가장 흔하게 사용하고 있는 계층 구조^{hierarchical} ^{structure}는 컴퓨터의 폴더 구조입니다. 작업 중인 여러 프로젝트와 관련 문서를 저장할 때는 각 프로젝트에 대한 폴더를 만들고 각 폴더에 해당 프로젝트와 관련 문서를 넣을 것입니다. 이러한 구조가 바로 계층 구조입니다.

이 장에서는 간단한 구조로 JSON 파일을 생성할 것입니다. 프로젝트 폴더가 프로젝트 문서를 보관하는 대신(앞에서 예로 든 폴더와 같이), JSON 파일의 각 항목은 한 지점에 대한 일별 전력 사용량 데이터를 보관하게 됩니다. 또한 [예제 6-15]와 같이 각 항목에는 2개 항목이 추가로 들어갑니다. 첫 번째 항목은 시작 날짜를 포함하는 start이고, 두 번째 항목은 각 지점의 일별 전력 사용 데이터를 포함하는 target입니다. 데이터셋은 모두 409일에 대한 전력 사용량 데이터이므로 target에는 409개 항목이 있습니다.

예제 6-15 간단한 JSON 파일

```
{
    "start": "2017-11-01 00:00:00",
    "target": [
```

```
        1184.23,
        1210.9000000000003,
        1042.9000000000003,
        ...
        1144.2500000000002,
        1225.1299999999999
    ]
}
```

JSON 파일을 생성하려면 다음 몇 가지 변환 작업을 해야 합니다.

- 데이터를 데이터프레임에서 시리즈의 리스트로 변환
- 테스트용 데이터에 대해 모델이 학습하지 않도록 학습 데이터셋에서 마지막 30일간의 데이터 배제
- JSON 파일 생성

첫 번째 변환은 데이터를 데이터프레임에서 시리즈의 리스트로 변환하는 것인데, 각 시리즈는 하나의 지점에 대한 전력 사용량 데이터만 포함합니다. 다음 예제는 이것을 어떻게 하는지 보여주는 코드입니다.

예제 6-16 데이터프레임을 시리즈의 리스트로 변환

```
데이터프레임의 각 열에 대해
반복 작업을 하는 반복문
daily_power_consumption_per_site = []        ◀── 데이터프레임의 열 정보를 보관할
    for column in daily_df.columns:                   빈 리스트를 생성합니다.
        site_consumption = np.trim_zeros(daily_df[column], trim='f')
        site_consumption = site_consumption.fillna(0)    ◀── 결측값을 0으로
        daily_power_consumption_per_site.append(              대체합니다.
            site_consumption)    ◀── 컬럼을 리스트에
                                      추가합니다.
    print(f'Time series covers \
        {len(daily_power_consumption_per_site[0])} days.')    ◀── 날짜 수를 출력합니다.
    print(f'Time series starts at \
        {daily_power_consumption_per_site[0].index[0]}')    ◀── 첫 번째 지점의 시작 날짜를
    print(f'Time series ends at \                                 출력합니다.
        {daily_power_consumption_per_site[0].index[-1]}')    ◀──
                                      첫 번째 지점의
                                      끝 날짜를 출력합니다.
```

라인 1에서는 각 지점의 데이터를 저장하는 리스트를 만듭니다. 이 리스트의 각 항목은 데이터셋의 1개 열의 데이터를 저장하게 됩니다. 라인 2는 각 열에 대해 반복 작업을 위한 반복문을 만듭니다. 라인 3은 데이터의 열을 라인 1에서 생성한 리스트 daily_power_consumption_per_site에 추가합니다. 마지막으로 라인 4와 5는 새로 생성한 리스트의 결과를 출력하여 변환 결과의 일수가 여전히 같고 데이터프레임의 데이터와 동일한 기간을 포함하는지 확인합니다.

다음에는 노트북 전체에서 데이터의 기간과 시계열 간격을 일정하게 유지하는 데 도움이 되는 변수 몇 개를 설정합니다. 첫 번째 변수는 freq로 값을 D로 설정했습니다. D는 날짜를 의미하며, 일별 데이터로 작업한다는 것을 의미합니다. 만약 시간별 데이터로 작업한다면 H를 사용했을 것이고, 월별 데이터로 작업한다면 M을 사용했을 것입니다.

또한 **예측 기간**prediction period도 설정하게 되는데, 이는 예측하려는 기간의 날짜 수입니다. 예를 들어 이 노트북에서 학습 데이터셋은 2017년 11월 1일부터 2018년 10월 31일까지이며, 예측하려는 기간은 2018년 11월 한 달입니다. 11월은 30일이므로 prediction_length를 30으로 설정합니다.

[예제 6-17]의 라인 1, 2에서 이런 기능을 하는 변수를 설정했으므로 그다음 라인에 시작과 끝 날짜를 타임스탬프 포맷으로 정의할 수 있습니다. **타임스탬프**timestamp는 날짜, 시간, 빈도(예를 들면 1일, 1주, 한 달 등)를 하나의 객체에 저장할 수 있는 데이터 포맷입니다. 이 포맷은 특정 빈도를 다른 빈도로(예를 들면 일별에서 월별로) 쉽게 변환할 수 있으며, 날짜와 시간을 쉽게 덧셈 및 뺄셈할 수 있습니다.

라인 3에서는 데이터셋의 start_date를 '2017년 11월 1일'로 지정했고, 학습 데이터셋의 끝 날짜를 '2018년 10월 말'로 지정했습니다. 즉, 학습 데이터셋의 끝 날짜는 start_date의 364일 후이며, 테스트 데이터셋의 끝 날짜는 학습 데이터셋 끝 날짜보다 30일 후입니다. 원래 타임스탬프에 날짜 수를 추가하기만 하면 날짜를 자동으로 계산한다는 점에 유의하세요.

예제 6-17 예측 기간의 길이 설정

```
freq = 'D'          ←┤ 시계열의 빈도 기준을 일별로 설정합니다.
prediction_length = 30   ←┐ 예측 길이를 30일로
                          │ 설정합니다.
start_date = pd.Timestamp(
    "2017-11-01 00:00:00",   ┐ start_date를 2017년 11월 1일로
    freq=freq)          ←──┘ 설정합니다.
```

```
→ end_training = start_date + 364
  end_testing = end_training + prediction_length

  print(f'End training: {end_training}, End testing: {end_testing}')
```
학습 데이터셋의 끝 날짜를
2018년 10월 31일로 설정합니다.

테스트 데이터셋의 끝 날짜를
2018년 11월 30일로 설정합니다.

DeepAR의 입력은 JSON 포맷으로 된 시계열 데이터여야 하고, JSON 객체로 되어 있어야 합니다. 가장 간단한 경우(예를 들어 이 장의 경우) 각 시계열 데이터는 시작 타임스탬프(start)와 값의 리스트(target)만으로 구성됩니다. 이 장에서 사용할 JSON 입력 포맷은 키아라 회사의 48개 지점의 일간 전력 사용량을 보여주는 JSON 파일입니다. DeepAR 모델에는 두 개의 JSON 파일이 필요한데, 첫 번째가 학습 데이터이고 두 번째가 테스트 데이터입니다.

JSON 파일 생성 작업은 2단계로 진행됩니다. 먼저 JSON 파일과 동일한 구조를 가진 파이썬 딕셔너리dictionary[6]를 만든 다음 이 파이썬 딕셔너리를 JSON으로 변환하여 파일로 저장합니다.

파이썬 딕셔너리 포맷을 생성하려면 [예제 6-16]에서 만든 daily_power_consumption_per_site 리스트의 각 항목별로 start 변수와 target 리스트를 설정합니다. [예제 6-18]은 **리스트 컴프리헨션**list comprehension이라고 불리는 파이썬의 반복문 방식을 사용합니다. [예제 6-18]에서 시작과 끝 중괄호(라인 2와 라인 5)는 각 지점 데이터의 시작과 끝을 표시하는데, 각 지점 데이터는 [예제 6-15]의 JSON 파일과 같습니다. 라인 3과 4는 학습 데이터셋의 시작 날짜와 전력 사용량 데이터셋을 삽입합니다.

라인 1과 7은 리스트 컴프리헨션의 시작과 끝을 나타냅니다. 리스트 컴프리헨션의 반복문은 라인 6에 정의되어 있습니다. 이 예제는 daily_power_consumption_per_site 리스트에 정의되어 있는 각 지점을 반복하면서 각 지점의 데이터를 ts리스트에 저장합니다. 그렇기 때문에 라인 4에 변수 ts[start_date:end_training]이 나옵니다. ts[start_date:end_training]은 [예제 6-17]에서 설정한 start_date에서 end_training까지 한 지점에 대한 모든 날짜의 전력 사용량을 담고 있는 리스트입니다.

----
6 옮긴이_ 키(key)와 값(value)을 한 쌍으로 갖는 자료 구조. 키를 이용하여 값을 찾아갈 수 있다는 장점이 있습니다.

예제 6-18 JSON 파일과 같은 구조의 파이썬 딕셔너리 생성

학습 데이터를 저장하는 딕셔너리
객체의 리스트를 생성합니다.
```
  training_data = [                    각 딕셔너리 객체의 시작
      {                                부분을 설정합니다.
          "start": str(start_date),    시작 날짜를 설정합니다.
          "target": ts[
              start_date:end_training].tolist()   한 지점에 대한 전력 사용량의 학습
      }                                            데이터 리스트를 생성합니다.
      for ts in daily_power_consumption_per_site
  ]        학습 데이터의 끝부분을 지정합니다.           리스트 컴프리헨션
                                                    반복문
  test_data = [
      {
          "start": str(start_date),
          "target": ts[
              start_date:end_testing].tolist()   한 지점에 대한 전력 사용량의 테스트
      }                                           데이터 리스트를 생성합니다.
      for ts in daily_power_consumption_per_site
  ]
```
각 딕셔너리 객체의 끝부분을
지정합니다.

---

test_data와 training_data라는 두 개의 파이썬 딕셔너리 객체를 만들었으므로 이제부터는
이 두 객체를 DeepAR에 입력할 수 있도록 S3에 JSON 파일로 저장합니다. 이 작업을 위해서
는 다음 예제처럼 파이썬 딕셔너리를 JSON 객체로 변환하는 함수를 만든 다음 test_data 및
training_data 딕셔너리에 이 함수를 적용합니다.

예제 6-19 S3에 JSON 파일로 저장

딕셔너리 데이터를 S3에 저장하는
함수를 생성합니다.
```
  def write_dicts_to_s3(path, data):        S3 파일 객체를
      with s3.open(path, 'wb') as f:        엽니다.
          for d in data:                              딕셔너리 객체를 JSON
              f.write(json.dumps(d).encode("utf-8"))  포맷으로 저장합니다.
              f.write("\n".encode('utf-8'))     각 딕셔너리 객체가 새로운 라인에
                                                쓰이도록 뉴라인(\n) 문자를 지정
데이터에 대해                                       합니다.
반복합니다.
  write_dicts_to_s3(
      f'{s3_data_path}/train/train.json',
```

```
        training_data)                    ◁───  학습 데이터에
write_dicts_to_s3(                               함수를 적용합니다.
    f'{s3_data_path}/test/test.json',
    test_data)  ◁───  테스트 데이터에
                      함수를 적용합니다.
```

이제 학습 및 테스트용 데이터가 S3에 JSON 포맷으로 저장되었으므로 데이터를 세이지메이커에 입력하여 모델을 학습할 준비가 되었습니다.

6.6.4 파트 4: 머신러닝 모델 학습

앞의 작업으로 데이터를 S3에 JSON 포맷으로 저장하였으므로 모델을 학습할 수 있습니다. 다음 예제와 같이 맨 먼저 모델을 구축하는 추론[estimator] 함수[7]에 전달할 변수 몇 개를 설정해야 합니다.

예제 6-20 모델을 학습할 서버 설정

```
s3_output_path = \                                          머신러닝 모델을 저장할
    f's3://{data_bucket}/{subfolder}/output'  ◁───        위치를 설정합니다.
sess = sagemaker.Session()
image_name = sagemaker.amazon.amazon_estimator.get_image_uri(
    sess.boto_region_name,                              세이지메이커 세션 정보를
    "forecasting-deepar",                               저장할 변수를 생성합니다.
    "latest")  ◁───  모델을 생성할 때 아마존의 시계열 예측
                     서비스인 forecasting-deepar 이미지를
                     사용할 것임을 AWS 세이지메이커에
                     통보합니다.
```

다음으로 [예제 6-21]과 같이 estimator에 변수를 전달합니다. 여기서 세이지메이커가 모델을 생성하기 위해 사용할 서버의 유형을 설정하는데, c5.2xlarge 유형의 서버 인스턴스를 1개만 사용할 것입니다. 세이지메이커는 설정된 유형의 서버를 생성하고 구동하여 모델을 만듭니다. 그리고 작업이 다 끝나면 서버를 자동으로 종료합니다. 지금 사용하는 유형의 서버 비용은 시간당 0.47달러입니다. 그리고 모델을 생성하는 데 약 3분 정도 소요되므로 이 작업을 하는 데 드는 비용은 몇 센트 정도입니다.

----

7 옮긴이_ 실제 함수 이름도 estimator로 사용하기 때문에 앞으로는 estimator 함수라 부르겠습니다.

예제 6-21 학습 파라미터를 저장하는 estimator 설정

세이지메이커에서 사용할
서버 이미지를 설정합니다.
                                                                        모델에 대한 estimator를
                                                                        생성합니다.
    estimator = sagemaker.estimator.Estimator(◁
        sagemaker_session=sess, ◁
                                        세이지메이커 세션을
        image_name=image_name,   적용합니다.
        role=role,
        train_instance_count=1,   학습 서버 수를 설정합니다.
        train_instance_type='ml.c5.2xlarge',   모델 학습에 사용할 서버
        base_job_name='ch6-energy-usage', ◁   크기(유형)를 설정합니다.
        output_path=s3_output_path ◁
)
                                작업의 이름을
서버 이미지를 실행할 수   S3에 설정한 출력 위치에   지정합니다.
있는 역할을 부여합니다.   모델을 저장합니다.

세이지메이커의 인스턴스 유형에 대한 리치의 설명

이 책에서는 모든 학습과 추론 시 인스턴스의 유형을 ml.m4.xlarge로 사용하고 있는데, 그 이유는 단순합니다. 아마존에서 이 인스턴스의 유형을 프리티어[free-tier][8]로 제공하기 때문입니다. 이 책을 집필할 당시 기준으로 이 유형은 프리티어에 있었습니다. 프리티어에 대한 자세한 내용은 다음 링크를 참고하세요(https://aws.amazon.com/free).

이 인스턴스 유형은 이 책의 예제를 수행할 때는 적합하지만 실제 상황에서 해결해야 하는 문제가 훨씬 복잡하거나 데이터셋이 예제보다 훨씬 클 때는 어떤 인스턴스 유형을 사용해야 할까요? 이에 대한 명쾌한 규칙은 없지만 몇 가지 가이드라인은 있습니다.

- 아마존 웹사이트에서 사용하려는 알고리즘의 세이지메이커 예제를 참고하여 예제에 나오는 인스턴스 유형을 기본으로 사용하세요.
- 학습과 추론에 사용하려는 인스턴스 유형의 실제 비용을 계산해보세요(참고: aws.amazon.com/free).
- 학습과 추론할 때 비용이나 시간에 문제가 된다면 주저 없이 다른 크기의 인스턴스로 실험해보세요.
- 모델을 학습할 때 더 크고 비싼 인스턴스를 사용하면 시간이 훨씬 단축될 뿐만 아니라 더 저렴할 때가 많다는 점을 유의하세요.
- XG부스트는 학습 시 하나의 컴퓨터 인스턴스에 병렬로 실행될 수 있지만 GPU 인스턴스의 사용은 전혀 이득이 없습니다. 따라서 XG부스트와 같은 알고리즘을 학습하고 추론할 때는 GPU 기반의 인스턴스(p3 유형이나 가속 컴퓨팅)를 사용하지 마세요. 대신 학습 시 m5.24xlarge나 m6.16xlarge 유형을 사용해보세요. 이 유형이 실제적으로는 훨씬 저렴할 수도 있습니다!

---

8 옮긴이_ 가입 후 1년간 무료로 제공하는 서비스 제품군을 의미합니다.

- 신경망 기반 모델의 학습에는 GPU 인스턴스가 도움되지만, 추론 시에는 비용만 많이 나올 뿐 대부분 필요하지 않습니다.
- 노트북 인스턴스를 과도하게 사용할 경우 메모리가 부족할 가능성이 매우 높습니다. 이 경우에는 메모리가 더 많은 인스턴스를 고려하세요. 다만 노트북을 사용하지 않고 구동만 되어 있어도 매 시간 비용이 청구된다는 점에 유의하세요!

estimator를 설정한 후 estimator의 파라미터를 설정해야 합니다. 세이지메이커는 이에 대한 몇 가지 파라미터 설정을 제공합니다. [예제 6-22]의 라인 7과 8에 있는 마지막 파라미터 2개, 즉 context_length와 prediction_length만 수정하면 됩니다.

context_length는 예측에 사용되는 데이터의 최소 기간입니다. 예를 들어 이 값을 90으로 설정하면 DeepAR은 예측할 때 최소한 과거 90일의 데이터를 사용하게 됩니다. 실제 비즈니스에서는 분기별 동향을 파악해야 하기 때문에 90일은 일반적으로도 좋은 설정값으로 사용됩니다. prediction_length는 예측하려는 기간입니다. 예를 들어 이 예제의 경우 10월까지의 데이터로 11월을 예측하려 하므로 prediction_length는 30일이 됩니다.

예제 6-22 estimator의 파라미터 설정

배치 사이즈[9]를 64로 설정합니다
(이 값은 변경하지 마세요).

하이퍼파라미터를 설정합니다.

시간의 빈도 기준을 일별로 설정합니다.

```
estimator.set_hyperparameters(
    time_freq=freq,
    epochs="400",
    early_stopping_patience="40",
    mini_batch_size="64",
    learning_rate="5E-4",
    context_length="90",
    prediction_length=str(prediction_length)
)
```

에포크(epoch)를 400으로 설정합니다
(이 값은 변경하지 마세요).

학습 사전 중지[10]를 40으로 설정합니다
(이 값은 변경하지 마세요).

context_length를 90일로 설정합니다.

학습률[11]을 0.0005로 설정합니다(5E-4는 0.0005의 지수 표현 값입니다).

prediction_length를 30일로 설정합니다.

---

9 옮긴이_ 학습할 때 샘플 데이터 중 네트워크에 한 번에 넘겨주는 데이터 사이즈

10 옮긴이_ 학습 성능이 개선되지 않을 때 학습 종료를 기다리는 학습 횟수

11 옮긴이_ 알고리즘을 최적화하기 위한 파라미터입니다. 학습할 때 손실 함수(loss function)의 값이 얼마나 수렴하는지에 따라 학습이 잘되는지 판단하게 되는데, 이 값은 손실 함수 계산 시 얼마나 변화 있게 학습할 것인지 정하는 가중치로 사용됩니다. 학습률이 너무 크면 너무 큰 값이 생성되어 학습이 제대로 되지 않고, 너무 작으면 값의 변화가 거의 없어 학습이 제대로 되지 않고 학습이 끝나버립니다.

이제 모델을 학습시키겠습니다. 모델 학습은 5분에서 10분 정도 걸립니다.

예제 6-23 모델 학습

```
%%time
data_channels = {          ← 모델을 생성하기 위해 학습 데이터와
                              테스트 데이터를 가져옵니다.
    "train": "{}/train/".format(s3_data_path),   ← 학습 데이터
    "test": "{}/test/".format(s3_data_path)      ← 테스트 데이터
}
estimator.fit(inputs=data_channels, wait=True)   ← estimator 함수를 실행시켜
                                                    모델을 생성합니다.
```

위 예제를 실행하면 모델이 학습됩니다. 이제부터는 학습 완료된 모델을 세이지메이커를 통해 호스팅하여 의사결정을 하겠습니다.

6.6.5 파트 5: 머신러닝 모델 호스팅

모델을 호스팅하는 작업은 몇 가지 단계로 진행됩니다. 맨 먼저 [예제 6-24]와 같이 현재까지 생성되어 있는 엔드포인트를 삭제하여 사용하지 않는 엔드포인트에 대한 비용 지불을 막도록 할 것입니다.

예제 6-24 기존의 엔드포인트 삭제

```
endpoint_name = 'energy-usage'
try:
    sess.delete_endpoint(
            sagemaker.predictor.RealTimePredictor(
                endpoint=endpoint_name).endpoint,
                delete_endpoint_config=True)
    print(
        'Warning: Existing endpoint deleted to make way for new endpoint.')
    from time import sleep
    sleep(10)
except:
    pass
```

이제 [예제 6-25]와 같이 예측을 위한 엔드포인트를 만들겠습니다. 이 예제에서는 m5.large 유형의 엔드포인트 서버를 사용할 것인데, 이는 엔드포인트로 사용하기에 서버의 성능과 가격 측면에서 매우 균형 잡힌 서버 유형입니다. 2019년 3월 현재 AWS는 이 유형의 서버에 대해 시간당 13.4센트를 부과합니다. 따라서 엔드포인트를 하루 동안 유지하면 총 비용은 3.22달러가 될 것입니다.

[예제 6-25]의 코드는 모두 이해할 필요 없습니다. 코드 중 DeepARPredictor는 아마존에서 제공하는 클래스로, DeepAR 모델의 결과를 JSON 객체가 아닌 팬더스 데이터프레임으로 볼 수 있게 만들어줍니다. 향후 아마존에서는 이 코드를 M 라이브러리의 일부로 만들 가능성이 큽니다. 지금은 셀을 클릭하고 Ctrl + Enter 를 눌러 실행하기만 합니다.

예제 6-25 predictor 클래스 설정

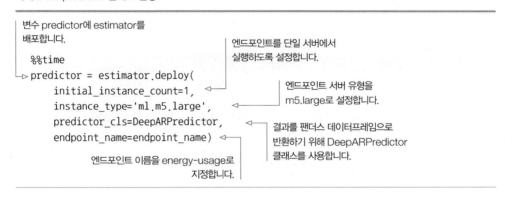

이제 예측을 실행할 준비가 되었습니다.

6.6.6 파트 6: 예측 실행 및 예측 결과를 차트로 시각화

이 장의 예제 노트북에서 남은 부분은 다음 세 가지 작업입니다.

- 50번째 백분위수(가장 가능성이 높은 백분위수) 예측을 표시하고 다른 두 백분위수 사이의 예측 범위도 표시하는 한 달간(30일)의 예측을 실행합니다. 예를 들어 80% 신뢰범위를 표시하면 예측에서 80% 신뢰수준에 해당하는 하한 및 상한 범위도 표시합니다.
- 결과를 쉽게 설명할 수 있도록 그래프로 그립니다.
- 2018년 11월 전체 데이터에 대해 예측을 실행합니다. 이 데이터는 학습에 사용하지 않았으므로 이 데이터에 대한 예측 결과로 모델의 정확도를 입증하게 될 것입니다.

단일 지점의 전력 사용량 예측

단일 지점의 전력 사용량을 예측하려면 해당 지점의 세부 정보를 predictor 함수에 전달하기만 하면 됩니다. 다음 예제에서는 지점 1의 데이터에 대해 predictor를 실행합니다.

예제 6-26 predictor 클래스 설정

```
predictor.predict(ts=daily_power_consumption_per_site[0]          지점 1에 대해
                  [start_date+30*start_date.freq:end_training],   predictor 함수를
                  quantiles=[0.1, 0.5, 0.9]).head()               실행합니다.
```

[표 6-6]은 지점 1에 대한 예측 실행 결과를 보여줍니다. 첫 번째 열은 날짜이고, 두 번째 열은 10번째 백분위수 예측 결과입니다. 그리고 세 번째 열은 50번째 백분위수 예측 결과이고, 마지막 열은 90번째 백분위수 예측 결과입니다.

표 6-6 키아라 회사의 지점 1에 대한 전력 사용량 예측 결과

Day	0.1	0.5	0.9
2018-11-01	1158.509766	1226.118042	1292.315430
2018-11-02	1154.938232	1225.540405	1280.479126
2018-11-03	1119.561646	1186.360962	1278.330200

이제 예측 실행 방법을 배웠으므로 예측 결과를 차트로 그리겠습니다.

단일 지점의 전력 사용량 예측 결과를 차트로 그리기

[예제 6-27]은 차트를 그리는 함수를 보여줍니다. 이 코드는 이 장 앞부분에서 차트 그리기를 연습한 노트북의 코드와 유사하지만, 결과의 범위를 그래픽으로 그리기 위해 몇 가지 복잡한 코드가 추가되어 있습니다.

예제 6-27 차트를 그리는 함수

```
def plot(              plot 함수의 매개변수를
    predictor,         설정합니다.
    target_ts,
    end_training=end_training,
    plot_weeks=12,
```

```python
    confidence=80
):
    frq = end_training.freq
    print(f"Calling served model to generate predictions starting from \
{end_training} to {end_training+prediction_length*frq}")

    low_quantile = 0.5 - confidence * 0.005
    up_quantile = confidence * 0.005 + 0.5

    plot_history = plot_weeks * 7

    fig = plt.figure(figsize=(20, 3))
    ax = plt.subplot(1,1,1)

    prediction = predictor.predict(
        ts=target_ts[:end_training],
        quantiles=[
            low_quantile, 0.5, up_quantile])

    target_section = target_ts[
        end_training-plot_history*frq:\
        end_training+prediction_length*frq]

    target_section.plot(
        color="black",
        label='target')

    ax.fill_between(
        prediction[str(low_quantile)].index,
        prediction[str(low_quantile)].values,
        prediction[str(up_quantile)].values,
        color="b",
        alpha=0.3,
        label=f'{confidence}% confidence interval'
    )
    prediction["0.5"].plot(
        color="b",
        label='P50')

    ax.legend(loc=2)
    ax.set_ylim(
        target_section.min() * 0.5,
        target_section.max() * 1.5)
```

하한 범위를 계산합니다.

상한 범위를 계산합니다.

plot_week 매개변수로 날짜 수를 계산합니다.

차트 크기를 설정합니다.

단일 차트로 그리도록 설정합니다.

prediction 함수
(예측 함수)

실젯값을 설정합니다(실제 전력
사용량을 그래프로 보여주기
위해 설정).

실젯값에 대한 그래프
선 색을 설정합니다.

예측 범위의 색을
설정합니다.

예측값의 색을
설정합니다.

범례를 생성합니다.

그래프의 척도를
설정합니다.

코드의 라인 1은 plot이라는 함수를 생성하여 각 지점의 데이터로 차트를 만듭니다. plot 함수에는 다음 세 가지 매개변수가 있습니다.

- **predictor**: [예제 6-26]에서 실행한 predictor로 지점에 대한 예측을 생성합니다.
- **plot_weeks**: 차트에 표시할 기간(주별 기간)
- **confidence**: 차트에 표시되는 범위에 대한 신뢰수준

[예제 6-27]의 라인 2와 3은 라인 1에서 매개변수로 받은 신뢰도 값으로 차트에 표시할 신뢰범위를 계산합니다. 라인 4는 매개변수 plot_weeks 값을 바탕으로 날짜 수를 계산합니다. 라인 5와 6은 차트의 크기와 그 안에 들어갈 차트 수를 설정합니다(이 예제에서는 차트 하나만 그립니다). 라인 7에서는 해당 지점에 대한 predictor 함수를 실행하여 그 결과를 변수 prediction에 반환합니다. 라인 8과 9는 차트의 날짜 범위와 실제 선의 색상을 설정합니다. 라인 10에서는 차트에 그릴 예측 범위를 설정하고, 라인 11에서는 예측선을 정의합니다. 마지막으로 라인 12와 13에서는 차트의 범례와 척도를 설정합니다.

> **NOTE_** 차트를 그리는 예제 함수(plot 함수)에서는 노트북의 앞부분에서 설정한 전역 변수를 사용합니다. 이러한 전역 변수의 사용은 이상적이지 않지만 이 책의 목적상 함수를 조금 더 단순하게 작성하기 위해 사용했습니다.

[예제 6-28]은 [예제 6-27]에서 정의한 함수를 실행합니다. 실행 결과로 단일 매장에 대한 실제 및 예측 데이터를 차트로 보여줍니다. 이 예제에서는 지점 34에 대해 신뢰수준을 80%로 정의하고, 예측 구간 이전의 8주를 더 포함해서 그려줍니다.

예제 6-28 차트를 생성하는 함수 실행

```
site_id = 34          ◁─┤ 차트를 그릴 지점을 설정합니다.
plot_weeks = 8        ◁─┤ 차트 안에 포함될 기간을 주별로 설정합니다.
confidence = 80       ◁─┤ 신뢰수준을 80%로 설정합니다.
plot(                 ◁─┤ plot 함수를 실행합니다.
        predictor,
        target_ts=daily_power_consumption_per_site[
            site_id][start_date+30*start_date.frq:],
        plot_weeks=plot_weeks,
        confidence=confidence
    )
```

[그림 6-8]은 [예제 6-28]을 수행하여 만든 차트입니다. 이 차트를 사용하면 각 키아라 지점의 전력 사용 예측량 패턴을 보여줄 수 있을 것입니다.

그림 6-8 키아라의 지점 중 1개에 대해 2018년 11월 한 달간의 실제 전력 사용량과 예측량을 보여주는 차트

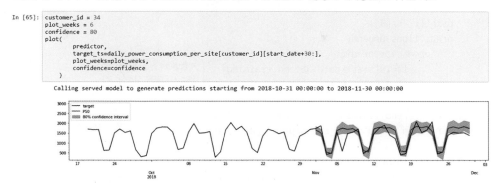

모든 지점에 대한 예측의 정확도 계산

앞의 과정으로 지점 1개에 대한 예측을 수행하고 그 결과를 차트로 볼 수 있게 되었습니다. 이제 모든 지점에 대해 오류율을 계산해볼 차례입니다. 오류율을 표현할 때 보통 **평균 절대 백분율 오차**mean absolute percentage error, MAPE를 사용합니다. 이 값은 실젯값과 예측값의 차이를 실젯값으로 나누어서 생성합니다. 예를 들어 실젯값이 50이고 예측값이 45라고 가정합시다. 그러면 MAPE 값은 50에서 45를 빼서 5를 얻은 다음 50을 나눈 값이 되는데, 이 경우의 MAPE 값은 0.1이 됩니다. 일반적으로 MAPE는 백분율로 표현되므로 0.1에 100을 곱하여 10%로 표시됩니다. 따라서 실젯값 50과 예측값 45의 MAPE는 10%가 됩니다.

MAPE를 계산하기 위해서는 맨 먼저 2018년 11월의 모든 데이터에 대해 predictor를 실행하여 예측값을 생성하고, 해당 달의 실젯값(실제 전력 사용량)을 가져옵니다. [예제 6-29]는 이 작업의 수행 방법을 보여줍니다.

[예제 6-29]의 라인 5에는 zip이라는 함수가 나오는데, 이 함수는 입력받은 두 리스트에서 항목을 1개씩 순차적으로 가져와서 쌍을 만들어 반환합니다. 따라서 이 함수를 사용하면 두 리스트에 반복문을 동시에 적용하여 각 리스트의 항목을 쌍으로 작업할 수 있습니다. 예제에서는 실젯값의 리스트와 예측값의 리스트로 예측값과 실젯값을 비교하여 출력하게 됩니다.

예제 6-29 전 지점에 대해 predictor 실행

```
predictions= []
for i, ts in enumerate(
    daily_power_consumption_per_site):       ← 전 지점에 대해 일별 지점 전력 사용량을
                                                  반복 작업하는 반복문
    print(i, ts[0])
    predictions.append(
        predictor.predict(
            ts=ts[start_date+30:end_training]      지점별 11월 한 달간 예측
            )['0.5'].sum())              ←       전력 사용량을 산출합니다.

usages = [ts[end_training+1:end_training+30].sum() \      지점별 11월 한 달간 실제
    for ts in daily_power_consumption_per_site]    ←     전력 사용량을 산출합니다.

for p,u in zip(predictions,usages):                ←     실제 전력 사용량과 예측 전력
    print(f'Predicted {p} kwh but usage was {u} kwh,')      사용량을 출력합니다.
```

다음 예제는 MAPE를 계산하는 코드입니다. 여기에서 정의한 함수는 나중에 MAPE를 계산할 때 사용합니다.

예제 6-30 MAPE 계산 함수 정의

```
def mape(y_true, y_pred):
    y_true, y_pred = np.array(y_true), np.array(y_pred)
    return np.mean(np.abs((y_true - y_pred) / y_true)) * 100
```

다음 예제는 2018년 11월 한 달간의 모든 지점의 실제 사용량 합과 예측값 합에 대해 함수 mape를 실행하여 모든 날짜에 대한 평균 MAPE 출력합니다.

예제 6-31 mape 함수 실행

```
print(f'MAPE: {round(mape(usages, predictions),1)}%')
```

모든 날짜에 대한 MAPE 값은 5.7%로, 기상 데이터를 아직 추가하지 않은 것을 감안하면 상당히 좋아 보입니다. 7장에서는 기상 데이터를 적용해보도록 하겠습니다. 또한 더 긴 기간의 데이터로 작업하여 DeepAR 알고리즘이 연간 추세를 감지할 수 있도록 하겠습니다.

6.7 엔드포인트 삭제와 노트북 인스턴스 중지

사용하지 않는 세이지메이커 서비스에 대해 요금을 지불하지 않으려면 노트북 인스턴스를 종료하고 엔드포인트를 삭제해야 합니다.

6.7.1 엔드포인트 삭제

부록 D는 세이지메이커 콘솔 화면에서 노트북 인스턴스를 종료하고 엔드포인트를 삭제하는 방법을 자세하게 설명하고 있지만, 다음 예제의 코드로도 엔드포인트를 삭제할 수 있습니다.

예제 6-32 엔드포인트 삭제

```
# Remove the endpoint (optional)
# Comment out this cell if you want the endpoint to persist after Run All
sagemaker.Session().delete_endpoint(rcf_endpoint.endpoint)
```

위 예제에서 맨 마지막 라인이 주석 처리되어 있으면 먼저 주석을 해제합니다. 그리고 나서 코드 셀을 마우스로 클릭한 다음 Ctrl + Enter 를 눌러 예제를 실행하면 엔드포인트가 삭제됩니다.

6.7.2 노트북 인스턴스 중지

노트북을 중지하려면 세이지메이커가 열려 있는 브라우저 탭으로 돌아갑니다. 세이지메이커 왼쪽 메뉴에서 'Notebook instances'를 클릭하여 사용 중인 노트북 인스턴스를 조회할 수 있습니다. 다음 그림과 같이 노트북 인스턴스 이름 왼쪽에 있는 라디오 버튼을 클릭하여 선택하고 'Actions → Stop'을 클릭하면 선택한 노트북이 중지됩니다. 노트북이 중지되기까지 몇 분 정도 소요됩니다.

그림 6-9 노트북 종료

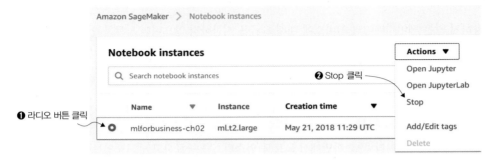

6.8 엔드포인트 삭제 여부 확인

노트북에서 코드로 엔드포인트를 삭제하지 않았다면(혹은 엔드포인트가 삭제되었는지 확인하려면) 세이지메이커 콘솔 화면에서 이 작업을 수행할 수 있습니다. 엔드포인트를 삭제하려면 엔드포인트 이름 왼쪽에 있는 라디오 버튼을 클릭하고 'Actions → Delete'를 클릭합니다.

엔드포인트를 모두 삭제하면 AWS는 더 이상 과금을 하지 않을 것입니다. 이를 확인하려면 세이지메이커의 엔드포인트 페이지에 'There are currently no resources'라는 메시지가 표시되어 있는지 보면 됩니다(그림 6-10).

그림 6-10 엔드포인트 삭제 확인

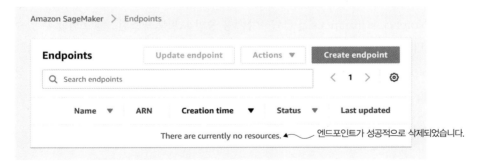

키아라는 이제 각 지점에 대해 전력 사용량을 MAPE 5.7%의 오류율로 예측할 수 있습니다. 그리고 각 지점의 예측 결과를 차트로 시각화하여 상사에게 보여줄 수 있습니다.

6.9 요약

- 시계열 데이터는 특정 간격의 다수의 관측치로 구성됩니다. 시계열 데이터를 라인 차트로 시각화할 수 있습니다.

- 주피터 노트북과 팬더스 라이브러리는 시계열 데이터를 변환하고 데이터의 라인 차트 생성을 위한 적합한 도구입니다.

- 맷플롯립은 파이썬의 차트 작성 라이브러리입니다.

- 주피터 노트북에 지시하는 명령은 % 기호로 시작합니다. 주피터 노트북에서 % 또는 %%로 시작하는 명령을 매직 커맨드라고 부릅니다.

- for 반복문은 데이터 분석과 머신러닝에 사용하는 가장 일반적인 유형의 반복 작업 방식입니다. enumerate 함수를 사용하면 리스트에 대한 반복 작업 횟수를 추적할 수 있습니다.

- 신경망(때로는 딥러닝이라고도 함)은 지도학습의 한 종류입니다.

- 세이지메이커의 DeepAR을 이용해 신경망을 구축할 수 있습니다.

- DeepAR은 아마존의 시계열 신경망 알고리즘으로, 시계열 유형의 데이터와 관련된 입력 데이터를 자동으로 조합하여 글로벌 모델에 넣어 미래 이벤트를 예측합니다. 이 글로벌 모델은 데이터셋에 있는 모든 시계열 데이터를 처리할 수 있습니다.

- DeepAR을 사용하여 전력 사용량을 예측할 수 있습니다.

## CHAPTER 7

월간 전력 사용량 예측 성능 향상

이 장의 내용

- 분석에 추가 데이터 사용
- 팬더스를 사용해서 결측치 보정
- 시계열 데이터의 시각화
- 신경망을 이용해서 미래 예측
- DeepAR을 사용해서 전력 사용량 예측

6장에서는 AWS의 세이지메이커 DeepAR 모델을 사용하여 키아라 회사의 48개 지점의 전력 사용량을 예측해보았습니다. 이때 각 지점의 1년 동안의 전력 사용량 데이터를 사용하여 2018년 11월 한 달간의 평균 전력 사용량을 예측하였고 그 예측 오류율은 단지 6% 이하였습니다. 이것은 대단한 일이긴 하지만 이 장에서는 이 예측을 더 향상시키기 위해 필요한 데이터를 추가 반영하고 결측값을 보정하도록 하겠습니다. 먼저 DeepAR에 대해 좀 더 심도 깊게 알아보겠습니다.

7.1 DeepAR의 주기적 현상 파악 능력

6장에서 DeepAR 알고리즘으로 데이터의 주간 경향 패턴을 예측할 수 있었습니다. [그림 7-1]은 지점 33의 11월 전력 사용량의 예측값과 실젯값을 보여줍니다.

그림 7-1 6장에서 만든 DeepAR 모델로 예측한 지점 33의 11월 전력 사용량 예측값과 실젯값

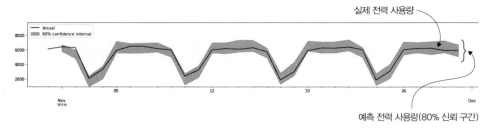

이 작업으로 키아라는 회사의 영웅이 되었습니다. 회사 사내 뉴스에서는 키아라가 예측한 12월의 전력 사용량 대해 무려 2페이지가 넘는 커버스토리를 발표했습니다. 하지만 안타깝게도 그다음 해 1월에 보니 12월의 예측 결과가 실제와 비교했을 때 그리 정확하지 않았습니다. 키아라에게는 참 다행스럽게도 크리스마스 휴가로 많은 직원이 눈치채지 못했고, 게다가 지점 몇 개는 휴일이라 영업을 하지 않아서 아예 전력을 사용하지도 않습니다.

분석가와 키아라가 12월의 예측 정확성이 떨어진 이유를 논의하다가 동시에 같은 의견을 냈습니다. '잠깐만! 12월에는 많은 직원이 휴가를 갔고, 지점들은 휴업을 했기 때문에 12월의 예측이 빗나가는 것은 당연한 거야.'

시계열 데이터 안에 12월의 주요 이벤트인 크리스마스처럼 주기적인 이벤트가 있는 경우 머신러닝 모델이 경향을 파악할 정도의 충분한 데이터가 있다면 예측은 여전히 정확할 것입니다. 이를 위해서는 머신러닝 모델이 크리스마스 기간의 전력 사용량 경향을 파악해야 하기 때문에 적어도 6~7년의 전력 사용량 데이터가 필요합니다. 하지만 전력 사용량계가 2017년 11월에 설치되어서 이런 방법을 사용할 수 없습니다. 그럼 어떻게 해야 할까요?

다행히도 여기서 사용하는 모델인 세이지메이커의 DeepAR은 신경망 구조로 되어 있고, 신경망은 서로 다른 시계열 데이터를 하나로 합쳐서 예측할 수 있습니다. 그리고 이때 별도의 시계열 데이터를 추가해서 사용할 수 있는데, 이 추가 데이터는 원래의 시계열 데이터로는 직접 추론할 수 없는 시계열 예측의 이벤트를 설명하는 데 사용할 수 있습니다.

이 작업을 어떻게 할 수 있는지 보여주기 위해 먼저 일반적인 달의 전력 사용량의 시계열 데이터를 [그림 7-2]에서 살펴보겠습니다. x축은 날짜이고, y축은 일별 전력 사용량입니다. 색으로 칠해진 부분은 80% 신뢰구간입니다.

그림 7-2 실제와 예측된 월간 전력 사용량

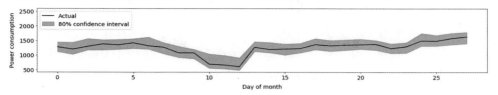

신뢰구간이 80%라는 말은 '5일 중 적어도 4일의 실제 전력 사용량이 예측한 구간 안에 들어갈 것이다'라는 것을 의미합니다. [그림 7-2]에 나타난 실제 전력 사용량은 이 80% 신뢰구간 내에 존재하는 것으로 나옵니다.

하지만 [그림 7-3]에서는 일반적이지 않은 월의 실제 전력 사용량과 예측량을 보여주는데, 이 달에는 10일과 12일에 전력 사용이 중단되었습니다. 그림에서 보듯이 실제 전력 사용량이 갑자기 줄어들었지만 예측은 이것을 반영 못했습니다.

그림 7-3 전력 사용 중단 날짜가 있는 월의 실제 전략 사용량과 예측량

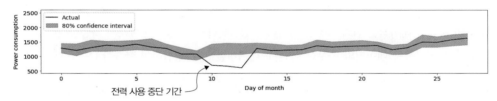

전력 사용이 중단된 날짜가 포함된 월의 예측이 실제 데이터와 차이가 나는 이유는 다음 3가지가 있을 수 있습니다. 첫 번째는 전력 사용 중단은 매번 주기적으로 일어나는 일이지만 DeepAR이 판별하기에 충분한 데이터가 없다는 것입니다. 두 번째는 이 전력 사용 중단 현상은 주기적인 일이 아니라는 것입니다(그래서 과거 데이터에서 찾아볼 수 없습니다). 하지만 이 현상은 다른 데이터셋을 이용하면 추론할 수 있습니다. 예를 들어 전력 사용 중단 현상은 키아라 회사의 지점들이 12월에 휴업하는 지점에서만 나타날 수 있습니다. 그러므로 전력 사용량 데이터에서는 이 현상을 예측할 수 없지만, 휴업하는 지점의 직원 근무 계획을 반영한다면 예측할 수 있습니다. 이에 대해서는 다음 절에서 더 자세하게 알아보겠습니다. 세 번째는 전력 사용 중단이 계획된 것도 아니고, 이런 중단 현상을 파악할 수 있는 어떠한 데이터셋도 없다는 것입니다. 예를 들어 이 전력 사용 중단이 직원들의 파업 때문일 수 있습니다. 머신러닝 모델이 노조 활동을 예측하지 못하는 한 머신러닝 모델은 이 기간 동안의 전력 사용량을 정확하게 예측하지 못할 것입니다.

7.2 DeepAR의 강점: 연관된 시계열 데이터 병합

DeepAR 모델이 시계열 데이터의 경향을 파악하기 위해서는 데이터가 추가적으로 필요할 수 있습니다. 예를 들어 전력 중단이 일어난 기간에 소수의 직원만 근무한다면 이 정보를 DeepAR에 입력하여 전력 중단 현상을 제대로 예측할 수 있을 것입니다.[1]

[그림 7-4]는 전력 중단이 있던 달에 근무한 직원 수를 보여줍니다. 전체 기간 중 대부분의 기간에는 근무한 직원이 10~15명이었지만, 10일부터 12일에는 근무한 직원이 4~6명뿐이었습니다.

그림 7-4 전력 사용 중단이 있던 달의 월간 근무 계획표에 따른 근무한 직원 수

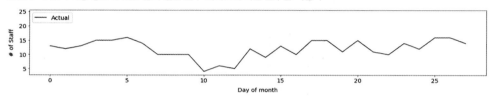

만약 이 시계열 데이터를 전력 사용량 데이터와 병합한다면 더 정확한 예측이 가능합니다. [그림 7-5]는 전력 사용량 데이터와 근무한 직원 수 데이터를 서로 병합하여 학습한 DeepAR 모델을 사용하여 전력이 중단된 달의 전력 사용량을 예측한 것입니다.

그림 7-5 전력 사용량 데이터와 근무한 직원 수 데이터를 병합하여 예측한 전력 사용량

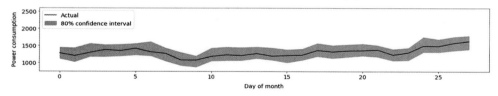

이 장에서는 DeepAR 모델에 추가 데이터를 병합하여 일어날 사건이 주기적이든 비주기적이든 알려진 사건이기만 하면 예측의 정확성을 향상시킬 수 있는 방법을 설명하겠습니다. 하지만 시계열 데이터의 기간이 충분하지 않아서 모델을 예측에 적용하기에는 아직 부족합니다.

---

1 AWS 웹사이트에 DeepAR에 대한 자세한 내용이 나와 있습니다(docs.aws.amazon.com/sagemaker/latest/dg/deepar.html).

7.3 전력 사용량 예측 모델에 추가 데이터 병합

6장에서는 키아라 회사의 41개 지점의 전력 사용량을 DeepAR을 사용해서 예측했습니다. 이 머신러닝 모델은 11월의 전력 사용량을 어느 정도 정확하게 예측했지만, 12월의 경우에는 지점 몇 곳이 문을 닫거나 정상 영업을 안 했기 때문에 예측이 11월의 결과보다 덜 정확했습니다.

추가적으로 고려할 것은 계절적인 요소인데, 전력 사용량이 계절적으로 등락이 있음을 볼 수 있습니다. 이 현상은 온도 변화에 기인한 것으로 볼 수 있지만 지점의 유형에 따른 사용량 패턴 때문일 수도 있습니다. 예를 들어 주말마다 문을 닫는 지점이 있는 반면 한 번도 쉬지 않는 지점도 있습니다. 이런 점을 키아라와 논의한 결과 지점이 상가 지역에도 있고, 산업 지역이나 교통 관련 시설이 있는 지역에도 있음을 알게 되었습니다.

이 장에서 만들 노트북에서는 이런 추가 데이터를 병합하는 작업을 합니다. 특히 다음 데이터를 6장에서 다뤘던 데이터에 병합할 것입니다.

- **지점 카테고리**: 상가, 산업, 교통 지역 등을 표기
- **지점 휴일**: 계획된 휴무 여부 표기
- **지점의 최고 온도**: 각 지점의 일별 최고 온도 예측값

이제 이 3개의 데이터셋으로 모델을 학습하겠습니다.

데이터셋의 종류

이 장에서 사용할 3개의 데이터셋은 다음과 같이 2개의 데이터 타입을 가집니다.

- **범주형**: 각 지점에 대해 변경되지 않는 정보입니다. 예를 들어 지점의 카테고리 데이터셋은 범주형 데이터만 가지고 있습니다(예를 들어 상가 지역의 지점은 항상 상가 지점으로 분류됩니다).
- **동적 데이터**: 시간에 따라 계속 변하는 데이터입니다. 휴일이나 일별 최고 온도 등이 그 예입니다.

12월의 전력 사용량을 예측할 때 12월의 휴일 정보와 일별 최고 온도 예보 정보를 사용할 것입니다.

7.4 머신러닝 모델 구축 준비

앞 장에서와 같이 세이지메이커에 노트북을 설정하고 예측을 미세하게 조정하려면 다음 작업을 수행해야 합니다.

1 AWS의 S3에서 이 장의 예제 노트북 파일 다운로드

2 AWS 세이지메이커에 노트북 실행을 위한 폴더 생성

3 AWS 세이지메이커에 다운로드한 노트북 업로드

4 AWS의 S3에서 데이터셋 파일 다운로드

5 S3 버킷에 데이터를 저장할 폴더 생성

6 S3 버킷에 다운로드한 데이터셋 파일 업로드

위 작업들은 이전 장들에서 계속 한 작업이므로 이 장에서는 빠르게 살펴보도록 하겠습니다.

7.4.1 예제 노트북 다운로드

이 장에서 사용할 예제 노트북은 AWS의 S3에 미리 준비되어 있습니다. 다음 링크에서 이 장에서 사용할 주피터 노트북 파일을 다운로드합니다.

```
https://s3.amazonaws.com/mlforbusiness/ch07/energy_consumption_additional_
datasets.ipynb
```

일단 이 노트북 파일을 PC에 저장해두세요. 7.4.3절에서 이 파일을 세이지메이커에 업로드할 것입니다.

7.4.2 세이지메이커에 폴더 설정

먼저 웹 브라우저에서 AWS의 세이지메이커 콘솔 화면으로 가야 하는데, `https://console.aws.amazon.com/sagemaker/home` 링크로 이동하면 됩니다. 이 화면의 왼쪽 메뉴에서 'Notebook instances'를 클릭하면 세이지메이커에서 독자가 사용하는 노트북 인스턴스를 볼 수 있습니다. 만약 노트북이 중지 상태이면 Start를 클릭해 다시 시작해야 하고, 시작되었으면 Open Jupyter를 클릭하세요.

Open Jupyter를 클릭하면 웹브라우저의 새로운 탭에 노트북 화면이 열리는데, 이 노트북 화면에서는 세이지메이커 노트북의 폴더 리스트를 보여줍니다. 만약 이전 장의 설명대로 작업을 했다면 각 장의 폴더를 볼 수 있을 것입니다. 이 장의 작업을 위해 새로운 폴더 ch07을 생성하세요.

7.4.3 세이지메이커에 노트북 파일 업로드

새로 생성한 ch07 폴더를 클릭하여 ch07 폴더로 이동한 후 Upload 버튼을 클릭하여 7.3.1절에서 다운로드한 노트북 파일을 세이지메이커에 업로드합니다. [그림 7-6]은 노트북 파일을 업로드한 후의 세이지메이커 화면을 보여줍니다.

그림 7-6 업로드한 energy_consumption_additional_datasets 노트북 파일 조회

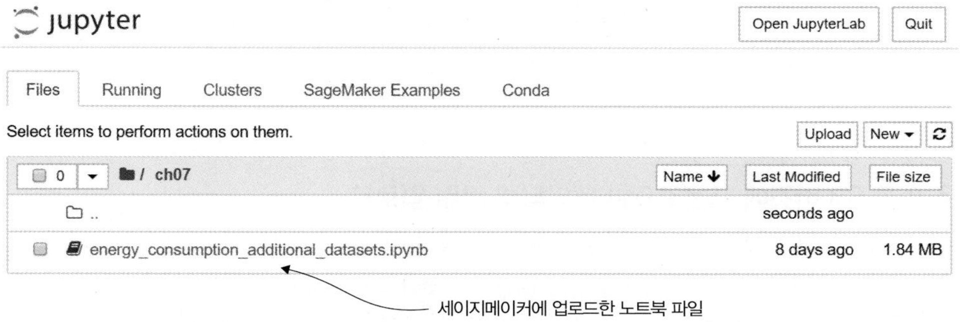

세이지메이커에 업로드한 노트북 파일

7.4.4 데이터셋 파일 다운로드

이 장에서 사용할 데이터도 AWS의 S3에 미리 준비되어 있습니다. 다음 링크에서 이 장에서 사용할 데이터셋을 다운로드합니다.

- **전력 사용량 데이터**: https://s3.amazonaws.com/mlforbusiness/ch07/meter_data_daily.csv
- **지점 카테고리**: https://s3.amazonaws.com/mlforbusiness/ch07/site_categories.csv
- **지점 휴일 정보**: https://s3.amazonaws.com/mlforbusiness/ch07/site_holidays.csv
- **지점 최고 온도**: https://s3.amazonaws.com/mlforbusiness/ch07/site_maximums.csv

이 장에서 사용할 전력 사용량 데이터는 BidEnergy(http://www.bidenergy.com)에서 제공한 데이터인데, BidEnergy는 전력 사용량 예측과 전력 비용 최소화 분야의 전문 회사입니다. 물론 BidEnergy가 사용하는 알고리즘은 이 장에서 소개한 알고리즘보다 훨씬 복잡하고 정교합니다. 하지만 이 장의 내용만으로도 시계열 예측에 머신러닝 특히 신경망을 일반적으로 어떻게 적용할 수 있는지 알 수 있을 것입니다.

7.4.5 S3 버킷에 데이터 저장 폴더 생성

AWS의 S3 서비스 콘솔 화면에서 앞 장에서 생성한 S3 버킷으로 이동한 뒤 이 장에서 사용할 새로운 폴더를 생성합니다. 아래 링크에서 S3 버킷 리스트를 조회할 수 있습니다.

```
https://s3.console.aws.amazon.com/s3/buckets
```

이 책에서는 S3 버킷 이름을 mlforbusiness로 사용하지만 독자의 버킷 이름은 다를 수도 있습니다(독자가 별도의 이름을 지정했다면). 각자의 버킷을 클릭한 다음 버킷 안에 ch07 폴더를 새로 생성하세요.

7.4.6 S3 버킷에 다운로드한 데이터셋 파일 업로드

S3에 ch07 폴더를 생성했으면 Upload 버튼을 클릭하여 7.4.4절에서 다운로드한 데이터셋 파일을 업로드합니다. [그림 7-7]은 파일을 업로드한 후의 S3 폴더 화면을 보여줍니다.

그림 7-7 S3에 업로드한 CSV 데이터셋 파일 조회

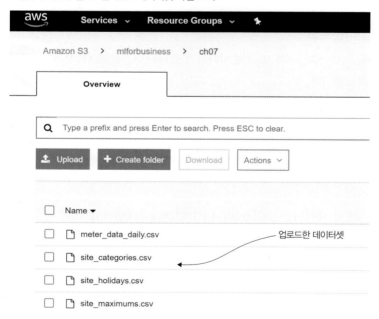

7.5 머신러닝 모델 구축

지금부터 S3에 업로드한 데이터와 세이지메이커에 업로드한 노트북 파일을 사용하여 머신러닝 모델을 만들겠습니다. 이전 장과 마찬가지로 이 장에서도 노트북 코드를 다음 6단계로 나누어 하나씩 살펴보겠습니다.

1. 노트북 설정
2. 데이터셋 불러오기
3. 데이터를 모델에 적합한 형태로 가공
4. 학습 및 테스트용 데이터셋 생성
5. 모델 설정 및 모델 구축을 위한 서버 설정
6. 예측 실행 및 예측 결과를 차트로 시각화

7.5.1 파트 1: 노트북 설정

앞 장과 마찬가지로 첫 번째 단계에서는 세이지메이커에 데이터가 저장되어 있는 S3 버킷 및 하위 폴더의 이름을 알려주어야 합니다. 라인 1에서 S3 버킷 이름(mlforbusiness)을 독자의 버킷 이름으로 수정하고, 라인 2에서 하위 폴더 이름(ch07)도 데이터를 저장한 S3 버킷의 하위 폴더 이름으로 변경하세요. 라인 3에서 학습 및 테스트용 데이터가 저장되어 있는 S3 경로를 설정하고, 라인 4에서 학습된 모델을 저장할 경로를 설정합니다.

예제 7-1 노트북 설정하기

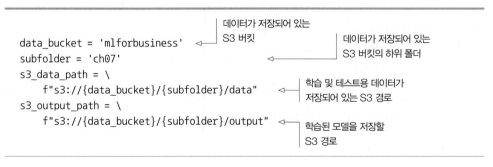

```
data_bucket = 'mlforbusiness'          ← 데이터가 저장되어 있는 S3 버킷
subfolder = 'ch07'                     ← 데이터가 저장되어 있는 S3 버킷의 하위 폴더
s3_data_path = \
    f"s3://{data_bucket}/{subfolder}/data"     ← 학습 및 테스트용 데이터가 저장되어 있는 S3 경로
s3_output_path = \
    f"s3://{data_bucket}/{subfolder}/output"   ← 학습된 모델을 저장할 S3 경로
```

다음 예제는 필요한 모듈을 불러오는 코드로, 6장과 동일한 모듈을 사용하므로 자세한 설명은 생략하겠습니다.

```
%matplotlib inline

from dateutil.parser import parse
import json
import random
import datetime
import os

import pandas as pd
import boto3
import s3fs
import sagemaker
import numpy as np
import pandas as pd
import matplotlib.pyplot as plt
import time import sleep

role = sagemaker.get_execution_role()
s3 = s3fs.S3FileSystem(anon=False)
s3_data_path = f"s3://{data_bucket}/{subfolder}/data"
s3_output_path = f"s3://{data_bucket}/{subfolder}/output"
```

7.5.2 파트 2: 데이터셋 불러오기

다른 장과 달리 이 장의 노트북에서는 전력 사용량, 지점 카테고리, 지점 휴일, 최고 온도 데이터셋 등 총 4개의 데이터셋을 한 번에 사용할 것입니다. 다음 예제는 전력 사용량 데이터를 불러오는 방법을 보여줍니다.

예제 7-3 전력 사용량 데이터 불러오기

```
daily_df = pd.read_csv(
    f's3://{data_bucket}/{subfolder}/meter_data_daily.csv',
    index_col=0,
    parse_dates=[0])
daily_df.index.name = None
daily_df.head()
```

이 장에서 사용하는 전력 사용량 데이터셋에는 6장보다 몇 개월의 데이터가 더 들어 있습니다. 6장에서는 데이터의 기간이 2017년 10월부터 2018년 10월까지였지만, 이 장에서는 데이터의 기간이 2017년 11월부터 2019년 2월까지입니다.

예제 7-4 전력 사용량 데이터셋의 정보 출력

```
print(daily_df.shape)
print(f'timeseries starts at {daily_df.index[0]} \
and ends at {daily_df.index[-1]}')
```

[예제 7-5]는 지점의 카테고리 데이터를 불러오는 방법을 보여줍니다. 지점의 카테고리는 다음 3가지입니다.

- 상가 지역
- 산업 지역
- 교통 지역

예제 7-5 지점의 카테고리 데이터 불러오기와 정보 출력

```
category_df = pd.read_csv
    (f's3://{data_bucket}/{subfolder}/site_categories.csv',
    index_col=0
    ).reset_index(drop=True)
print(category_df.shape)
print(category_df.Category.unique())
category_df.head()
```

[예제 7-6]에서는 지점의 휴일 데이터셋을 불러옵니다. 근무일과 주말은 0으로 표기하고 휴일은 1로 표기합니다. 주말을 휴일로 처리하지 않는 이유는 DeepAR이 지점의 전력 사용량 데이터에서 주간 전력 사용 패턴을 파악할 수 있기 때문입니다.[2] DeepAR이 데이터의 연간 패턴을 파악할 수 있을 정도로 충분한 데이터는 아니지만 그래도 지점의 휴일 데이터셋이 있다면 휴일에 대한 패턴을 파악할 수 있을 것입니다.

---

2 옮긴이_ 지점에 따라 주말에 휴업을 하지 않는 경우도 있습니다.

```
holiday_df = pd.read_csv(
    f's3://{data_bucket}/{subfolder}/site_holidays.csv',
    index_col=0,
    parse_dates=[0])
print(holiday_df.shape)
print(f'timeseries starts at {holiday_df.index[0]} \
and ends at {holiday_df.index[-1]}')
holiday_df.loc['2018-12-22':'2018-12-27']
```

[예제 7-7]은 각 지점의 일별 최고 온도를 보여줍니다. 호주에 있는 지점의 경우 여름에는 전력 사용량이 기온의 상승에 따라 늘어나는데, 이는 에어컨을 사용하기 때문입니다. 반면 좀 덜 덥고 온화한 지역에서는 기온이 섭씨 0도 이하로 하락하면 전력 사용량이 늘어나는데, 이는 난방 때문입니다.

예제 7-7 각 지점의 최고 온도 정보 출력

```
max_df = pd.read_csv(
    f's3://{data_bucket}/{subfolder}/site_maximums.csv',
    index_col=0,
    parse_dates=[0])
print(max_df.shape)
print(f'timeseries starts at {max_df.index[0]} \
and ends at {max_df.index[-1]}')
```

이제 데이터를 노트북으로 불러오는 작업이 끝났습니다. 다시 요약하면 각 지점별로 2018년 11월 1일부터 2019년 2월 28일까지 일별로 아래 항목들을 CSV 파일에서 불러왔습니다.

- 전력 사용량 데이터
- 지점 카테고리(상가, 산업, 교통)
- 지점 휴일 정보(1은 휴일, 0은 주말과 주중을 포함한 근무일)
- 지점 최고 온도

이제 불러온 데이터셋을 DeepAR이 학습하기에 적합한 형태로 가공하겠습니다.

7.5.3 파트 3: 데이터를 모델에 적합한 형태로 가공

앞 절에서 데이터를 데이터프레임으로 불러왔으므로 데이터셋으로 DeepAR 모델을 학습할 수 있습니다. 데이터셋의 형태는 모두 같습니다. 열은 지점을 나타내고, 행은 날짜를 나타냅니다.

먼저 이 데이터셋 안에 문제가 될 만한 결측값이 없는지 확인할 것입니다. DeepAR은 학습 데이터에 결측값이 있더라도 잘 동작을 하지만, 예측할 때는 결측값이 있으면 처리할 수 없습니다. 이 문제를 해결하기 위해 예측 구간의 데이터에 대해 결측값을 보정해줄 필요가 있습니다. 데이터 중 2017년 11월 1일부터 2019년 1월 31일까지의 데이터는 학습에 사용하고, 2018년 12월 1일부터 2019년 2월 28일까지의 데이터는 테스트에 사용할 것입니다. 따라서 예측 구간인 2018년 12월 1일부터 2019년 2월 28일까지의 데이터에는 결측값이 있으면 안 됩니다. 다음 예제는 값이 0일 경우 이 값을 None으로 변경한 후 결측값을 확인하는 코드입니다.

예제 7-8 전력 사용량 데이터에서 결측값 확인

```
daily_df = daily_df.replace([0],[None])
daily_df[daily_df.isnull().any(axis=1)].index
```

위 예제를 실행하면 2017년 11월에는 결측값이 있지만 그 이후에는 결측값이 없는 것을 알 수 있는데, 이는 전력 사용량계가 2017년 11월 이후에 설치되었기 때문입니다. 따라서 예측 구간에 결측값이 없으므로 이 데이터셋에 결측값 처리를 할 필요는 없습니다.

다음 예제에서는 지점의 카테고리와 휴일 데이터의 결측값을 체크합니다. 예제를 실행해본 결과 결측값이 없으므로 최고 온도 데이터의 처리로 넘어가겠습니다.

예제 7-9 지점 카테고리와 휴일 데이터의 결측값 확인

```
print(f'{len(category_df[category_df.isnull().any(axis=1)])} \
sites with missing categories.')
print(f'{len(holiday_df[holiday_df.isnull().any(axis=1)])} \
days with missing holidays.')
```

다음 예제는 최고 온도 데이터의 결측값을 확인합니다. 이 예제를 실행한 결과 일부 날짜에 결측값이 있었습니다. 이 결측값은 문제가 되지만 쉽게 보정할 수 있습니다.

예제 7-10 최고 온도 데이터의 결측값 확인

```
print(f'{len(max_df[max_df.isnull().any(axis=1)])} \
days with missing maximum temperatures.')
```

다음 예제는 interpolate 함수를 사용하여 시계열 데이터의 결측값을 보정하는 코드입니다. 다른 정보가 없을 때 기온의 시계열 데이터의 결측값을 추정하는 가장 좋은 방법은 시간을 기준으로 선형 보간법[3]을 사용하는 것입니다.

예제 7-11 최고 온도 데이터의 결측값 보정

```
max_df = max_df.interpolate(method='time')          ◁──  선형 보간법을 사용하여
print(f'{len(max_df[max_df.isnull().any(axis=1)])} \       결측값을 보정합니다.
days with missing maximum temperatures. Problem solved!')
```

이 장의 데이터셋이 6장에서 사용한 데이터셋과 유사한지 확인하려면 데이터를 차트로 그려서 시각화해보는 것이 좋습니다. 6장에서는 여러 차트를 한 번에 그리기 위해 맷플롯립 라이브러리를 사용하는 방법을 배웠습니다. [예제 7-12]는 여러 차트를 한 번에 그리는 예제입니다. 라인 1에서 차트를 6행, 2열에 넣을 수 있도록 서브플롯을 설정합니다. 라인 2에서 반복 작업을 하기 위해 생성한 6×2 서브플롯 형태를 시리즈로 변환합니다. 라인 3에서 차트로 보여줄 지점 12곳을 정의합니다. 그리고 라인 4에서 7까지는 각 차트에 내용을 채웁니다.

예제 7-12 각 지점의 전력 사용량에 대한 차트 그리기

```
print('Number of timeseries:',daily_df.shape[1])
fig, axs = plt.subplots(
    6,
    2,                          차트가 6행, 2열로 들어갈 수 있도록
    figsize=(20, 20),           서브플롯을 설정합니다.
    sharex=True)      ◁──
                                            6×2 플롯 테이블에서
axx = axs.ravel()      ◁──                  시리즈를 생성합니다.        차트로 그릴 지점을
indices = [0,1,2,3,26,27,33,39,42,43,46,47]                           설정합니다.
for i in indices:
                                                           반복적으로 실행하면서
    plot_num = indices.index(i)          ◁──               지점 목록에서 각 지점의
    daily_df[daily_df.columns[i]].loc[                     번호를 가져옵니다.
```

---

3 옮긴이_ 보간법은 기존의 점을 이용해 새로운 점을 유추하는 방법입니다. 그중 선형 보간법은 주어진 두 점 사이에 위치한 값을 추정하기 위해 두 점에 직선을 긋고 그 사이의 값을 그어진 직선에 해당하는 값으로 유추하는 방법입니다.

```
       "2017-11-01":"2019-02-28"                    차트로 그릴 데이터를
       ].plot(ax=axx[plot_num])     ◁─┤  가져옵니다.
axx[plot_num].set_xlabel("date")              ◁─────┤  x축 이름 설정
axx[plot_num].set_ylabel("kW consumption")    ◁─────┤  y축 이름 설정
```

[그림 7-8]은 [예제 7-12]의 출력 결과입니다. 그림에서는 6×2 그리드에 그려진 12개의 차트 중 4개만 보여주지만, 노트북에서 코드를 실행시키면 차트 8개가 더 출력됩니다.

그림 7-8 2017년 11월부터 2019년 2월까지 전력 사용량을 보여주는 차트

각 도표 데이터는 2017년 11월부터 2019년 2월까지의
전력 소모량의 변화량을 보여줍니다.

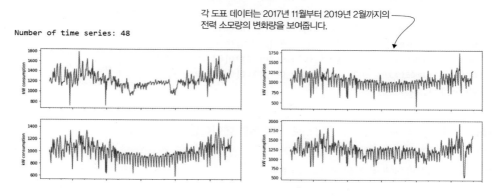

지금부터는 가공된 데이터로 학습 및 테스트용 데이터셋을 생성하겠습니다.

7.5.4 파트 4: 학습 및 테스트용 데이터셋 생성

이전 파트에서 데이터셋 4개를 팬더스 데이터프레임으로 불러와서 결측값을 보정했습니다. 여기서는 학습 및 테스트용 데이터셋을 생성하기 위해 기존의 데이터셋을 데이터프레임에서 리스트로 변경하겠습니다.

[예제 7-13]에서는 범주형 데이터를 숫자로 된 리스트로 변환합니다. 0부터 2까지의 숫자는 각각 상가, 산업, 교통 지역을 나타냅니다.

예제 7-13 범주형 데이터를 숫자의 리스트로 변환

```python
cats = list(category_df.Category.astype('category').cat.codes)
print(cats)
```

다음 예제에서는 전력 사용량 데이터를 리스트의 리스트로 변환합니다. 각 지점 데이터가 하나의 리스트가 되어 전체 지점에 대해 리스트 48개가 생성되고, 이 48개의 리스트에 대한 리스트가 생성됩니다.

예제 7-14 전력 사용량 데이터를 리스트의 리스트로 변환

```python
usage_per_site = [daily_df[col] for col in daily_df.columns]
print(f'timeseries covers {len(usage_per_site[0])} days.')
print(f'timeseries starts at {usage_per_site[0].index[0]}')
print(f'timeseries ends at {usage_per_site[0].index[-1]}')
usage_per_site[0][:10]
```

지점 0의 전력 사용량 중 처음 10일간의 데이터를 출력합니다.

다음 예제는 앞의 예제와 같은 방법으로 지점 휴일 데이터를 처리합니다.

예제 7-15 지점 휴일 데이터를 리스트의 리스트로 변환

```python
hols_per_site = [holiday_df[col] for col in holiday_df.columns]
print(f'timeseries covers {len(hols_per_site[0])} days.')
print(f'timeseries starts at {hols_per_site[0].index[0]}')
print(f'timeseries ends at {hols_per_site[0].index[-1]}')
hols_per_site[0][:10]
```

다음 예제는 지점의 최고 온도 데이터를 리스트의 리스트로 변환합니다.

예제 7-16 최고 온도 데이터를 리스트의 리스트로 변환

```python
max_per_site = [max_df[col] for col in max_df.columns]
print(f'timeseries covers {len(max_per_site[0])} days.')
print(f'timeseries starts at {max_per_site[0].index[0]}')
print(f'timeseries ends at {max_per_site[0].index[-1]}')
max_per_site[0][:10]
```

이제부터는 리스트 포맷으로 변경된 데이터로 학습 및 테스트용 데이터를 생성하여 S3에 파일로 저장하도록 하겠습니다. [예제 7-17]에서 학습 및 테스트용 데이터의 시작 날짜를 모두 '2017년 11월 1일'로 설정합니다. 그리고 학습 데이터의 종료 날짜는 '2019년 1월 31일'로, 테스트 데이터의 종료 날짜는 28일을 더 해서 '2019년 2월 28일'로 설정합니다.

예제 7-17 학습 및 테스트용 데이터의 시작 날짜와 종료 날짜 설정

```
freq = 'D'
prediction_length = 28

start_date = pd.Timestamp("2017-11-01", freq=freq)
end_training = pd.Timestamp("2019-01-31", freq=freq)
end_testing = end_training + prediction_length*start_date.freq

print(f'End training: {end_training}, End testing: {end_testing}')
```

이제 6장에서 했던 것처럼 [예제 7-18]과 같은 간단한 함수를 만드는데, 이 함수는 데이터셋을 S3에 파일로 저장합니다. 그리고 [예제 7-19]에서는 이 함수를 학습과 테스트용 데이터셋에 적용합니다.

예제 7-18 S3에 데이터셋을 저장하는 함수 생성

```
def write_dicts_to_s3(path, data):
    with s3.open(path, 'wb') as f:
        for d in data:
            f.write(json.dumps(d).encode("utf-8"))
            f.write("\n".encode('utf-8'))
```

다음 [예제 7-19]는 학습용과 테스트용 데이터셋을 생성합니다. DeepAR은 범주형 데이터를 동적 데이터와 분리하여 입력해야 합니다. 다음 예제에서는 이러한 작업 방법을 보여주는데, 이 내용은 주의 깊게 살펴볼 필요가 있습니다.

```
training_data = [
    {
        "cat": [cat],                                    지점의 카테고리에 대한
        "start": str(start_date),          ←──────       범주형 데이터
        "target": ts[start_date:end_training].tolist(),
        "dynamic_feat": [
            hols[
                start_date:end_training
                ].tolist(),         ←────── 지점의 휴일에 대한 동적 데이터
            maxes[                          (연속형 데이터)
                start_date:end_training
                ].tolist(),         ←────── 지점의 최고 온도에 대한 동적 데이터
            ] # 노트: 리스트의 리스트         (연속형 데이터)
    }
    for cat, ts, hols, maxes in zip(
        cats,
        usage_per_site,
        hols_per_site,
        max_per_site)
]

test_data = [
    {
        "cat": [cat],
        "start": str(start_date),
        "target": ts[start_date:end_testing].tolist(),
        "dynamic_feat": [
            hols[start_date:end_testing].tolist(),
            maxes[start_date:end_testing].tolist(),
            ] # 노트: 리스트의 리스트
    }
    for cat, ts, hols, maxes in zip(
        cats,
        usage_per_site,
        hols_per_site,
        max_per_site)
]
write_dicts_to_s3(f'{s3_data_path}/train/train.json', training_data)
write_dicts_to_s3(f'{s3_data_path}/test/test.json', test_data)
```

이 장에서 노트북을 설정할 때는 이전과 약간 다른 방법을 사용합니다. 이 장의 목적은 시계열 예측의 정확도를 높이기 위해 어떻게 추가 데이터를 활용할 수 있는지 이해하는 것입니다. 그리고 이를 위해 실제로 추가한 데이터는 지점 카테고리, 지점 휴일, 그리고 지점 최고 온도 데이터입니다.

이런 추가 데이터셋이 예측에 주는 영향력을 확인할 수 있도록 예제 노트북 파일에는 추가 데이터셋을 사용하지 않는 모델을 생성하고 테스트하는 코드를 주석 처리했습니다. 이 결과를 보고 싶다면 주석을 해제하고 전체 노트북 실행을 다시 해야 합니다. 실행 결과를 보면 추가 데이터를 사용하지 않았을 경우 2월의 MAPE가 무려 20%나 됩니다! 이 장의 예제를 따라 추가 데이터셋을 병합하고 실행했을 때 MAPE가 얼마나 줄어드는지 확인해보세요.

7.5.5 파트 5: 모델 설정 및 모델 구축을 위한 서버 설정

[예제 7-20]은 학습 완료된 모델을 저장할 S3 경로를 설정하고, 세이지메이커에 모델을 빌드할 서버를 설정하는 방법을 보여줍니다. 이때 DeepAR 알고리즘이 매번 일관된 결과를 생성하게 하기 위해 일반적으로 난수 시드 값을 설정하기도 합니다. 이 책을 쓸 때는 세이지메이커의 DeepAR 모델이 매번 예측할 때마다 다른 결과를 내고, 난수 시드 기능을 제공하지 않았습니다. 이는 예측의 정확도에는 영향이 없고, 결과의 일관성에만 문제가 있습니다.

예제 7-20 세이지메이커의 세션 설정 및 모델을 만들 서버 설정

```
s3_output_path = f's3://{data_bucket}/{subfolder}/output'
sess = sagemaker.Session()
image_name = sagemaker.amazon.amazon_estimator.get_image_uri(
    sess.boto_region_name,
    "forecasting-deepar",
    "latest")

data_channels = {
    "train": f"{s3_data_path}/train/",
    "test": f"{s3_data_path}/test/"
}
```

[예제 7-21]은 예측의 MAPE를 계산하는 함수입니다. 계산 방식은 일별로 실젯값(실제 전력 사용량)에서 예측값을 뺀 다음, 차감값의 절댓값을 실젯값으로 나눕니다. 그 후 전체 예측 기간에 대한 이 값의 평균을 구하고, 평균을 백분율로 만듭니다.

예를 들어 3일간의 실제 전력 사용량이 일별로 800, 900, 1,150kW이고, 이에 대한 예측값이 계속 1,000kW로 나왔다면 MAPE는 (200 / 800) + (100 / 900) + (150 / 1150)의 계산 결과를 3으로 나누어서 만듭니다. 이 경우 값은 0.16이 되고 백분율로 만들면 16%가 됩니다.

예제 7-21 MAPE 계산 함수

```
def mape(y_true, y_pred):
    y_true, y_pred = np.array(y_true), np.array(y_pred)
    return np.mean(np.abs((y_true - y_pred) / y_true)) * 100
```

[예제 7-22]는 DeepAR 모델을 생성할 때 사용할 수 있는 표준 세이지메이커 함수입니다. 이 코드는 수정할 필요가 전혀 없으며, 해당 셀을 클릭하고 Ctrl+Enter를 눌러 실행하면 됩니다.

예제 7-22 6장에서 사용한 DeepAR predictor 함수 내용

```
class DeepARPredictor(sagemaker.predictor.RealTimePredictor):

    def __init__(self, *args, **kwargs):
        super().__init__(
            *args,
            content_type=sagemaker.content_types.CONTENT_TYPE_JSON,
            **kwargs)

    def predict(
            self,
            ts,
            cat=None,
            dynamic_feat=None,
            num_samples=100,
            return_samples=False,
            quantiles=["0.1", "0.5", "0.9"]):x
        prediction_time = ts.index[-1] + datetime.timedelta(days = 1)
        quantiles = [str(q) for q in quantiles]
        req = self.__encode_request(
            ts,
```

```
        cat,
        dynamic_feat,
        num_samples,
        return_samples,
        quantiles)
    res = super(DeepARPredictor, self).predict(req)
    return self.__decode_response(
        res,
        ts.index.freq,
        prediction_time,
        return_samples)

def __encode_request(
        self,
        ts,
        cat,
        dynamic_feat,
        num_samples,
        return_samples,
        quantiles):
    instance = series_to_dict(
        ts,
        cat if cat is not None else None,
        dynamic_feat if dynamic_feat else None)
    configuration = {
        "num_samples": num_samples,
        "output_types": [
            "quantiles",
            "samples"] if return_samples else ["quantiles"],
        "quantiles": quantiles
    }
    http_request_data = {
        "instances": [instance],
        "configuration": configuration
    }
    return json.dumps(http_request_data).encode('utf-8')

def __decode_response(
        self,
        response,
        freq,
        prediction_time,
        return_samples):
    predictions = json.loads(
```

```
            response.decode('utf-8'))['predictions'][0]
        prediction_length = len(next(iter(
                predictions['quantiles'].values()
            )))
        prediction_index = pd.DatetimeIndex(
            start=prediction_time,
            periods=prediction_length)
        if return_samples:
            dict_of_samples = {
                    'sample_' + str(i): s for i, s in enumerate(
                        predictions['samples'])
                }
        else:
            dict_of_samples = {}
        return pd.DataFrame(
            data={**predictions['quantiles'],
            **dict_of_samples},
            index=prediction_index)

    def set_frequency(self, freq):
        self.freq = freq

def encode_target(ts):
    return [x if np.isfinite(x) else "NaN" for x in ts]

def series_to_dict(ts, cat=None, dynamic_feat=None):
    # Given a pandas.Series, returns a dict encoding the timeseries.
    obj = {"start": str(ts.index[0]), "target": encode_target(ts)}
    if cat is not None:
        obj["cat"] = cat
    if dynamic_feat is not None:
        obj["dynamic_feat"] = dynamic_feat
    return obj
```

6장과 마찬가지로 이제 estimator를 설정하고 estimator의 파라미터를 설정해야 합니다. 세이지메이커는 DeepAR 모델을 튜닝하기 위해 estimator의 파라미터 몇 개를 [예제 7-23]과 같이 제공합니다. 대부분은 예제의 내용을 수정하지 않아도 되고, 라인 1과 2에 있는 변수 context_length와 prediction_length의 값만 변경하면 됩니다.

context_length는 예측에 필요한 과거 데이터의 최소 길이입니다. 이 값을 90으로 설정하면 DeepAR은 과거 90일, 즉 3달의 데이터셋 패턴으로 예측합니다. 비즈니스 측면에서 3달은 한 분기의 트렌드를 반영할 수 있으므로 유용한 선택이기도 합니다. 또 다른 변수인 prediction_length는 예측하고자 하는 기간입니다. 이 노트북에서는 1월까지의 데이터로 2월 한 달간의 전력 사용량을 예측하기 때문에 prediction_length은 28일이 됩니다.

예제 7-23 estimator 설정하기

```
%%time
estimator = sagemaker.estimator.Estimator(
    sagemaker_session=sess,
    image_name=image_name,
    role=role,
    train_instance_count=1,
    train_instance_type='ml.c5.2xlarge', # 2019년 1월 기준 시간당 0.476달러입니다.
    base_job_name='ch7-energy-usage-dynamic',
    output_path=s3_output_path
)

estimator.set_hyperparameters(
    context_length="90",
    prediction_length=str(prediction_length),
    time_freq=freq,
    epochs="400",
    early_stopping_patience="40",
    mini_batch_size="64",
    learning_rate="5E-4",
    num_dynamic_feat=2,
)

estimator.fit(inputs=data_channels, wait=True)
```

prediction_length를
28일로 설정합니다.

context_length를
90일로 설정합니다.

시계열 간격을 일별로
설정합니다.

최대 학습 횟수를 400으로 설정합
니다(이 값은 변경하지 마세요).

학습 사전 중지를 40으로 설정합
니다(이 값은 변경하지 마세요).

단위 학습 사이즈를 64로 설정합
니다(이 값은 변경하지 마세요).

학습율을 0.0005로 설정합니다
(5E-4는 0.0005의 지수 표현
값입니다).

다이내믹 특성 정보(dynamic feature)[5]의 개수를
휴일과 최고 온도 2개에 맞게 2로 설정합니다(이 값은
변경하지 마세요).

[예제 7-24]는 테스트에 사용할 엔드포인트를 생성하기 전에 기존에 생성된 엔드포인트를 삭제하는 코드입니다.

---

4 옮긴이_ DeepAR의 입력 데이터셋에서 원래의 데이터 이외의 추가 데이터를 넣을 때 사용하는 것으로, 시계열로 보았을 때 계속 변경되는 데이터셋을 다이내믹 특성 정보에 넣습니다.

```
endpoint_name = 'energy-usage-dynamic'

try:
    sess.delete_endpoint(
        sagemaker.predictor.RealTimePredictor(
            endpoint=endpoint_name).endpoint)
    print(
        'Warning: Existing endpoint deleted to make way for new endpoint.')
    from time import sleep
    sleep(30)
except:
    pass
```

[예제 7-25]에서는 만들어진 DeepAR 모델을 배포하고 엔드포인트를 생성합니다. 이 엔드포인트를 인터넷에 오픈하여 서비스하는 방법은 다음 장에서 알아보고, 지금은 노트북 코드를 사용해서 엔드포인트에 접근하여 예측을 해보겠습니다. 이 예제에서는 모델을 배포하고, 배포된 모델을 변수 predictor에 반환합니다.

예제 7-25 모델 배포

```
%%time
predictor = estimator.deploy(
    initial_instance_count=1,
    instance_type='ml.m5.large',
    predictor_cls=DeepARPredictor,
    endpoint_name=endpoint_name)
```

7.5.6 파트 6: 예측 실행 및 예측 결과를 차트로 시각화

모델이 구축되고 배포된 후에는 2월 한 달 동안의 전력 사용량을 예측할 수 있습니다. 하지만 먼저 다음 예제와 같이 배포된 모델인 predictor를 테스트해보겠습니다.

예제 7-26 모델에서 예측 테스트

```
frq=start_date.freq
predictor.predict(
    cat=[cats[0]],
    ts=usage_per_site[0][start_date+30:end_training],
    dynamic_feat=[
            hols_per_site[0][start_date+30*frq:end_training+28*frq].tolist(),
            max_per_site[0][start_date+30*frq:end_training+28*frq].tolist(),
        ],
    quantiles=[0.1, 0.5, 0.9]
).head()
```

predictor의 동작 여부도 테스트해보았으므로 지금부터 2019년 2월에 대한 예측을 해보겠습니다. 하지만 먼저 MAPE를 계산하기 위해 2019년 2월의 실제 전력 사용량 데이터를 저장할 리스트 usages를 생성합니다. 예측을 실행할 때 예측 결과는 리스트 predictions에 저장됩니다.

예제 7-27 2019년 2월의 모든 지점의 전력 사용량 예측

```
usages = [
    ts[end_training+1*frq:end_training+28*frq].sum() for ts in usage_per_site]

predictions= []
for s in range(len(usage_per_site)):
    # 28일간의 예측을 얻기 위해 엔드포인트 호출
    predictions.append(
        predictor.predict(
            cat=[cats[s]],
            ts=usage_per_site[s][start_date+30*frq:end_training],
            dynamic_feat=[
                hols_per_site[s][start_date+30*frq:end_training+28*frq].tolist(),
                max_per_site[s][start_date+30*frq:end_training+28*frq].tolist(),
            ]
        )['0.5'].sum()
    )

for p,u in zip(predictions,usages):
    print(f'Predicted {p} kwh but usage was {u} kwh.')
```

일단 리스트 usages와 predictions에 실제 사용량과 예측값이 저장되면 이 두 리스트를 [예제 7-21]의 mape 함수에 넣어서 MAPE를 계산할 수 있습니다.

예제 7-28 MAPE 계산

```
print(f'MAPE: {round(mape(usages, predictions),1)}%')
```

[예제 7-29]는 6장과 동일한 plot 함수입니다. 이 함수는 실제 전력 사용량 데이터의 리스트를 가져오고, [예제 7-27]과 동일한 방식으로 예측 결과를 생성합니다. 이 함수의 차이점은 80% 신뢰구간으로 예측값의 최저량과 최고량을 계산하는 것입니다. 그 후 결과를 차트로 그리는데, 실제 사용량은 실선으로 그리고 신뢰구간 80%의 영역은 음영 처리하여 그립니다.

예제 7-29 각 지점의 예측 결과를 차트로 그리는 함수

```
def plot(
    predictor,
    site_id,
    end_training=end_training,
    plot_weeks=12,
    confidence=80
):
    frq=start_date.freq
    low_quantile = 0.5 - confidence * 0.005
    up_quantile = confidence * 0.005 + 0.5
    target_ts = usage_per_site[site_id][start_date+30*frq:]
    dynamic_feats = [
            hols_per_site[site_id][start_date+30*frq:].tolist(),
            max_per_site[site_id][start_date+30*frq:].tolist(),
        ]

    plot_history = plot_weeks * 7

    fig = plt.figure(figsize=(20, 3))
    ax = plt.subplot(1,1,1)

    prediction = predictor.predict(
        cat = [cats[site_id]],
        ts=target_ts[:end_training],
        dynamic_feat=dynamic_feats,
        quantiles=[low_quantile, 0.5, up_quantile])
```

```
target_section = target_ts[
    end_training-plot_history*frq:end_training+prediction_length*frq]
target_section.plot(color="black", label='target')

ax.fill_between(
    prediction[str(low_quantile)].index,
    prediction[str(low_quantile)].values,
    prediction[str(up_quantile)].values,
    color="b",
    alpha=0.3,
    label=f'{confidence}% confidence interval'
)

ax.set_ylim(target_section.min() * 0.5, target_section.max() * 1.5)
```

[예제 7-30]은 [예제 7-29]의 plot 함수를 사용해서 지점 몇 개에 대해 예측을 하고 예측 결과
를 차트로 그립니다.

예제 7-30 여러 지점에 대한 2019년 2월의 예측 결과를 차트로 그리기

```
indices = [2,26,33,39,42,47,3]
for i in indices:
    plot_num = indices.index(i)
    plot(
        predictor,
        site_id=i,
        plot_weeks=6,
        confidence=80
```

[그림 7-9]는 여러 지점의 전력 사용량 예측 결과를 차트로 보여줍니다. 차트에서 볼 수 있듯이
실제 일간 전력 사용량이 예측 결과인 음영 처리 영역 안에 잘 들어갑니다.

이런 방법으로 데이터를 보여줄 때의 장점 중 하나는 예측 결과가 부정확한 지점을 한눈에 알
수 있다는 것입니다. 예를 들어 [그림 7-10]에서 지점 3(플롯 리스트에서 마지막 지점)을 보면
전력 사용량이 거의 없는 2월에 사용량이 상당히 많을 것으로 예측했습니다. 이러한 부분은 추
가 데이터셋을 사용하여 정확도를 높일 수 있습니다.

그림 7-9 2019년 2월의 실제 사용량과 예측량 비교

음영 부분은 2019년 2월 일별 전력 사용량의
예측을 80%의 신뢰 구간으로 보여줍니다.

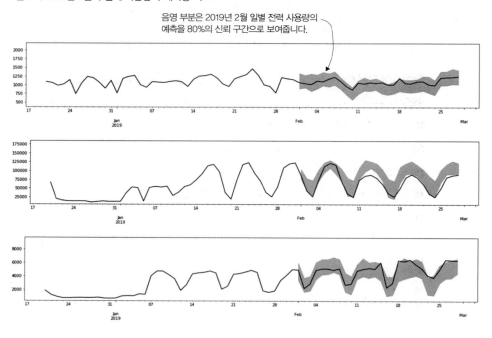

그림 7-10 지점 3의 2월 초 예측 결과가 부정확함

2월 초의 전력 사용량 예측값이
실제 사용량보다 훨씬 높습니다.

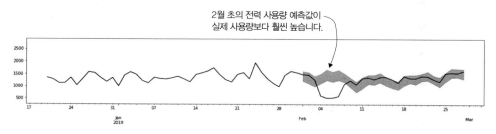

이런 식으로 예측의 부정확이 명확하게 드러나면 이 기간 동안 일어난 일들을 조사하고 예측에 추가적으로 사용할 데이터를 결정할 수 있을 것입니다. 예를 들어 이 지점이 2019년 2월 초반에 유지보수를 위해 휴업하기로 계획되어 있었는데, 지점 휴일 데이터에는 포함되지 않았다고 가정해봅시다. 그러면 지점의 유지보수 계획 스케줄 데이터를 얻을 수 있으면 지점 휴일 데이터를 병합한 방법과 동일하게 이 데이터 쉽게 병합해서 모델에 넣을 수 있습니다.

7.6 엔드포인트 삭제와 노트북 인스턴스 중지

노트북을 사용하지 않을 때는 항상 노트북 인스턴스를 중지하고 엔드포인트를 삭제해야 합니다. 사용하지 않는 세이지메이커 서비스에 대해 비용을 지불할 필요는 없습니다.

7.6.1 엔드포인트 삭제

엔드포인트를 삭제하려면 [예제 7-31]에서 코드 부분을 주석 해제하고 Ctrl + Enter 를 눌러 해당 셀을 실행합니다.

예제 7-31 엔드포인트 삭제

```
# Remove the endpoints
# Comment out these cells if you want the endpoint to persist after Run All
# sess.delete_endpoint('energy-usage-baseline')
# sess.delete_endpoint('energy-usage-dynamic')
```

7.6.2 노트북 인스턴스 중지

노트북을 중지하려면 세이지메이커가 열려 있는 브라우저 탭으로 돌아갑니다. 세이지메이커 왼쪽 메뉴에서 'Notebook instances'를 클릭하여 사용 중인 노트북 인스턴스를 조회할 수 있습니다. 다음 그림과 같이 노트북 인스턴스 이름 왼쪽에 있는 라디오 버튼을 클릭하여 선택하고 'Actions → Stop'을 클릭하면 선택한 노트북이 중지됩니다. 노트북이 중지되기까지 몇 분 정도 소요됩니다.

그림 7-11 노트북 인스턴스 중지

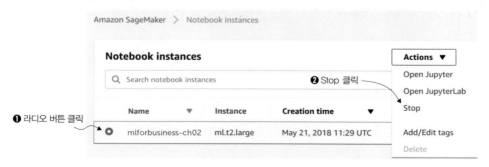

7.7 엔드포인트 삭제 여부 확인

노트북에서 코드로 엔드포인트를 삭제하지 않았다면(혹은 엔드포인트가 삭제되었는지 확인하려면) 세이지메이커 콘솔 화면에서 이 작업을 수행할 수 있습니다. 엔드포인트를 삭제하려면 엔드포인트 이름 왼쪽에 있는 라디오 버튼을 클릭하고 Actions → Delete를 클릭합니다.

엔드포인트를 모두 삭제하면 AWS는 더 이상 과금을 하지 않을 것입니다. 이를 확인하려면 세이지메이커의 엔드포인트 페이지에 'There are currently no resources'라는 메시지가 표시되어 있는지 보면 됩니다(그림 7-12).

그림 7-12 엔드포인트 삭제 여부 확인

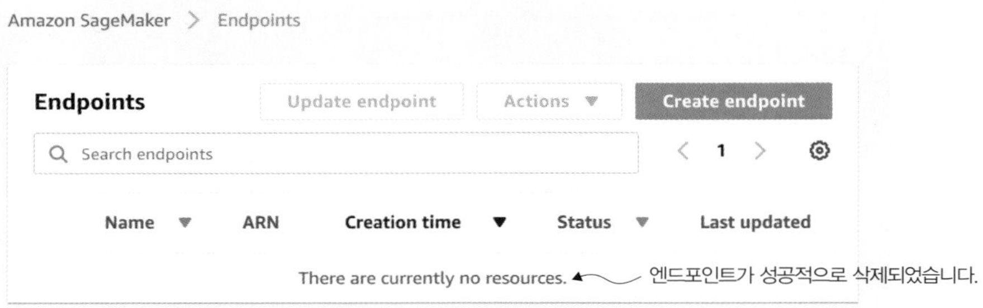

키아라는 이제 각 지점의 전력 사용량을 MAPE 6.9% 수준으로 예측할 수 있고, 지점에 휴일이 많거나 기상의 변동 예보가 있더라도 정확도를 유지하면서 예측을 할 수 있습니다.

7.8 요약

- 과거의 사용량 정보는 미래의 사용량 정보를 예측하는 데 항상 유용하지는 않습니다.
- DeepAR은 여러 개의 서로 다른 시계열 데이터를 병합하여 예측을 하는 데 특히 유용한 신경망 알고리즘입니다. 서로 다른 시계열 데이터를 병합할 때는 원래의 시계열 데이터에서 직접 추론할 수 없는 시계열과 관련된 이벤트가 있는지 고려해야 합니다.

- 이 장에서 사용한 데이터셋은 두 가지 타입으로 구분됩니다. 범주형 categorical 데이터와 동적 dynamic 데이터입니다. 범주형 데이터는 해당 지점에 대한 정보로서 변하지 않은 데이터이며, 동적 데이터는 시계열 데이터로 매번 변하는 데이터입니다.

- 예측 구간 내의 모든 날짜에 대해 시계열 데이터에 대한 평균 절대 백분율 오차(MAPE)를 mape 함수를 사용하여 계산했습니다.

- 모델을 빌드한 후 테스트 데이터로 예측을 실행하고, 예측 결과를 다중 시계열 차트로 그려서 예측 결과를 보기 쉽게 시각화하였습니다.

Part **III**

프로덕션에
머신러닝 적용하기

3부에서는 서버나 인프라를 설정하지 않고 웹 서비스로 머신러닝 모델을 제공하는 방법을 설명합니다.

이 책은 기업이 머신러닝 프로젝트를 어떻게 자체 운영하며, 머신러닝과 자동화로 창출되는 기회를 활용하기 위해 인력을 어떻게 구성하고 있는지 보여주는 두 가지 사례 연구로 마무리합니다.

Part III

프로덕션에
머신러닝 적용하기

## CHAPTER 8

웹 서비스로 예측 모델 제공하기

이 장의 내용

- 웹 서비스로 예측 모델을 제공하기 위한 세이지메이커 설정
- 세이지메이커의 예측 모델을 배포하기 위한 서버리스 API 빌드 및 배포
- API를 통한 데이터 전송과 웹 브라우저를 통한 예측 결과 수신

지금까지 구축한 머신러닝 모델은 세이지메이커에서만 활용할 수 있습니다. 다른 사람에게 예측 또는 의사결정을 제공하기 위해서는 세이지메이커에서 실행되는 주피터 노트북에 쿼리를 반영하고 결과를 보내야 합니다. 이는 AWS가 세이지메이커를 위해 제공하는 기능이 아니라 사용자가 웹을 통해 예측 및 의사결정에 접근할 수 있도록 제공하는 기능입니다. 이 장에서는 사용자가 이런 작업이 가능하도록 만들어줍니다.

> **트윗 제공하기**
>
> 4장에서는 어떤 트윗을 고객지원팀이 처리해야 할지 그리고 어떤 트윗을 자동화된 봇이 다룰 수 있는지 나오미가 확인할 수 있도록 도왔습니다. 아직 나오미에게 제공하지 않은 일 중 하나는 그녀가 머신러닝 모델에 트윗을 보내고 트윗을 고객지원팀이 처리하도록 해야 하는지에 대한 결정을 받을 수 있는 방법입니다. 이 장에서는 이 문제를 해결합니다.

8.1 왜 웹상에서 의사결정 모델과 예측 모델을 제공하는 것은 어려울까

지금까지 각 장에서 세이지메이커 모델을 만들고 해당 모델에 대한 엔드포인트를 설정했습니다. 그러고 난 후 주피터 노트북의 마지막 몇 개 셀에서 테스트 데이터를 엔드포인트[1]로 보내고 결과를 받았습니다. 세이지메이커 환경 내에서만 세이지메이커 엔드포인트와 상호작용을 했습니다. 인터넷상에 머신러닝 모델을 배포하려면 엔드포인트를 인터넷에 노출해야 합니다.

최근까지 이런 일은 쉽지 않았습니다. 먼저 웹 서버를 세팅한 후 웹 서버에서 사용할 API를 코딩하고 마지막으로 웹 서버를 호스팅한 후 API를 웹 주소(URL)로 노출했습니다. 이런 작업은 다양한 기능을 포함하며 쉽게 작업할 수 없었습니다. 하지만 최근에는 이런 기능을 쉽게 처리할 수 있게 되었습니다.

이 장에서는 앞 장에서 배운 파이썬 및 AWS의 연관된 기술을 기반으로 웹 서버를 만들고 API를 서비스하는 문제를 해결합니다. 최근에는 웹 서버 세팅에 대한 고민 없이 애플리케이션을 제공할 수 있습니다. 이 장에서는 AWS 람다[2]를 웹 서버로 사용합니다(그림 8-1).

그림 8-1 브라우저에서 세이지메이커로 트윗 전송

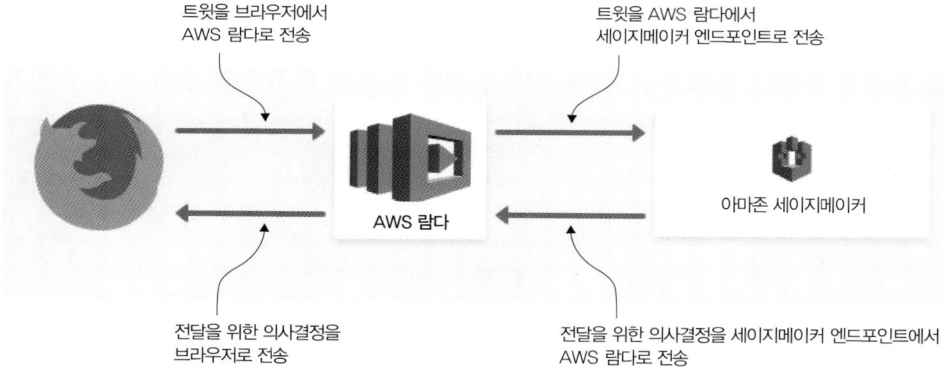

AWS 람다는 온디맨드 on-demand[3] 방식으로 부팅되는 서버입니다. 세이지메이커 엔드포인트에 보내는 모든 트윗은 트윗을 보내고 응답을 수신하는 서버를 만든 다음, 트윗이 완료되면 종료됨

---

1 옮긴이_ 엔트포인트는 다른 소프트웨어에서 액세스할 수 있는 리소스를 말하며, 일반적으로 HTTP 요청이 가능하도록 URI를 제공해 접근하게 됩니다.

2 옮긴이_ 아마존 웹 서비스에서 제공하는 이벤트 중심의 서버리스 컴퓨팅 플랫폼

3 옮긴이_ 온디맨드 서비스는 사용(요구)할 때만 공급하는 서비스 방식으로 클라우드 서비스의 주요 특징입니다.

니다. 이렇게 하면 더 느릴 것 같지만 그렇지 않습니다. AWS 람다는 수 밀리초 안에 서비스를 시작해서 작업을 수행한 후 종료하게 됩니다. AWS 람다를 통해 API를 제공할 때의 장점은 의사결정의 응답을 제공하는 경우에만 비용을 지불하게 된다는 것입니다. 일반적인 경우 API의 의사결정을 제공하기 위해 대기하며 영구적으로 구동되는 전용 웹 서버를 활용하는 것보다 훨씬 효율적인 방법입니다.

서버리스 컴퓨팅

AWS 람다와 같은 서비스를 서버리스^{serverless} 서비스라고 합니다. 하지만 서버리스는 잘못된 용어라고 할 수 있습니다. 인터넷상에서 API를 제공하기 위해서는 서버가 없을 수 없습니다. 여기서 서버리스의 의미는 누군가(아마존 웹 서비스)는 서버를 운영하는 데 노력을 기울이고 있어 내가 관리를 하지 않아도 될 뿐이라는 의미입니다.

8.2 이 장의 단계 개요

이 장에는 새로운 코드가 거의 포함되어 있지 않습니다. 대부분 설정에 대한 내용입니다. 장 전체에서 쉽게 따라할 수 있도록 단계 목록과 단계 위치를 미리 확인하겠습니다. 단계는 다음과 같이 여러 섹션으로 나뉘어 있습니다.

1 세이지메이커 엔드포인트를 설정합니다.
2 로컬 컴퓨터에 AWS의 환경을 구성합니다.
3 웹 서비스 엔드포인트를 생성합니다.
4 의사결정 서비스를 제공합니다.

이러한 순서로 설명하겠습니다.

8.3 세이지메이커 엔드포인트

지금까지는 주피터 노트북과 세이지메이커 엔드포인트를 이용하여 머신러닝 모델과 상호작용을 했습니다. 이러한 방식으로 모델과 상호작용할 때 시스템 간의 일부 차이점이 숨겨집니다.

세이지메이커 엔드포인트는 API에 예측을 제공할 수 있으며, 이를 사용하여 웹을 통해 사용자에게 예측 및 의사결정을 제공할 수 있습니다. 이러한 구성은 안전한 환경에서는 잘 작동합니다. 주피터 노트북에 로그인하지 않은 경우 세이지메이커 의 엔드포인트에 액세스할 수 없으며, 주피터 노트북에 로그인한 사용자는 엔드포인트에 접근할 권한을 가지고 있습니다.

웹으로 서비스할 때는 좀 더 고려해야 할 부분이 있습니다. 불특정 다수의 사용자가 세이지메이커 엔드포인트를 접근하는 것은 원하지 않기 때문에 엔드포인트를 보호하고 권한이 있는 사용자만 사용할 수 있도록 해야 합니다.

따라서 세이지메이커 엔드포인트 이외에 서비스를 위한 API 게이트웨이 엔드포인트가 별도로 필요합니다. 세이지메이커 엔드포인트에는 인터넷상에 안전하게 노출하는 데 필요한 기능이 없습니다. 다행히 이를 처리할 수 있는 많은 시스템이 있습니다. 이 장에서는 AWS의 인프라를 이용하여 4장에서 설정한 세이지메이커의 엔드포인트에서 예측 및 의사결정을 수행하기 위해 서버리스 웹 애플리케이션을 만들어봅니다. 이를 위해 다음 단계를 수행하면 됩니다.

1 세이지메이커 엔드포인트를 설정합니다.
   a 세이지메이커 시작
   b 노트북 업로드
   c 노트북 실행
2 로컬 컴퓨터에 AWS의 환경을 구성합니다.
3 웹 서비스 엔드포인트를 생성합니다.
4 의사결정 서비스를 제공합니다.

먼저 세이지메이커를 시작하고 노트북의 엔드포인트를 생성해야 합니다. 사용할 노트북은 4장에서 사용한 노트북(customer_support.ipynb)과 동일하지만 트윗 텍스트 정규화는 다른 방법을 사용합니다. 4장을 수행하지 않았거나 세이지메이커 노트북이 없더라도 걱정할 필요 없습니다. 다음 절에서 설정 방법을 안내합니다.

8.4 세이지메이커 엔드포인트 설정

다른 장과 마찬가지로 세이지메이커를 시작해야 합니다(부록 C에 자세히 설명되어 있습니다). 편의를 위해 여기서는 간단히 요약합니다. 먼저 다음 링크를 입력하여 AWS의 세이지메이커 서비스로 이동하세요.

```
https://console.aws.amazon.com/sagemaker/home
```

그런 다음 노트북 인스턴스를 시작합니다. [그림 8-2]는 AWS 노트북 인스턴스 페이지를 보여줍니다. 여기서 Start를 클릭합니다.

그림 8-2 세이지메이커 인스턴스 시작

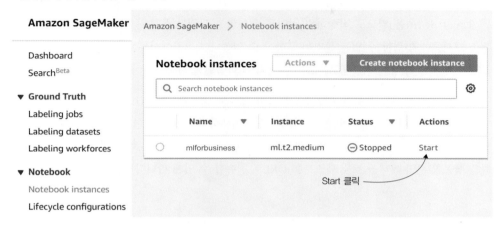

몇 분 후에 페이지가 새로 고쳐지고 Open Jupyter에 대한 링크가 InService 상태 메시지와 함께 나타납니다. [그림 8-3]은 노트북 인스턴스가 시작된 후의 AWS 노트북 인스턴스 페이지를 보여줍니다.

그림 8-3 주피터 노트북 열기

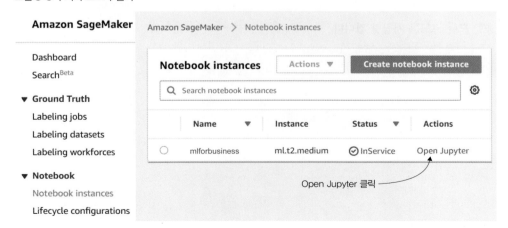

다음 절에서는 이 장의 노트북과 데이터를 업로드하는 방법을 보여줍니다. 하지만 4장에서 사용하는 노트북과 8장에서 사용하는 노트북의 차이점은 무엇일까요?

이 장에서는 4장에서처럼 어떤 트윗을 고객지원팀에 전달해야 할지 결정하지만 4장에서 작업한 노트북을 재사용하는 대신 새 노트북을 만듭니다. 그 이유는 브라우저의 주소 표시줄 URL에 트윗 텍스트를 입력하여 전달해야 하기 때문입니다(이렇게 하면 트윗 텍스트를 입력하기 위해 web form을 별도로 작성하지 않아도 됩니다). 그러므로 트윗 텍스트에는 브라우저의 주소 표시줄에 입력할 수 없는 문자는 포함할 수 없습니다. 4장에서는 이렇게 모델을 제작하지 않았기 때문에 이 장에서는 새로운 모델을 만들어 학습할 겁니다.

이 장에서 생성하는 노트북은 4장의 노트북과 대부분 동일합니다. 단, 트윗을 NLTK(자연어 처리 패키지)가 아닌 slugify라는 라이브러리를 이용하여 사전 처리합니다. slugify는 일반적으로 텍스트를 웹사이트 URL로 변환하는 데 사용합니다. 텍스트 정규화를 위한 간단한 메커니즘을 제공할 뿐만 아니라 트윗 텍스트를 URL로 전송할 수 있게 합니다.

8.4.1 노트북 업로드

먼저 다음 링크에서 이 장에서 사용할 주피터 노트북 파일을 다운로드합니다.

```
https://s3.amazonaws.com/mlforbusiness/ch08/customer_support_slugify.ipynb
```

이제 [그림 8-4]에 표시된 노트북 인스턴스의 파일 리스트 페이지에서 New를 클릭하고 [그림 8-5]와 같이 Folder를 클릭하여 노트북을 저장할 폴더를 생성합니다. 새 폴더에 이 장에서 사용할 모든 코드를 저장할 겁니다.

그림 8-4 새 노트북 폴더 만들기: 1단계

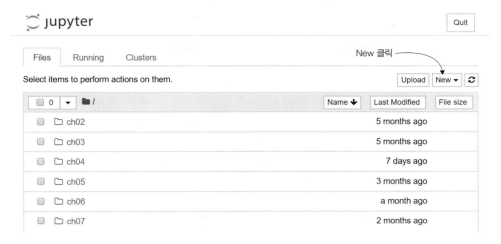

그림 8-5 새 노트북 폴더 만들기: 2단계

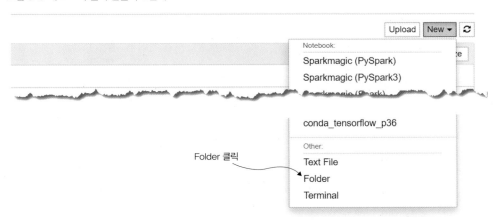

[그림 8-6]은 새 폴더를 클릭한 후의 모습입니다. 폴더에 들어가면 페이지 오른쪽 상단에 Upload 버튼이 표시됩니다. 이 버튼을 클릭하면 파일 선택 창이 열립니다. 주피터 노트북을 다운로드한 위치로 이동하여 다운로드한 주피터 노트북 파일을 노트북 인스턴스에 업로드합니다.

그림 8-6 노트북을 새 노트북 폴더에 업로드

[그림 8-7]은 세이지메이커에 업로드한 노트북 목록을 보여줍니다.

그림 8-7 customer_support_slugify.ipynb 파일이 세이지메이커 폴더에 업로드되었는지 확인

8.4.2 데이터 업로드

4장의 노트북은 재사용하지 않지만 데이터는 재사용합니다. 만일 4장에서 노트북과 데이터를 설정했다면 해당 데이터셋을 재사용할 수 있으니 이 절은 건너뛰고 8.4.3절 '노트북 실행 및 엔드포인트 만들기'로 이동해도 됩니다. 4장에서 노트북과 데이터를 설정하지 않았으면 다음 단계를 따라 데이터를 설정합니다.

아래 링크에서 데이터셋을 다운로드합니다.

    https://s3.amazonaws.com/mlforbusiness/ch04/inbound.csv

이 파일을 독자 컴퓨터에 저장합니다. 이 파일을 S3에 업로드하는 것 외에 다른 작업은 수행하지 않으므로 기본 다운로드 디렉터리 또는 임시 폴더에 저장하면 됩니다.

이제 다음 링크를 입력하여 AWS S3, 즉 AWS 파일 스토리지 서비스로 이동하세요.

https://s3.console.aws.amazon.com/s3/home

여기서 S3 버킷을 만들거나 이 책에 필요한 데이터를 보관하는 S3 버킷으로 이동합니다(아직 S3 버킷을 만들지 않았을 경우 부록 B 참조).

버킷에서는 이전에 생성한 폴더를 볼 수 있습니다. 아직 데이터를 보관하지 않은 경우 Create folder를 클릭하여 4장의 데이터를 저장할 폴더를 만듭니다(이 장에서는 4장과 동일한 데이터를 사용하므로 4장의 데이터를 설정합니다. 4장의 내용을 확인하지 않더라도 데이터를 저장하는 것이 좋습니다). [그림 8-8]은 이 책의 모든 장을 따라 했을 때 만들어지는 폴더 구조를 보여줍니다.

그림 8-8 S3 폴더 구조의 예

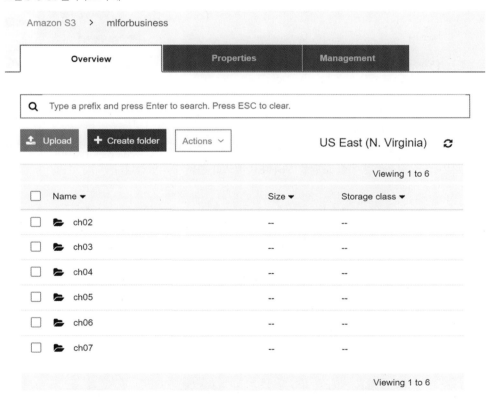

폴더 내에서 페이지 왼쪽 상단에 있는 Upload를 클릭하고 방금 다운로드한 CSV 데이터 파일을 찾아서 업로드합니다. 이렇게 하면 해당 폴더에서 inbound.csv 파일을 확인할 수 있습니다 (그림 8-9). 노트북을 실행할 때 파일 위치를 가져와야 하므로 이 페이지를 열어둡니다.

그림 8-9 CSV 데이터를 업로드한 후 S3 버킷 상태의 예

지금까지 세이지메이커에 주피터 노트북을 설정하고 데이터를 S3에 저장했습니다. 웹을 통한 예측 서비스를 제공하기 위한 모델을 구축하고 배포할 준비가 되었습니다.

8.4.3 노트북 실행 및 엔드포인트 만들기

이제 주피터 노트북 인스턴스가 실행 중이고 데이터를 S3에 저장했으니 노트북을 실행하여 엔드포인트를 만듭니다. 상단 메뉴에서 'Cell → Run All'을 클릭하여 이 작업을 수행합니다(그림 8-10).

그림 8-10 노트북의 모든 셀 실행

jupyter customer_support Last Checkpoint: 01/11/2018 (autosaved)
File Edit View Insert Cell Kernel Widgets Help
Run Cells
Run Cells and Select Below
Run Cells and Insert Below
Run All
Run all cells in the notebook
Run All Below
Cell Type
Current Outputs
All Output
Run All 클릭
Deciding
alate a customer support issu
Part 1: Lo
data
In [1]: data_bucket =
subfolder = '
dataset = 'in

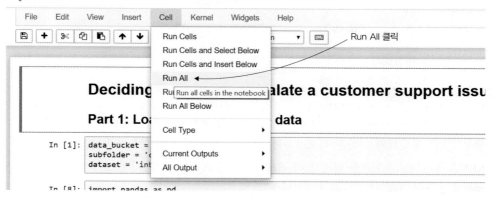

5분 정도 후 노트북의 모든 셀이 실행되고 엔드포인트가 만들어집니다. [그림 8-11]과 같이 노트북 하단으로 스크롤하여 끝에서 두 번째 셀(Test the Model 제목 바로 아래)에 값이 들어 있다면 모든 셀이 실행된 것입니다.

그림 8-11 노트북의 모든 셀이 실행된 것을 확인

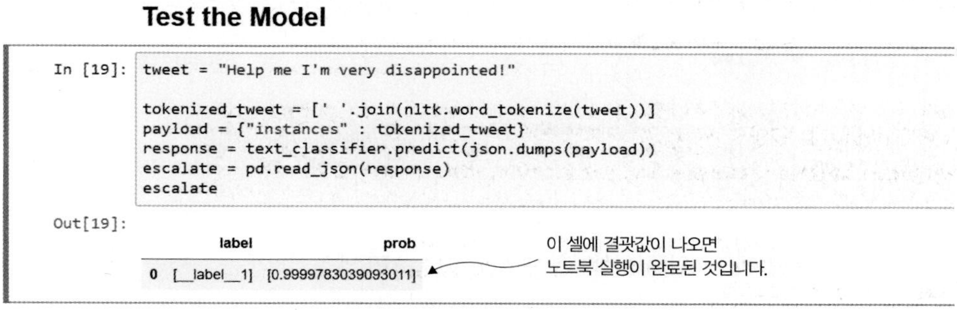

Test the Model
In [19]: tweet = "Help me I'm very disappointed!"
tokenized_tweet = [' '.join(nltk.word_tokenize(tweet))]
payload = {"instances" : tokenized_tweet}
response = text_classifier.predict(json.dumps(payload))
escalate = pd.read_json(response)
escalate
Out[19]:
label prob
0 [__label__1] [0.9999783039093011]
이 셀에 결괏값이 나오면
노트북 실행이 완료된 것입니다.

노트북을 실행한 후에는 [그림 8-12]와 같이 'Endpoints'를 클릭하여 엔드포인트를 확인할 수 있습니다.

그림 8-12 현재 엔드포인트를 확인하기 위해 Endpoints로 이동

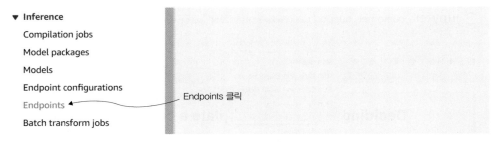

생성한 엔드포인트의 아마존 리소스 이름^{Amazon Resource Name, ARN}[4]을 확인할 수 있습니다. ARN은 API 엔드포인트를 설정할 때 필요합니다. [그림 8-13]에서 엔드포인트 ARN의 예를 확인할 수 있습니다.

그림 8-13 엔드포인트 ARN의 예

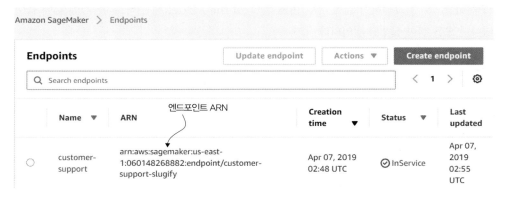

이제 서버리스 API 엔드포인트를 설정할 수 있습니다. API 엔드포인트는 트윗을 보낼 URL(또는 웹 주소)입니다. 이제 AWS 람다라고 불리는 AWS 서버리스 기술을 이용해 서비스 엔드포인트를 설정합니다. AWS 람다를 이용해 작업을 하려면 Chalice 파이썬 라이브러리를 설치해야 합니다.

Chalice는 파이썬을 사용하여 API 엔드포인트를 쉽게 만들 수 있게 하는 AWS에서 제공하는 라이브러리입니다. 다음 링크에서 Chalice에 대해 자세히 확인할 수 있습니다.

```
https://chalice.readthedocs.io/en/latest/
```

---

4 옮긴이_ AWS 리소스를 고유하게 식별하기 위한 값

8.5 서버리스 API 엔드포인트 설정

이제 고객지원팀에 트윗을 전달할지 여부에 대한 의사결정 서비스 제공이 가능한 세이지메이커 엔드포인트를 설정하기만 하면 됩니다. 서버리스 API 엔드포인트인 Chalice를 다음과 같이 설정합니다.

1 세이지메이커 엔드포인트를 설정합니다.
2 로컬 컴퓨터에 AWS의 환경을 구성합니다.
   a 자격 증명 생성
   b 로컬 컴퓨터에 자격 증명 설정
   c 자격 증명 구성
3 웹 서비스 엔드포인트를 생성합니다.
4 의사결정 서비스를 제공합니다.

서버리스 API 엔드포인트를 설정하기 위해 가장 먼저 해야 할 일이 컴퓨터에 소프트웨어 환경을 설정하는 것이라면 다소 이상하게 들릴 겁니다. 여기에서 필요한 두 가지 애플리케이션은 파이썬(버전 3.6 이상)과 텍스트 편집기입니다.

파이썬 설치 방법은 '부록 E'에 있습니다. 이전에는 파이썬을 설치하기 어려웠지만 마이크로소프트 윈도우 스토어에 파이썬 패키지가 포함되면서 윈도우에 설치하는 것이 간단해졌습니다. 그리고 최근에 홈브루^{Homebrew} 패키지 매니저를 통해 애플 컴퓨터에서 파이썬 개발 환경을 설치하는 것 또한 쉬워졌습니다.

앞서 언급했듯이 텍스트 편집기도 필요합니다. 가장 쉽게 설정할 수 있는 편집기 중 하나는 마이크로소프트의 비주얼 스튜디오 코드^{Visual Studio Code, VS 코드}입니다. VS 코드는 윈도우, 맥OS, 리눅스 모두에서 실행됩니다. VS 코드는 https://code.visualstudio.com/에서 다운로드할 수 있습니다.

이제 컴퓨터에서 파이썬을 실행할 수 있도록 설정했고 텍스트 편집기가 있으므로 서버리스 엔드포인트 설정 작업을 시작할 수 있습니다.

8.5.1 AWS 계정에 AWS 자격 증명 설정

세이지메이커 엔드포인트에 액세스하려면 서버리스 API에 권한이 있어야 합니다. 또한 이 책의 이전 장들에서 그랬듯이 세이지메이커 노트북이 아닌 로컬 컴퓨터에서 코드를 작성하기 때문에 로컬 컴퓨터에서 세이지메이커 엔드포인트와 AWS 계정에 액세스할 수 있는 권한도 필요합니다. AWS는 이 두 가지를 수행할 수 있는 간단한 방법을 제공합니다.

먼저 AWS 계정에 자격 증명을 생성해야 합니다. 자격 증명을 설정하려면 AWS 콘솔 페이지에서 브라우저 오른쪽 상단에 있는 AWS 사용자 이름을 클릭한 뒤 My Security Credentials를 클릭합니다(그림 8-14).

그림 8-14 AWS 자격 증명 만들기

열린 페이지에는 AWS 계정에 액세스하는 데 사용할 수 있는 자격 증명 유형 중 하나인 Access Key를 생성할 수 있는 Create access key^(access key 만들기) 버튼이 있습니다.

[그림 8-15]는 Access Key를 생성하기 위한 AWS 사용자 인터페이스를 보여줍니다. 여기서 Create access key 버튼을 클릭하면 보안 자격 증명을 CSV 파일로 다운로드할 수 있습니다.

그림 8-15 AWS 액세스 키 만들기

NOTE_ AWS 액세스 키를 CSV 파일로 다운로드하는 것은 한 번만 제공되니 잘 관리해야 합니다.

CSV 파일을 다운로드하여(그림 8-16) 여러분만 액세스할 수 있는 컴퓨터 어딘가에 저장해두세요. 이 키를 소유한 사람은 누구나 동일한 AWS 계정을 사용할 수 있습니다.

그림 8-16 AWS 액세스 키 다운로드

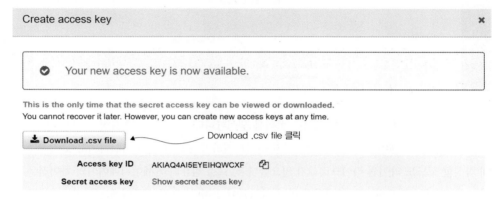

컴퓨터에 다운로드한 액세스 키를 사용하여 AWS에 액세스하도록 로컬 컴퓨터를 설정할 수 있습니다. 다음 절에서 이를 다루도록 하겠습니다.

8.5.2 로컬 컴퓨터에 AWS 자격 증명 설정

AWS에 액세스할 수 있도록 로컬 컴퓨터를 설정하려면 로컬 컴퓨터에 AWS에서 제공하는 두 가지 파이썬 라이브러리를 설치해야 합니다. 이 절에서는 VS 코드 상에서 라이브러리를 설치하는 방법을 설명하지만, 유닉스 또는 맥OS에서는 배시[Bash], 윈도우에서는 파워셸[PowerShell] 같은 터미널 애플리케이션을 사용해도 설치할 수 있습니다.

먼저 코드를 저장하는 데 사용할 폴더를 생성합니다. 그런 다음 VS 코드를 열고 [그림 8-17]과 같이 Open folder를 클릭합니다.

그림 8-17 VS 코드에서 폴더 열기

컴퓨터에 이 장의 파일을 저장할 새로운 폴더를 생성합니다. 그런 다음 필요한 파이썬 라이브러리를 설치합니다. 세이지메이커에서 파이썬 라이브러리가 필요한 것과 마찬가지로 로컬 컴퓨터에 작성할 코드도 파이썬 라이브러리가 필요합니다. 로컬 컴퓨터와 세이지메이커의 차이점은 세이지메이커에는 필요한 라이브러리가 이미 설치되어 있지만, 로컬 컴퓨터에는 라이브러리를 직접 설치해야 한다는 것입니다.

컴퓨터에 파이썬 라이브러리를 설치하려면 터미널 프로그램을 실행해야 합니다. 다음은 키보드를 사용하여 컴퓨터에 명령을 입력하는 방법입니다. VS 코드에서 터미널 창을 열려면 메뉴에서 'Terminal → New Terminal'을 클릭합니다. 단축키는 Ctrl + Shift + `[5]입니다.

VS 코드 아래쪽에 터미널 창이 나타나고 명령어를 입력할 수 있습니다. 이제 세이지메이커에 액세스하는 데 필요한 파이썬 라이브러리를 설치합니다.

처음 설치할 라이브러리는 Boto3[6]입니다. 이 라이브러리는 AWS 서비스와 상호작용할 수 있도록 도와줍니다. 세이지메이커는 S3과 같은 서비스와 상호작용하기 위해 Boto3를 사용합니다. Boto3를 설치하려면 터미널 창에서 다음을 입력합니다.

```
pip install boto3
```

---

5 옮긴이_ 단축키는 OS마다 다르며 여기서는 윈도우에 설치된 VS 코드를 기준으로 설명합니다.

6 옮긴이_ Boto3 라이브러리는 AWS에서 제공하는 파이썬용 AWS SDK입니다. 대부분의 AWS 리소스를 파이썬 코딩으로 제어할 수 있게 해줍니다.

그런 다음 컴퓨터에서 AWS 서비스를 중지하고 시작할 수 있는 CLI 라이브러리를 설치해야 합니다. 이는 AWS에서 생성한 자격 증명을 구성하기 위해서도 필요합니다. AWS CLI 라이브러리[7]를 설치하려면 다음을 입력합니다.

```
pip install awscli
```

Boto3와 AWS CLI 라이브러리를 모두 설치했으면 AWS 자격 증명을 구성할 수 있습니다.

8.5.3 자격 증명 구성

AWS 자격 증명을 구성하려면 터미널 창의 프롬프트에서 다음 명령을 실행합니다.

```
aws configure
```

AWS Access Key ID와 이전에 다운로드한 AWS Secret Access Key에 대한 내용이 표시되며, AWS 리전 또한 확인할 수 있습니다. [그림 8-18]은 세이지메이커 리전을 찾는 방법을 보여줍니다.

세이지메이커에 로그인하면 웹 브라우저의 주소 표시줄이 표시되는데, 주소에 세이지메이커 서비스가 있는 리전을 함께 보여줍니다.

그림 8-18 세이지메이커 리전 위치 확인

AWS 자격 증명을 구성할 때 이 리전을 사용합니다. Default output format^{기본 출력 포맷}은 비워둘 수 있습니다.

---

7 옮긴이_ AWS CLI(Command Line Interface, 명령줄 인터페이스)는 AWS 서비스를 명령줄에서 제어하고 스크립트를 만들어 자동화할 수 있게 도와줍니다.

```
                           다운로드한 access
                           key ID를 입력합니다.
  AWS Access Key ID: ◄──┘
                                                다운로드한 secret access key를
  AWS Secret Access Key:                        입력합니다.
                                           ◄────
  Default region name [us-east-1]: ◄───
  Default output format [None]:          세이지메이커를 사용할
                                         AWS 리전을 입력합니다.
```

로컬 컴퓨터에서 AWS 구성을 위한 환경 설정을 완료했습니다. 즉, 세이지메이커 엔드포인트를 설정한 다음 로컬 컴퓨터에서 AWS 제어 환경을 구성했습니다. 이제 나오미의 고객지원팀에 전달할 트윗에 대한 의사결정을 내릴 수 있는 웹 서비스 엔드포인트를 생성하겠습니다. 현재 진행 중인 위치를 확인해보겠습니다.

1 세이지메이커 엔드포인트를 설정합니다.

2 로컬 컴퓨터에 AWS의 환경을 구성합니다.

3 웹 서비스 엔드포인트를 생성합니다.
   a Chalice 설치
   b 엔드포인트 코드 작성
   c 권한 설정
   d requirements.txt 내용 업데이트
   e Chalice 배포

4 의사결정 서비스를 제공합니다.

8.6 웹 서비스 엔드포인트 생성

처음 AWS를 이용해 API 엔드포인트를 만들어 서비스했을 때 굉장히 놀랐습니다. AWS 람다(aws.amazon.com/lambda/)라는 AWS 기술을 사용하여 서버리스 함수를 생성하고, 아마존 API 게이트웨이를 사용하여 API를 구성합니다(aws.amazon.com/api-gateway/). 그리고 나서 세이지메이커 엔드포인트를 배포하여 모든 사용자가 사용할 수 있게 합니다. 이 과정을 몇 줄의 코드만으로 수행할 수 있습니다. 대단하죠!

8.6.1 Chalice 설치

Chalice(github.com/aws/chalice)는 아마존의 오픈 소스 소프트웨어로, 자동으로 AWS 람다 함수를 생성 및 배포하고 API 게이트웨이 엔드포인트를 구성합니다. 구성 중에 Chalice 코드를 저장할 폴더를 컴퓨터에 만드세요. Chalice는 코드를 패키징한 후 AWS 계정에 설치할 것입니다. 앞 절에서 AWS CLI를 사용하여 AWS 자격 증명을 구성했기 때문에 이 작업을 수행할 수 있습니다.

가장 쉽게 시작할 수 있는 방법은 컴퓨터의 빈 폴더로 이동하는 것입니다. [그림 8-19]와 같이 폴더를 마우스 오른쪽 버튼으로 클릭한 뒤 단축 메뉴에서 'Open with Code'를 클릭합니다. 또는 VS 코드에서 [그림 8-17]과 같은 방법으로 이 폴더를 열 수 있습니다. 원하는 접근 방식을 사용하세요.

그림 8-19 폴더에서 VS 코드 편집기 열기

Chalice를 설치하려면 VS 코드를 연 다음 앞서 AWS CLI를 구성할 때와 같이 터미널 창으로 이동하여 다음 명령을 입력합니다.

```
pip install chalice
```

컴퓨터 사용자 권한에 따라 오류가 발생하면 다음 명령을 입력해야 할 수도 있습니다.

```
pip install --user chalice
```

이 명령은 이전에 설치한 AWS CLI와 마찬가지로 시스템에 CLI 애플리케이션을 설치합니다. 이제 Chalice를 사용할 준비가 되었습니다.

Chalice 사용 방법은 간단합니다. 크게 두 가지 명령이 있습니다.

- new-project
- deploy

tweet_escalator라는 새 프로젝트를 만들려면 프롬프트에서 다음 명령을 실행합니다.

```
chalice new-project tweet_escalator
```

VS 코드를 연 폴더를 보면 Chalice가 자동으로 생성한 파일이 들어 있는 tweet_escalator라는 폴더를 확인할 수 있습니다. 이 파일들은 뒤에서 설명할 것입니다. 먼저 Hello World 애플리케이션을 작성해 배포해보겠습니다.

터미널 창에서 chalice new-project tweet_escalator를 실행한 후에도 VS 코드를 연 폴더에 남아 있음을 알 수 있습니다. tweet_escalator 폴더로 이동하려면 다음을 입력합니다.

```
cd tweet_escalator
```

tweet_escalator 폴더로 이동했음을 알 수 있습니다.

```
c:\\mlforbusiness\ch08\tweet_escalator
```

이제 tweet_escalator 폴더에 위치해 있으므로 chalice deploy를 입력하여 Hello World 애플리케이션을 생성할 수 있습니다.

```
c:\\mlforbusiness\ch08\properties_chalice chalice deploy
```

그러면 Chalice는 AWS에서 AWS 람다 함수를 자동으로 생성하고 애플리케이션을 실행하도록 권한을 설정[8]한 다음, 아마존 API 게이트웨이를 사용하여 Rest API 엔드포인트를 구성합니다. Chalice의 프로세스는 다음과 같습니다.

---

8 옮긴이_ AWS IAM 서비스의 역할(role)을 설정하는 작업입니다. IAM Roles는 특정 권한을 가진 사용자 작업을 위한 기능입니다 (https://docs.aws.amazon.com/ko_kr/IAM/latest/UserGuide/id_roles.html).

- 배포 패키지를 생성합니다.
- IAM 역할을 생성합니다(`tweet_escalator-dev`).
- AWS 람다 함수를 생성합니다(`tweet_escalator-dev`).
- Rest API를 생성합니다.

Chalice가 배포한 AWS 리소스는 다음과 같습니다.[9]

- AWS Lambda ARN(arn:aws:lambda_us-east-1:38393993:function:tweet_escalator-dv)
- Rest API URL(`https://eyeueiwwo.execute-api.us-east-1.amazonaws.com/api/`)

터미널에 표시된 Rest API URL을 클릭하여 Hello World 애플리케이션을 실행할 수 있습니다. 이렇게 하면 웹 브라우저가 열리고 [그림 8-20]과 같이 JSON 포맷으로 {"hello":"world"}가 표시됩니다.

그림 8-20 Hello World

```
← → C    🔒 https://g8lqvzw5mj.execute-api.us-east-1.amazonaws.com/api/

{"hello":"world"}
```

축하합니다! 이제 여러분 API가 실행 중이며 웹 브라우저에서 확인할 수 있습니다.

8.6.2 Hello World API 생성

이제 Hello World 애플리케이션이 작동 중이므로 엔드포인트에서 의사결정을 반환하도록 Chalice를 구성해야 합니다. [그림 8-21]은 `chalice new-project tweet_escalator`를 입력했을 때 Chalice가 자동으로 생성한 파일을 보여줍니다. 다음과 같은 세 가지 주요 구성 요소가 생성됩니다.

- **.chalice 폴더**: 구성 파일이 들어 있는 폴더. 이 폴더에서 수정해야 하는 유일한 파일은 `policy-dev.json` 파일입니다. 이 파일은 AWS 람다 함수가 세이지메이커 엔드포인트를 호출할 수 있는 권한을 설정합니다.
- **app.py**: 웹 브라우저에서 엔드포인트에 액세스할 때 실행되는 코드가 포함된 파일
- **requirements.txt**: 애플리케이션 실행에 필요한 파이썬 라이브러리 목록이 들어 있는 파일

....

9 옮긴이_ AWS ARN은 고유한 이름으로 책의 내용과 형태만 비슷할 뿐 생성된 내용은 모두 다릅니다.

그림 8-21 컴퓨터의 Chalice 폴더

[예제 8-1]은 Chalice가 자동으로 생성한 app.py의 코드를 보여줍니다. 애플리케이션은 이름, 경로 및 기능만 있으면 작동합니다.

예제 8-1 Chalice의 기본 app.py 코드

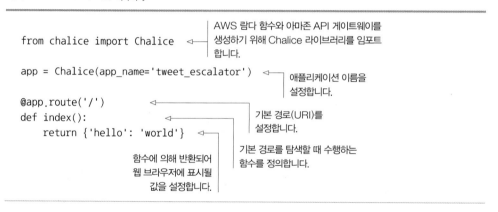

위 예제에서 애플리케이션 이름(라인 2)은 AWS 람다 함수와 아마존 API 게이트웨이를 식별하는 데 사용되는 이름입니다. 경로(라인 3)는 함수를 실행하는 URL 위치를 식별합니다. 함수(라인 4)는 URL 위치에 액세스할 때 실행되는 코드입니다.

URL에 대한 접근

URL에 접근하는 방법은 여러 가지가 있습니다. 이 장에서는 브라우저의 주소 표시줄에 URL을 입력하여 접근합니다. 일반적으로 세이지메이커 엔드포인트를 호출할 때 다른 애플리케이션에서 URL에 접근합니다. 예를 들어 나오미의 고객지원팀은 이 애플리케이션을 트윗에 대한 답변을 위해 티켓 예약 시스템 상에서 구현하게 됩니다. 구현 후 티켓 예약 시스템은 URL에 접근해 반환된

결괏값을 읽습니다. 마지막으로, 반환된 결괏값이 트윗을 전달하라고 추천하면 해당 트윗은 티켓 예약 시스템의 특정 지원 채널로 전달됩니다.

이 애플리케이션 전체를 구축하는 것은 이 책의 범위를 벗어납니다. 이 장에서는 세이지메이커 엔드포인트를 호출하고 웹 브라우저에 전달 여부에 대한 결과를 표시하는 작업을 위한 URL 위치 설정까지 설명합니다.

8.6.3 세이지메이커 엔드포인트를 제공하는 코드 추가

방금 만든 Hello World 예제 코드를 유지하여 세이지메이커 엔드포인트에 사용할 코드의 기준으로 사용할 수 있습니다. 일단 Hello World 코드 맨 아래에 두 개의 빈 줄을 추가하고 [예제 8-2]에 표시된 코드를 입력합니다. 전체 코드 내용은 https://s3.amazonaws.com/mlforbusiness/ch08/app.py에서 다운로드할 수 있습니다.

예제 8-2 기본 app.py 코드

```
@app.route('/tweet/{tweet}')      ◁─┤ 경로를 정의합니다.
def return_tweet(tweet):    ◁─┐ 함수를 설정합니다.
    tokenized_tweet = [
        slugify(tweet, separator=' ')]    ◁─┤ 트윗을 분리합니다.
    payload = json.dumps(
        {"instances" : tokenized_tweet})      ◁─┤ 페이로드(payload)를 설정합니다.

endpoint_name = 'customer-support-slugify'    ◁
                                                  세이지메이커 엔드포인트를
                                                  식별합니다.
runtime = boto3.Session().client(
    service_name='sagemaker-runtime',
    region_name='us-east-1')        ◁─┐ 엔드포인트를
                                        준비합니다.
response = runtime.invoke_endpoint(
    EndpointName=endpoint_name,
    ContentType='application/json',    ◁─┐ 엔드포인트를 호출하고
    Body=payload)                         응답을 가져옵니다.
response_list = json.loads(
    response['Body'].read().decode())    ◁─┤ 응답을 리스트로 변환합니다.
response = response_list[0]    ◁─┐ 배열의 첫 번째 아이템을
                                  얻습니다.
```

```
    if '1' in response['label'][0]:          ⟵┐ 전달할지 여부를
        escalate = 'Yes'                          결정합니다.
    else:
        escalate = 'No'

    full_response = {          ⟵┤ 전체 응답 포맷을 설정합니다.
        'Tweet': tweet,
        'Tokenised tweet': tokenized_tweet,
        'Escalate': escalate,
        'Confidence': response['prob'][0]
    }
    return full_response      ⟵┤ 결과를 반환합니다.
```

[예제 8-1]의 라인 3에서 설정한 @app.route와 마찬가지로 코드의 시작은 서비스에서 사용할 경로를 정의하게 됩니다. 이전처럼 경로를 /로 정의하는 대신 [예제 8-2]의 라인 1에서 경로를 /tweet/{tweet}/로 설정합니다. 이렇게 하면 AWS 람다 함수가 URL 경로 /tweet/에 도달하는 모든 항목을 감시하고, Chalice가 생성한 엔드포인트가 다음과 같은 경우 세이지메이커 엔드포인트에 도달한 모든 항목을 전송하게 됩니다.

https://ifs1qanztg.execute-api.us-east-1.amazonaws.com/api/

이 엔드포인트로 이동하면 {"hello": "world"}가 반환됩니다. 마찬가지로 [예제 8-2]의 라인 1에 있는 코드도 다음과 같은 엔드포인트에 접근하면 세이지메이커 엔드포인트에서 I am angry를 전송합니다.

https://ifs1qanztg.execute-api.us-east-1.amazonaws.com/api/tweet/i-am-angry

{tweet} 코드는 Chalice에 URL 끝에 입력되는 모든 값을 tweet이라는 변수에 넣으라고 말합니다. 라인 2에 표시된 코드는 라인 1의 tweet 변수를 함수에 대한 입력으로 사용하고 있습니다.

라인 3은 주피터 노트북이 사용하는 기능과 동일한 기능을 사용하여 트윗 내용을 슬러그화 slugify[10]합니다. 이렇게 하면 세이지메이커 엔드포인트에 전송하는 트윗 내용이 모델 학습 시 사용한 것과 동일한 방식으로 정규화됩니다. 라인 4는 세이지메이커 엔드포인트로 전송되는 페이로드payload를 만들기 위해 주피터 노트북의 코드를 반영합니다. 라인 5는 호출하는 세이지메이커 엔드포인트의 이름입니다. 라인 6은 엔드포인트가 해당 엔드포인트에 전송된 트윗에 응답

----

10 옮긴이_ 슬러그(slug)는 일부 시스템 상에서 읽을 수 있는 키워드로 URL을 정의하는 것을 말합니다. 소문자로 작성되며 공백 문자는 하이픈 또는 언더바로 대체합니다(https://en.wikipedia.org/wiki/Clean_URL#Slug).

할 준비가 되었는지 확인하고, 라인 7은 해당 트윗을 세이지메이커 엔드포인트로 전송합니다.

라인 8은 응답을 수신합니다. 세이지메이커 엔드포인트는 트윗 내용을 가져오고 결과를 반환하도록 설계되어 있습니다. 이 장의 애플리케이션은 트윗을 하나만 보내므로 라인 9는 배열 중 첫 번째 결과만 반환합니다. 라인 10은 트윗을 고개지원팀으로 전달escalate할지 여부를 0 또는 1에서 No 또는 Yes로 변환합니다. 마지막으로 라인 11은 결과 포맷을 정의하고, 라인 12는 결과를 웹 브라우저로 반환합니다.

8.6.4 권한 구성

Chalice API는 여전히 AWS 람다 함수에 액세스할 수 없습니다. 세이지메이커 엔드포인트에 액세스하려면 AWS 람다 함수에 권한을 부여해야 합니다. 최초 Hello World를 반환하는 AWS 람다 함수는 다른 AWS 리소스를 사용하지 않았기 때문에 사용 권한을 구성하지 않고 작동이 가능했습니다. 하지만 업데이트된 AWS 람다 함수는 AWS 세이지메이커에 액세스해야 하며 권한 구성을 하지 않으면 오류가 발생합니다.

Chalice는 권한을 설정하기 위해 policy-dev.json이라는 파일을 제공합니다. 이 파일은 방금 작업한 app.py가 들어 있는 폴더와 같은 위치에 있는 .chalice 폴더에서 찾을 수 있습니다. .chalice 폴더로 이동하면 policy-dev.json 파일을 볼 수 있습니다. 이 파일을 VS 코드에서 열고 [예제 8-3] 내용으로 대체합니다.

> **NOTE_** 직접 입력하지 않고 다음 링크에서 다운로드할 수 있습니다.
> https://s3.amazonaws.com/mlforbusiness/ch08/policy-dev.json

예제 8-3 policy-dev.json의 내용

```
{
    "Version": "2012-10-17",
    "Statement": [
        {
            "Sid": "VisualEditor0",
            "Effect": "Allow",
            "Action": [
```

```
            "logs:CreateLogStream",
            "logs:PutLogEvents",
            "logs:CreateLogGroup"
        ],
        "Resource": "arn:aws:logs:*:*:*"
    },
    {
        "Sid": "VisualEditor1",
        "Effect": "Allow",
        "Action": "sagemaker:InvokeEndpoint",    ◁── 세이지메이커 엔드포인트 호출에
        "Resource": "*"                               대한 권한을 추가합니다.
    }
    ]
}
```

이제 API는 세이지메이커 엔드포인트를 호출할 수 있는 권한을 갖게 됩니다. AWS에 코드를
배포하려면 아직 한 단계 더 진행해야 합니다.

8.6.5 requirements.txt 업데이트

AWS 람다 함수가 slugify 라이브러리를 사용할 수 있도록 설정합니다. app.py와 동일한 위치
에 있는 requirements.txt에 [예제 8-4]의 코드를 추가하면 됩니다.

> **NOTE_** 직접 입력하지 않고 다음 링크에서 다운로드할 수 있습니다.
> https://s3.amazonaws.com/mlforbusiness/ch08/requirements.txt

예제 8-4 requirements.txt의 내용

```
python-slugify
```

requirements.txt 업데이트는 Chalice 배포를 위한 마지막 단계입니다.

8.6.6 Chalice 배포

마지막으로 엔드포인트에 액세스할 수 있도록 코드를 배포해야 합니다. VS Code의 터미널 창에서 tweet_escalator 폴더로 이동하고 다음을 입력하세요.

```
chalice deploy
```

이 작업으로 다음 기능이 추가된 AWS 람다 함수가 다시 생성됩니다.

- AWS 람다 함수가 세이지메이커 엔드포인트를 호출할 수 있는 권한을 갖게 되었습니다.
- AWS 람다 함수가 slugify 라이브러리를 사용할 수 있게 되었습니다.

8.7 의사결정 서비스 제공

이 장에서는 세이지메이커 엔드포인트를 설정하고, 로컬 컴퓨터에서 AWS를 구성한 후 웹 서비스 엔드포인트를 만들고 배포했습니다. 이제 작업한 서비스를 사용할 수 있습니다. 이 과정의 마지막 단계를 설명합니다.

1. 세이지메이커 엔드포인트를 설정합니다.
2. 로컬 컴퓨터에 AWS의 환경을 구성합니다.
3. 웹 서비스 엔드포인트를 생성합니다.
4. 의사결정 서비스를 제공합니다.

API를 확인하려면 chalice deploy를 실행한 후 터미널 창에 표시된 Rest API URL 링크를 클릭합니다(그림 8-22). 출력 결과를 변경하지 않았으므로 Hello World 페이지가 표시됩니다(그림 8-23).

그림 8-22 웹 브라우저의 엔드포인트에 액세스할 수 있는 Rest API URL

```
- Rest API URL: https://g8lqvzw5mj.execute-api.us-east-1.amazonaws.com/api/
```

그림 8-23 Hello World 다시 확인

```
←  →  C   🔒 https://g8lqvzw5mj.execute-api.us-east-1.amazonaws.com/api/

{"hello":"world"}
```

트윗에 대한 의사결정 결과를 확인하려면 브라우저의 주소 표시줄에 경로를 입력해야 합니다. [그림 8-24]는 추가해야 하는 경로의 예를 보여줍니다. 브라우저의 주소 표시줄에 있는 URL의 마지막에(마지막 / 이후) tweet/the-text-of-the-tweet-with-dashes-instead-of-spaces 를 입력한 후 Enter를 누릅니다.

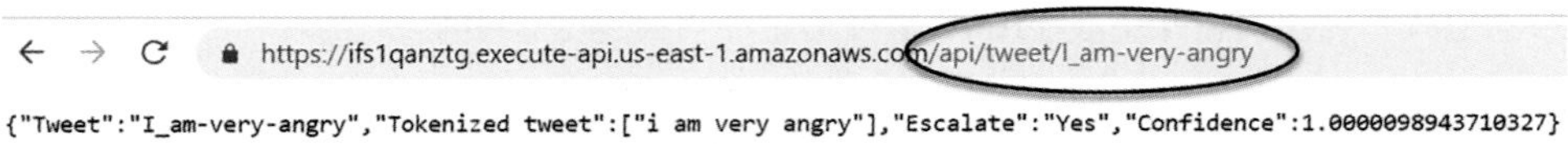

그림 8-24 트윗 응답: I am very angry

{"Tweet":"I_am-very-angry","Tokenized tweet":["i am very angry"],"Escalate":"Yes","Confidence":1.0000098943710327}

웹 페이지에 표시되는 응답이 {"hello": "world"}에서 다음과 같이 변경된 것을 확인할 수 있습니다.

```
{"Tweet":"I-am-very-angry","Tokenized tweet":["i am very angry"],
    "Escalate":"Yes","Confidence":1.0000098943710327}
```

응답에는 주소 표시줄에서 받아온 트윗 내용, slugify를 통해 토큰화된 트윗 내용, 트윗 전달 여부(이 경우에는 Yes), 추천된 답변 등이 표시됩니다.

다른 문장을 추가로 테스트하려면 주소 표시줄에 문장을 입력하기만 하면 됩니다. 예를 들어 thanks-i-am-happy-with-your-service를 입력하면 [그림 8-25]에 표시된 응답이 생성됩니다. 예상대로 이 트윗은 전달하지 않는 것이 좋다는 결과를 반환했습니다.

그림 8-25 트윗 응답: I am happy with your service

{"Tweet":"thanks-i-am-happy-with-your-service","Tokenized tweet":["thanks i am happy with your service"],"Escalate":"No","Confidence":1.0000100135803223}

'I am very angry'에서 'I am not angry'로 트윗을 변경한 결과는 흥미롭습니다. API가 전달하지 않을 것을 예상했지만 그렇지 않은 경우도 있습니다. [그림 8-26]은 이 트윗에 대한 응답을 보여줍니다. 여전히 전달을 권장하지만 신뢰도는 52%로 훨씬 낮습니다.

그림 8-26 트윗 응답: I am not angry

{"Tweet":"I-am-not-angry","Tokenized tweet":["i am not angry"],"Escalate":"Yes","Confidence":0.5256706476211548}

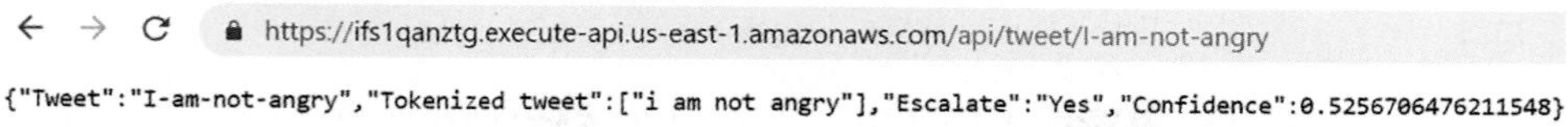

고객지원팀에 전달된 이유를 확인하려면 트윗의 데이터 원본을 확인해야 합니다. 부정적인 트윗을 보면 많은 트윗에 Escalate이라는 라벨이 붙어 있는 것을 알 수 있습니다. 부정적인 문구는 좌절감을 표현하는 긴 트윗 내용의 일부가 될 수 있기 때문입니다. 예를 들어 "I'm not angry, I'm just disappointed."와 같은 트윗의 경우가 이에 해당합니다.

8.8 요약

- 인터넷에 머신러닝 모델을 배포하려면 서비스 엔드포인트를 인터넷에 노출해야 합니다. 최근에는 모델을 포함한 웹 애플리케이션을 웹 서버 설정 없이 사용자에게 제공할 수 있습니다.

- AWS 람다는 온디맨드로 부팅되는 웹 서버에서 실행되는 애플리케이션이며 예측 서비스를 API로 제공하기 위한 비용 효율적인 방법입니다.

- 세이지메이커 엔드포인트 또한 예측 서비스 API를 제공할 수 있습니다. API는 웹을 통해 사용자에게 예측과 의사결정을 제공하는 데 사용할 수 있으며, 엔드포인트를 보호하고 액세스 권한이 있는 사용자에게만 노출할 수 있도록 설정할 수 있습니다.

- 트윗의 텍스트를 URL로 전달하기 위해 트윗의 텍스트에는 브라우저의 주소 표시줄에 입력할 수 있는 문자만 포함되어야 합니다.

- 트윗을 정규화하기 위해 NLTK가 아닌 slugify를 사용해 세이지메이커 엔드포인트를 설정했습니다. slugify는 일반적으로 텍스트를 웹사이트 URL로 변환하는 데 사용합니다.

- AWS 서버리스 기술인 AWS 람다를 이용해 세이지메이커 엔드포인트를 서버리스 API로 설정했습니다. AWS 람다의 동작을 위해 Chalice라는 파이썬 라이브러리를 설치했습니다.

- 세이지메이커 엔드포인트에 액세스하려면 서버리스 API에 권한이 있어야 합니다. 마이크로소프트의 VS 코드를 사용하여 액세스 키를 생성한 다음, 로컬 컴퓨터에서 AWS 계정에 대한 자격 증명을 설정합니다.

- 로컬 컴퓨터에서 AWS 리소스로 이용할 수 있도록 AWS CLI 및 boto3 라이브러리를 설정합니다.
- 서버리스 함수를 만들기 위해 AWS 람다 기능과 아마존 API 게이트웨이 서비스에 대해 알아보았고 Chalice와 함께 사용하면 간단하게 작업할 수 있음을 확인했습니다.
- 나오미의 고객지원팀에 트윗을 전달할지 여부를 반환하는 API를 배포했습니다.

## CHAPTER 9

사례 연구

> ## 이 장의 내용
>
> - 책의 전반적인 주제 검토
> - 머신러닝을 이용해 두 회사가 비즈니스를 개선한 방법
>   - 사례 연구 1: 단일 머신러닝 프로젝트 도입
>   - 사례 연구 2: 회사의 모든 업무 중심에 머신러닝 도입

이 책 전반에 걸쳐 AWS 세이지메이커를 사용하여 일반적인 비즈니스 문제에 대한 솔루션을 구축했습니다. 이 솔루션에서 다양한 시나리오와 접근 방식을 다루었습니다.

- 승인 라우팅 과제를 해결하기 위해 지도학습 알고리즘 라이브러리인 XG부스트를 사용했습니다.
- 고객 이탈을 예측하기 위해 데이터를 재구성하여 XG부스트 라이브러리를 사용했습니다.
- BlazingText 및 NLP를 사용하여 트윗 내용을 고객지원팀으로 전달해야 할지 여부를 확인했습니다.
- 공급업체의 청구서 조회 여부를 결정하기 위해 비지도학습 알고리즘인 RCF를 사용했습니다.
- 전력 사용량을 과거의 추세를 바탕으로 예측하기 위해 DeepAR을 사용했습니다.
- DeepAR의 예측 성능을 개선하기 위해 일기예보 및 공휴일과 같은 테이터셋을 추가했습니다.

바로 앞 장에서는 AWS의 서버리스 기술을 사용하여 웹 서비스를 통해 예측과 의사결정을 사용자에게 제공하는 방법을 배웠습니다. 이제 서로 다른 두 회사가 비즈니스에서 머신러닝을 어떻게 구현하고 있는지 살펴봄으로써 이 책을 마무리하도록 하겠습니다.

1장에서는 현재 기업의 생산성이 크게 급증하고 있으며, 일부는 머신러닝 기술이 견인할 것이라는 견해를 제시했습니다. 또한 모든 기업은 생산성을 향상시키기 원하지만 이러한 목표를 달성하는 것은 한계가 있다는 것을 깨닫고 있습니다. 머신러닝이 등장하기 전까지는 기업이 생산

성을 향상시키려면 최고의 소프트웨어를 도입하고 통합 작업을 하거나 ERP 시스템 작동 방식에 맞게 업무를 변경해야 했습니다. 이렇게 하면 비즈니스가 서로 다른 여러 시스템으로 구성되거나 엄격하게 통제(ERP 시스템을 통해)되어 회사 변화 속도가 크게 느려집니다. 머신러닝을 통해 기업은 운영의 많은 부분을 핵심 시스템에 저장하고 머신러닝을 이용하여 비즈니스 프로세스의 중요 지점에서 의사결정을 자동화할 수 있습니다. 이 접근 방식을 사용하면 회사는 시스템의 견고한 핵심을 그대로 유지하면서 최상의 기술을 활용할 수 있습니다.

2장부터 7장까지는 어떻게 머신러닝을 사용하여 프로세스의 특정 시점에서 의사결정을 내릴 수 있는지(구매 주문서 승인, 이탈 위험 고객 파악하여 통화하기, 트윗 전달 및 청구서 감사), 그리고 머신러닝을 사용하여 과거 데이터를 기반으로 관련 데이터셋(과거 사용량에 따른 전력 사용량 예측 및 일기예보 및 다가오는 휴일과 같은 기타 정보)과 결합해 예측하는 방법을 살펴봤습니다.

이 장에서 살펴볼 두 가지 사례는 비즈니스에서 머신러닝을 도입할 때 고려해야 할 또 다른 관점을 보여줍니다. 첫 번째는 후보자 검증 과정에서 시간이 많이 걸리는 부분을 머신러닝을 사용하여 자동화하려 하는 인력 관리 회사의 사례입니다. 이 회사는 머신러닝으로 비즈니스의 다양한 과제를 해결할 수 있는 방법을 실험하고 있습니다. 두 번째는 이미 머신러닝을 핵심 업무에서 사용하고 있지만 이를 적용하는 워크플로의 속도를 높이고자 하는 소프트웨어 회사의 사례입니다. 이들 기업이 머신러닝을 사용하여 비즈니스 관행을 개선하는 방법을 살펴보도록 하겠습니다.

9.1 사례 연구 1: WorkPac

WorkPac은 호주에서 가장 큰 비상장 인력 관리 회사입니다. 이 회사를 통해 매일 수만 명의 근로자들이 수천 명의 고객과 계약하고 있습니다. 또한 WorkPac은 적합한 후보자 그룹을 유지하기 위해 지원자를 인터뷰하는 팀이 별도로 있습니다.

인터뷰 과정은 후보자가 맨 위 퍼널^{Funnel, 깔때기} 속으로 들어가면 프로세스가 아래로 진행되면서 다양한 범주로 분류되는 파이프라인이라고 생각할 수 있습니다. 특정 카테고리의 전문가인 채용담당자는 지원자에게 메타데이터를 적용하여 기술, 경험, 적성, 관심도에 따라 필터링 작업을 진행합니다. 이러한 필터를 적용하면 채용 분야별로 적절한 후보자를 분류할 수 있게 됩니다.

[그림 9-1]은 분류 프로세스를 간단하게 보여줍니다. 후보자의 이력서는 퍼널(깔때기) 상단에 들어가 다양한 직업 범주로 분류됩니다.

그림 9-1 지원자를 여러 유형의 작업으로 분류하는 퍼널

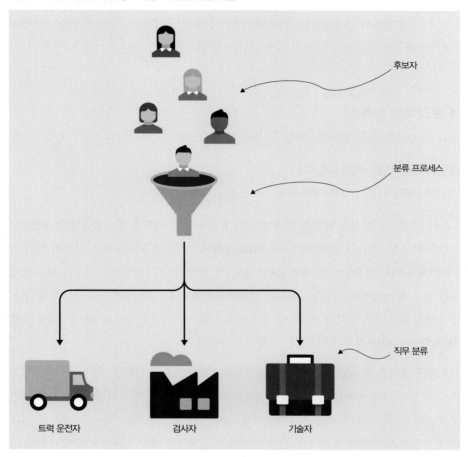

분류 퍼널 자동화로 인한 이점은 채용담당자가 지원자 분류 작업보다 지원자 관련 메타데이터 수집에 집중할 수 있는 시간을 확보할 수 있다는 것입니다. 머신러닝 모델을 사용하여 분류를 수행하면 후속 단계로서 메타데이터 수집의 일부도 자동화할 수 있는 장점이 있습니다.

머신러닝 애플리케이션을 구현하기 전에는 지원자가 WorkPac의 지원 포털을 통해 이력서를 제출하면 일반 채용담당자가 이를 일차로 분류하고, 추가 메타데이터를 위해 전문 채용담당자에게 전달합니다. 이 과정을 거친 후 채용담당자가 후보자를 확인할 수 있게 됩니다. 예를 들어 후보자가 트럭 운전사로 분류되었다면 트럭 운전사를 채용하려는 채용담당자들은 이 후보자를 찾을 수 있게 됩니다.

이제 WorkPac은 머신러닝 애플리케이션을 구현하여 초기 분류는 머신러닝 알고리즘으로 수행합니다. 이 프로젝트의 다음 단계는 메타데이터의 일부를 끌어낼 수 있는 챗봇을 구현하여 채용담당자의 귀중한 시간을 더욱 가치 있게 만드는 것입니다.

9.1.1 프로젝트 설계

WorkPac은 지원자 분류 자동화를 위한 두 가지 접근 방식을 고려했습니다.

- 지원자에 대한 간단한 키워드 분류 체계
- 지원자를 분류하기 위한 머신러닝 접근 방식

키워드 분류 체계는 위험성은 낮지만 결과에 대한 효과는 높지 않다고 인식했습니다. 2장에서 살펴본 승인 라우팅 시나리오와 마찬가지로 **키워드 분류**에는 새로운 키워드를 식별하기 위한 지속적인 시간과 노력이 필요합니다. 예를 들어 캐터필러^{Caterpillar}[1]가 797F라는 새로운 채굴 트럭을 출시할 경우 WorkPac은 키워드 목록을 업데이트하여 트럭 운전사와 연관시켜야 합니다. 예를 들어 머신러닝 접근 방식을 채택하면 제조업체가 새로운 차량을 출시할 때 머신러닝 모델은 797F 차량을 트럭 운전사와 연결하는 방법을 학습하게 됩니다.

머신러닝 접근 방식은 WorkPac이 머신러닝 프로젝트를 최초로 도입하는 것이기 때문에 성과가 좋을 수도 있고 실패에 대한 위험도 높을 것으로 인식되었습니다. 머신러닝 프로젝트는 일반적인 IT 프로젝트와는 다르게 리스크가 있습니다. 일반적인 IT 프로젝트에는 프로젝트와 결과를 정의하는 표준 방법론이 있습니다. IT 프로젝트를 실행하면 최종 결과가 어떻게 나올지 미리 알 수 있습니다. 지도가 주어져 있고, 길을 따라 끝까지 가면 됩니다. 하지만 머신러닝 프로젝트 수행은 탐험가가 하는 일에 더 가깝습니다. 지형에 대해 더욱 자세히 알게 되면 경로가 바뀔 수 있습니다. 머신러닝 프로젝트는 반복적인 학습이 필요하고 사전에 결정된 사항이 적습니다.

----

1 옮긴이_ 미국의 건설/광산 장비, 가스 엔진, 공업용 가스터빈 생산업체

WorkPac은 이러한 과제를 Blackbook.ai[2]의 서비스로 해결했습니다. Blackbook.ai 는 여러 비즈니스에 자동화 및 머신러닝 소프트웨어를 제공하는 회사입니다. WorkPac과 Blackbook.ai는 단계별로 솔루션을 구축함으로써 머신러닝 접근 방식에 대한 신뢰를 쌓을 수 있는 프로젝트를 계획하였습니다. 본 프로젝트에서 진행하는 각 단계는 일반적인 머신러닝 자동화 프로젝트의 일반적인 프로세스입니다.

- **1단계** : 머신러닝을 사용하여 의사결정을 내릴 수 있는지 검증하기 위해 모델을 준비하고 테스트합니다.
- **2단계** : 워크플로에 POC를 구현합니다.
- **3단계** : 회사 운영에 프로세스를 도입합니다.

9.1.2 1단계: 모델을 준비하고 테스트

1단계에는 기존 이력서를 분류하기 위한 머신러닝 모델을 구축하는 과정이 포함됩니다. WorkPac은 20년 이상 분류한 이력서 데이터를 가지고 있기 때문에 머신러닝 학습에 사용할 데이터가 풍부합니다. Blackbook.ai는 OCR[3] 기술을 사용하여 이력서에서 텍스트를 추출하고 이 텍스트로 모델을 학습했습니다. Blackbook.ai는 각 작업 범주에서 동일한 수의 이력서를 선택하여 학습의 균형을 맞출 수 있는 충분한 데이터가 있습니다. 모델을 학습하고 튜닝한 후 모델은 F 스코어 0.7을 달성할 수 있었고 이는 머신러닝을 수행하는 데 적합하다고 판단했습니다.

F 스코어

F 스코어$^{F\ Score}$(F1 스코어라고도 함)는 머신러닝 모델의 성능을 측정하는 척도입니다. 3장에서는 false에 대한 긍정/부정 예측의 수를 나타내는 혼동 행렬을 만드는 방법을 배웠습니다. F 스코어는 머신러닝 모델의 결과를 요약하는 하나의 방법입니다. F 스코어를 계산하는 방법을 쉽게 이해할 수 있도록 예를 들어 설명하겠습니다.

---

2 옮긴이_ 호주에서 가장 큰 AI 전문 기업

3 옮긴이_ OCR(optical character recognition)은 사람이 쓰거나 기계로 인쇄한 문자의 영상을 이미지 스캐너로 획득하여 기계가 읽을 수 있는 문자로 변환하는 과정입니다(https://ko.wikipedia.org/wiki/광학_문자_인식).

다음 표에는 머신러닝 알고리즘의 50가지 예측 결과가 요약되어 있습니다. 이 알고리즘은 특정 후보자를 트럭 운전사, 검사자 또는 기술자로 분류해야 하는지 예측을 진행했습니다.

표 9-1 지원자 분류 예측을 보여주는 데이터

	예측 (트럭 운전사)	예측 (검사자)	예측 (기술자)	전체
실제(트럭 운전사)	**11**	4	0	15
실제(검사자)	4	**9**	2	15
실제(기술자)	3	3	**14**	20
전체	18	16	16	**50**

표의 1행 실제(트럭 운전사)는 알고리즘이 실제 트럭 운전사였던 15명의 후보 중 11명이 트럭 운전사이고 4명이 검사자라고 예측했음을 나타냅니다. 이 알고리즘은 트럭 운전사를 기술자로 예측한 결과는 없었습니다. 2행 실제(검사자) 또한 마찬가지로 알고리즘은 9명을 검사자로 정확하게 예측했지만, 4명을 트럭 운전사, 2명을 기술자로 예측했습니다. 1행 실제(트럭 운전사)를 보면 예측 15건 중 11건을 올바르게 예측했습니다. 이를 알고리즘의 정밀도라고 합니다. 11/15의 결과는 트럭 운전사에 대한 알고리즘의 정밀도가 73%라는 것을 의미합니다.

이번엔 각 데이터 열을 확인해보겠습니다. 1열 예측(트럭 운전사)를 보면 알고리즘이 후보자 중 11명이 트럭 운전사라고 예측한 것을 확인할 수 있습니다. 18건의 예측 중 11건의 예측은 맞았고 7건의 예측은 틀렸습니다. 4명의 검사자를 트럭 운전사, 3명의 검사자를 기술자라고 예측했습니다. 이를 알고리즘의 재현율이라고 합니다. 알고리즘은 18건 중 11건을 올바르게 예측했습니다(61%).

이 예에서 정밀도와 재현율의 중요성을 알 수 있습니다. 73%의 정밀도 결과는 상당히 양호해보이지만 트럭 운전사를 예측하는 데 있어서 61%만 정확하다고 생각하면 결과에 대해 긍정적일 수 없습니다. F 스코어는 다음 공식을 사용하여 이 숫자를 하나의 값으로 축약합니다.

((정밀도*재현율) / (정밀도 + 재현율)) * 2

표의 수치를 이용해 계산해보면 다음과 같습니다.

((.73 * .61) / (.73 + .61)) * 2 = 0.66

그러므로 1행의 F 스코어는 0.66입니다. 이 예제와 같이 표에서 다중 클래스 알고리즘에 대해 F 스코어를 평균하면 결과는 일반적인 정밀도에 가까운 값을 산출할 수 있습니다. 반면에 각 F 스코어를 보면 클래스별 재현율 결과가 어떻게 다른지 확인할 수 있습니다.

이 단계에서 Blackbook.ai는 이력서를 머신러닝 모델에서 사용할 수 있는 데이터로 변환하기 위한 접근 방식을 개발하고 개선했습니다. 모델 개발 단계에서는 이 프로세스의 여러 단계를 수동으로 수행했지만 Blackbook.ai는 이러한 각 단계를 자동화할 계획을 가지고 있습니다. F 스코어가 0.7을 초과하고 프로세스 자동화 계획을 수립한 후 Blackbook.ai와 WorkPac은 프로젝트 2단계로 진행했습니다.

9.1.3 2단계: POC 구현

두 번째 단계는 머신러닝 모델을 WorkPac의 워크플로에 통합하는 POC를 구축하는 것입니다. 머신러닝과 관련된 많은 비즈니스 프로세스 개선 프로젝트와 마찬가지로 이 부분은 머신러닝 구성 단계보다 시간이 더 많이 걸렸습니다. 리스크 관점에서 보면 이 부분은 표준 IT 프로젝트였습니다.

이 단계에서 Blackbook.ai는 후보자들의 이력서를 가져오고, 이력서를 분류한 후 이력서와 분류 결과를 일부 채용담당자에게 제공하는 워크플로를 구축했습니다. 그런 다음 Blackbook.ai는 채용담당자로부터 받은 요구 사항(피드백)을 워크플로에 통합했습니다. 워크플로 승인 후 프로젝트의 마지막 단계인 구현 및 출시로 넘어갔습니다.

9.1.4 3단계: 회사 운영에 프로세스 도입

프로젝트의 마지막 단계는 WorkPac 전체 채용담당자에게 머신러닝 프로세스를 출시하는 것입니다. 이 과정은 일반적으로 시간이 많이 소요되는데, 이는 제품이 정상 기능을 하도록 프로세스 적용에 필요한 다양한 예외 처리를 구현하고 새로운 프로세스를 교육하는 시간 또한 포함되기 때문입니다. 시간이 많이 걸리지만 이 단계는 이미 POC를 거쳤기 때문에 큰 위험이 없으며, 2단계의 채용담당자로부터 피드백을 확인할 수 있습니다.

9.1.5 다음 단계

이제 이력서가 자동으로 분류되므로 WorkPac은 후보자의 메타데이터(예를 들면 이전 회사에 대한 기록 및 경험)로 직업을 구분할 수 있는 학습된 챗봇을 구축 및 출시할 수 있습니다.

이를 통해 채용담당자는 후보자에 대한 정보를 수집하는 데 시간을 할애하지 않고 업무에서 가장 가치가 높은 부분에 집중할 수 있게 됩니다.

9.1.6 교훈

머신러닝 프로젝트에서 시간이 많이 걸리는 작업 중 하나는 모델에 공급할 데이터를 수집하는 것입니다. 여기서는 이력서가 PDF 포맷으로 된 데이터입니다. Blackbook.ai는 OCR 데이터 수집 서비스를 직접 구축하는 데 시간을 할애하는 대신 상용 이력서 데이터 추출 서비스를 사용하여 이러한 문제를 해결했습니다. 이를 통해 저렴한 비용으로 바로 데이터 수집을 시작할 수 있었습니다. 이 상용 서비스에 대한 비용이 너무 높아지면 OCR 서비스를 자체 애플리케이션으로 대체하는 별도의 프로젝트를 준비할 수도 있습니다.

또한 머신러닝 모델을 교육하기 위해 Blackbook.ai는 기존 문서에 대한 메타데이터가 필요했습니다. 이 메타데이터를 가져오려면 SQL 쿼리를 사용하여 WorkPac의 시스템에서 정보를 추출해야 했고 WorkPac의 내부 팀으로부터 이 데이터를 가져오는 데 시간이 걸렸습니다. WorkPac과 Blackbook.ai는 이러한 작업은 요청에 의한 프로세스가 아니라 하나의 프로세스로 통합되어야 한다는 것에 동의했습니다.

9.2 사례 연구 2: Faethm

Faethm은 인공지능(AI)을 핵심으로 하는 소프트웨어 기업입니다. Faethm이 제공하는 소프트웨어의 주요 기능은 현재의 인력 구성과 머신러닝, 로봇공학, 자동화와 같은 새로운 기술의 출현을 바탕으로 몇 년 후 기업(또는 국가)이 어떻게 변화될지 예측합니다. Faethm은 직원의 4분의 1 이상이 데이터 사이언티스트입니다.

9.2.1 핵심은 AI 기술

회사의 핵심 역량에 AI 기술이 있다는 것은 무엇을 의미할까요? [그림 9-2]는 Faethm의 플랫폼이 어떻게 구성되어 있는지 보여줍니다. 데이터를 Faethm의 AI 엔진으로 전송하기 위해 플랫폼의 모든 부분이 어떻게 설계되어 있는지 확인해보기 바랍니다.

Faethm은 향후 몇 년간 기업이 어떻게 변화할지 예측하기 위해 AI 엔진에 있는 두 개의 주요 데이터 모델(기술 채택 모델^{technology adoption model}과 인력 속성 모델^{workforce attribution model})에 고객 데이터를 입력합니다.

9.2.2 머신러닝을 이용하여 프로세스 개선

이번 사례에서는 Faethm의 AI 엔진이 향후 몇 년간 회사가 어떻게 변화할지 예측하는 데 초점을 맞추지 않습니다. 대신 비즈니스 운영에 초점을 맞춥니다. 어떻게 하면 신규 고객에게 보다 빠르고 정확하게 AI를 적용할 수 있을까? 구체적으로 고객의 인력을 Faethm의 직무 분류에 어떻게 더 정확하게 일치시킬 수 있을까? 이 프로세스는 Faethm의 플랫폼 구성에 표시된 섹션 4의 CONTEXTUAL CLIENT DATA에서 확인할 수 있습니다(그림 9-2).

그림 9-2 Faethm의 운영 모델 모든 부분에서 데이터를 AI 엔진으로 유도합니다.

[그림 9-3]은 회사의 조직 구조가 Faethm의 직무 분류로 전환되는 작업을 보여줍니다. 분류된 작업이 Faethm의 모델링 애플리케이션을 위한 시작 시점에 제공되므로 작업을 올바르게 분류하는 것이 중요합니다. 작업이 고객의 현재 인력을 반영하지 못하면 최종 결과가 올바르지 않습니다.

그림 9-3 직무 세부 분류 흐름

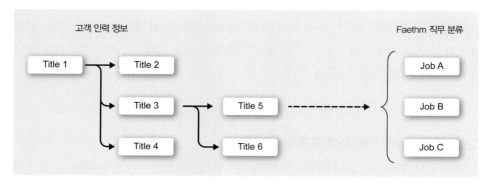

언뜻 보기에 Faethm과 WorkPac 모두 일자리를 분류한다는 점에서 WorkPac의 과제와 유사한 것처럼 보입니다. 여기서 주요 차이점은 입력 데이터에 있습니다. WorkPac에는 20년 동안 라벨링된 이력서 데이터가 있는 반면 Faethm은 몇 년 동안의 직책에 대한 데이터를 가지고 있습니다. 그래서 Faethm은 프로젝트를 네 단계로 분리했습니다.

- **1단계** : 데이터 수집
- **2단계** : 특성 정보 식별
- **3단계** : 결과 검증
- **4단계** : 프로덕션에서 구현

9.2.3 1단계: 데이터 수집

Faethm이 2017년에 회사 운영을 시작했을 때 팀은 고객의 직책에 대한 데이터를 수작업으로 분류했습니다. 시간이 지남에 따라 운영 속도를 높이기 위해 여러 유틸리티 도구를 개발했지만 고객을 위한 직책을 분류하는 작업은 여전히 전문 직원이 수작업으로 했습니다. Faethm은 이 프로세스를 자동화하기 위해 머신러닝에 대한 전문적인 지식이 필요했습니다.

Faethm은 세이지메이커의 BlazingText 알고리즘을 사용하기로 결정했습니다. 이것은 부분적으로 BlazingText가 서브워드 sub-word 로부터 벡터를 만들어냄으로써 OOV out-of-vocabulary 를 처리한다는 사실에 기인했습니다.

OOV(out-of-vocabulary)

4장에서 논의한 바와 같이 BlazingText는 단어를 벡터라고 부르는 일련의 숫자로 바꿉니다. 벡터는 단어뿐만 아니라 단어에서 나타나는 다른 컨텍스트도 나타냅니다. 머신러닝 모델이 전체 단어에서 벡터를 생성한다면 별도로 훈련되지 않은 단어로는 어떤 것도 할 수 없습니다.

직책명을 이용할 경우 훈련 데이터에 나타나지 않는 단어가 많게 됩니다. 예를 들어 모델은 gastroenterologist^{소화기내과 전문의}와 neuroradiologist^{신경방사선학 전문의}를 인식할 수 있도록 훈련할 수 있지만 gastrointestinal radiologist^{소화기방사선과 전문의}란 단어를 만나면 인식하지 못할 수 있습니다. BlazingText의 서브워드 벡터는 모델이 gastrointestinal radiologist와 같은 단어를 인식할 수 있도록 해야 합니다 합니다. 예를 들어 gastrointestinal radiologist라는 단어는 서브워드로 gas, tro, radio 및 logist와 같은 벡터를 생성할 수 있기 때문에 머신러닝에서 훈련이 가능하게 됩니다.

Faethm이 해결해야 할 첫 번째 문제는 충분한 훈련 데이터를 얻는 것입니다. Faethm은 유틸리티 도구를 사용하여 기존의 회사들과 유사한(정확히 동일하지 않지만) 많은 수의 분류된 직책 데이터를 만들었습니다. 이런 회사의 데이터 뱅크를 이용해 학습 데이터셋을 구성했습니다.

학습 데이터

데이터에 라벨링 작업을 할 필요가 없는 경우도 있습니다. WorkPac은 20년 동안 라벨링 작업을 한 데이터를 가지고 있기 때문에 오버샘플링^{oversampling, 과표본}과 언더샘플링^{undersampling, 과소표본}을 이용해 데이터 샘플(클래스)의 균형을 맞출 수 있었습니다. 비즈니스에서 머신러닝 기술을 도입할 만한 부분을 찾을 때 가장 적합한 프로세스는 오랜 시간 동안 사람이 수행해온 프로세스이며, 우리는 학습 데이터로 사용할 수 있는 그들의 과거 의사결정에 대한 데이터를 가지고 있습니다.

Faethm 데이터의 더욱 복잡한 문제는 직종마다 샘플이 불균형하다는 점입니다. 그들이 직책으로 분류한 일부 직종에는 수백 개의 샘플이 있지만(예를 들면 운영 관리자) 어떤 직종은 하나의 샘플만 존재합니다. 이러한 불균형을 해결하기 위해 Faethm은 각 카테고리에 가중치를 적용했습니다(3장에서 XG부스트를 사용했을 때처럼). 이제 Faethm은 라벨링된 대량의 데이터셋을 이용해 모델 구축을 시작할 수 있게 되었습니다.

9.2.4 2단계: 연관된 특성 정보 식별

일단 Faethm이 데이터를 얻은 후 직책을 역할로 분류하는 작업과 관련이 있는 특성 정보(피처)를 살펴봤습니다. 이 모델에서 중요한 것으로 확인된 두 가지 특성 정보는 산업군과 급여였습니다. 예를 들어 컨설팅 회사나 은행의 분석가는 일반적으로 광업 회사의 분석가와는 다른 역할을 하며, 연봉이 5만 달러인 운영 관리자는 25만 달러인 운영 관리자와 다른 역할을 합니다.

Faethm은 각 관리자의 익명화된 employee_id를 요청함으로써 두 가지 추가 특성 정보를 구성할 수 있었습니다. 직접 보고를 하는 직원을 데리고 있는 관리자의 비율과 관리자에게 보고를 하는 직원의 비율입니다. 이 두 가지 특성 정보를 추가함으로써 정확도를 크게 향상할 수 있었습니다.

9.2.5 3단계: 결과 검증

세이지메이커에서 모델을 구축한 후 Faethm은 고객의 인력을 Faethm의 예측 모델에 입력하여 자동으로 분류할 수 있었습니다. 그런 다음 Faethm은 분류된 인력 데이터를 이용하여 직원을 분류하고 문제점을 확인했습니다. 몇 차례의 조정과 검증을 거친 후 Faethm은 해당 프로세스를 실제 프로덕션에서 구현할 수 있었습니다.

9.2.6 4단계: 프로덕션에서 구현

프로덕션에서 알고리즘을 구현하는 것은 사람의 의사결정을 머신러닝 알고리즘으로 대체하는 것입니다.

Faethm의 전문 직원들은 의사결정을 내리는 대신 결과를 검증하는 데 시간을 소비하게 됩니다. 검증에 걸리는 시간은 분류를 하는 시간에 비해 짧기 때문에 처리량이 크게 향상됩니다.

9.3 결론

사례 연구를 통해 머신러닝을 처음 시도하는 회사에서 머신러닝이 모든 업무에 통합된 기업으로 발전하는 것을 살펴보았습니다. 이 책의 목적은 비즈니스에서 머신러닝을 사용할 수 있도록 정보와 기술을 제공하는 것입니다.

책 전체에 걸쳐 비즈니스 프로세스의 의사결정 지점에서 사람이 프로세스에 관여할 필요가 없도록 머신러닝을 적용하는 방법에 대한 예를 제시했습니다. 사람이 아닌 머신러닝 애플리케이션을 사용하여 의사결정을 내리면 규칙기반 프로그래밍을 사용할 때보다 더욱 일관되고 정확한 결과를 얻을 수 있습니다.

이 장에서는 오늘날 머신러닝을 사용하는 두 회사의 서로 다른 관점을 설명했습니다. 다음 네 가지 관점은 회사에서 어떤 문제를 해결해야 하는지와 그 이유를 평가하는 데 도움을 줄 겁니다.

9.3.1 관점 1: 신뢰 구축

WorkPac과 Blackbook.ai는 달성 가능하고 측정 가능하도록 프로젝트 전체를 단계별로 분리해 결과를 확인했습니다. 또한 정기적으로 진행 상황을 보고하고 각 단계마다 과도한 홍보 활동을 하지 않도록 했습니다. 이러한 접근 방식을 통해 WorkPac의 경영진으로부터 결과에 대한 신뢰 없이 프로젝트를 시작할 수 있었습니다.

9.3.2 관점 2: 올바른 데이터 얻기

올바른 데이터 얻기라는 문장에는 두 가지 중요한 의미가 있습니다. 첫 번째는 데이터가 최대한 정확하고 완전해야 한다는 것입니다. 두 번째는 데이터를 추출하여 머신러닝에 제공하는 프로세스를 올바르게 구축해야 한다는 것입니다.

프로덕션 환경으로 전환하려면 데이터를 모델에 원활하게 공급할 수 있어야 합니다. 이를 어떻게 수행할 것인지 고민하고, 가능하면 학습 및 테스트 프로세스 단계에 적용합니다. 개발 중에 원천 시스템에서 데이터를 자동으로 가져오게 된다면 실제 프로덕션으로 전환 시 프로세스가 제대로 테스트될 수 있으며 견고해집니다.

9.3.3 관점 3: 머신러닝 기능을 최대한 활용할 수 있도록 운영 모델 설계

회사에 머신러닝을 도입하게 되면 가능한 한 많은 업무에 머신러닝을 도입하는 방법과 머신러닝 모델을 통해 더 많은 트랜잭션을 수행할 수 있는 방법을 생각해보아야 합니다. 새로운 프로젝트 착수를 고려할 때 Faethm이 가장 먼저 던진 질문은 '이것을 어떻게 우리 AI 엔진에 공급할 수 있을까?'였습니다. 회사에서는 새로운 비즈니스 기회를 찾을 때 '기존 모델에 새로운 가능성을 어떻게 적용할지, 또는 현재의 역량을 강화하는 데 어떻게 활용할 수 있을까?'라는 질문을 던져야 합니다.

9.3.4 관점 4: 어디에서나 머신러닝을 사용 가능하게 하려면 회사는 무엇을 해야 하나

첫 번째 머신러닝 프로젝트 도입에서 회사의 모든 업무에 머신러닝을 이용하게 됨에 따라 회사는 크게 변화하게 됩니다. 특히 인력 구성이 바뀌게 됩니다. 이러한 변화에 대한 인력을 준비하는 것이 성공의 열쇠입니다.

이 책을 통해 연습하면서 습득한 이러한 관점과 기술로 회사에서 머신러닝 프로세스를 처리할 준비가 되었기를 바랍니다. 독자 여러분이 그런 준비가 되었다면 우리는 이 책을 만든 목적을 성취했고, 이제 여러분의 성공을 기원합니다.

9.4 요약

• WorkPac의 첫 번째 머신러닝 프로젝트 여정을 함께했습니다.

• 숙련된 머신러닝 회사인 Faethm이 머신러닝을 다른 프로세스에 통합하는 과정을 함께했습니다.

아마존 AWS에 가입하기

AWS는 아마존의 클라우드 서비스 이름입니다. 이 책을 쓰는 시점(2020년)에 아마존은 클라우드 서비스 시장에서 마이크로소프트나 구글보다 높은 점유율을 차지하고 있습니다.

AWS는 문자와 이미지 서비스를 위한 서버, 스토리지, 전문 머신러닝 애플리케이션 등 다양한 서비스로 구성되어 있습니다. 클라우드 서비스를 사용하는 데 있어 가장 어려운 측면 중 하나는 사용하는 고객이 각 서비스가 무엇을 하기 위한 서비스인지 이해하는 것입니다. AWS 서비스의 다양성을 직접 살펴보기 바랍니다. 이 책에서는 S3(AWS의 파일 스토리지 서비스)와 세이지메이커(AWS의 머신러닝 플랫폼)의 두 가지 서비스만 사용합니다.

부록 A는 AWS 계정 설정, 부록 B는 S3 설정 및 사용 방법, 부록 C는 세이지메이커 설정 및 사용 방법을 안내합니다. 이미 AWS 계정이 있는 경우 부록 A는 건너뛰고 S3 설정 및 사용 방법을 설명하는 부록 B로 이동하기 바랍니다.

A.1 AWS에 가입

AWS에 가입하려면 다음 링크로 이동하세요.

    https://portal.aws.amazon.com/billing/signup

이동 후 가입을 클릭하고 프롬프트를 살펴봅니다. 첫 번째 입력 양식은 이메일 주소, 비밀번호 및 사용자 이름을 요구합니다(그림 A-1).

그림 A-1 AWS 계정 만들기: 1단계(이메일 주소, 암호, 사용자 이름 입력)

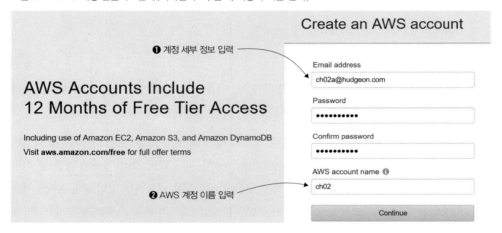

다음으로 계정 유형(이 책의 독자는 Personal 선택) 및 사용자의 리전 정보를 선택합니다(그림 A-2).

그림 A-2 AWS 계정 만들기: 2단계(계정 유형 선택)

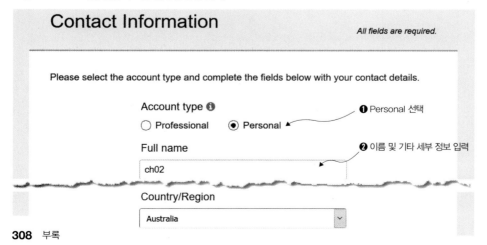

다음으로 신용카드[1] 세부 정보를 입력합니다(그림 A-3).

AWS 계정을 얻으려면 신용카드 번호가 필요하며, 프리티어 한도를 초과하지 않는 이상 비용은 부과되지 않습니다.

> **NOTE_** 새 계정에 제공되는 프리티어 제한을 초과하지 않고 이 책의 모든 예제를 수행할 수 있습니다.

그림 A-3 AWS 계정 만들기: 3단계(신용카드 세부 정보 입력)

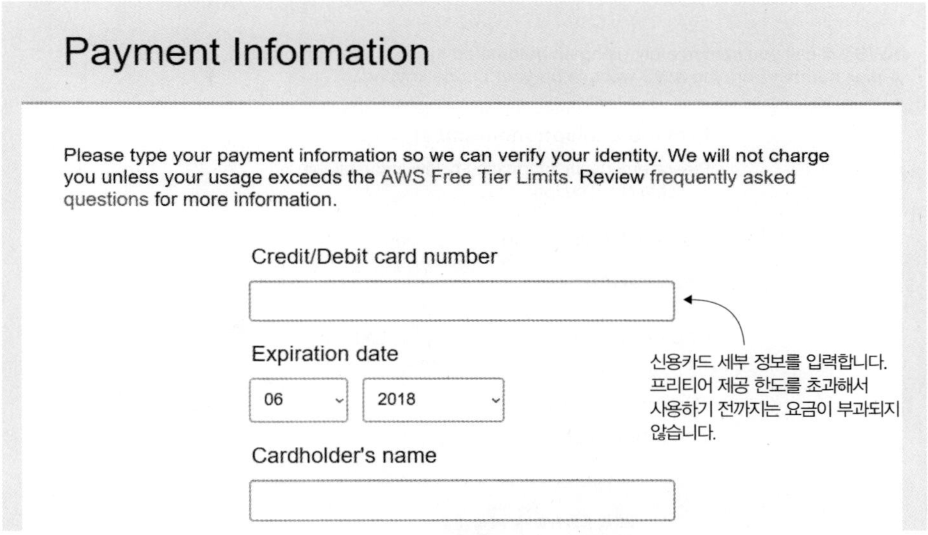

---

1 옮긴이_ Visa, Mastercard, American Express 등 해외 결제가 가능한 신용카드 또는 체크카드가 있어야 하며, 미국 달러로 결제됩니다.

다음 페이지의 양식은 계정 확인과 관련된 내용입니다. 아마존이 계정 확인 없이 서비스를 제공할 경우 기술 노하우가 있는 사용자에 의해 지속적인 무료 사용에 대한 시도에 취약해질 수 있습니다. 따라서 계정 검증 프로세스는 여러 단계로 진행합니다. 첫 번째 확인 단계에서는 잘 알아볼 수 없게 표시된 문자를 입력하여 보안 검사를 수행합니다(그림 A-4).

그림 A-4 계정 정보 확인: 캡차(captcha) 문자 입력 확인

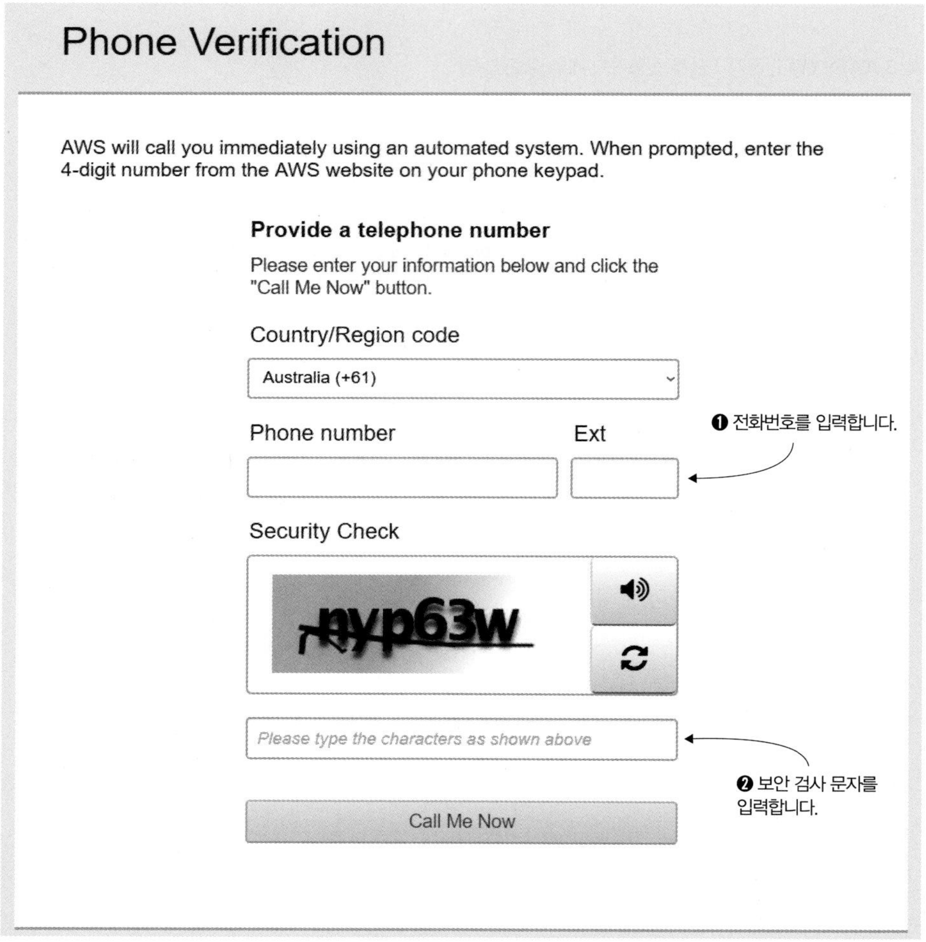

Call Me Now^{지금 전화하기}**2**를 클릭하면 두 번째 확인 단계가 시작되는데, 여기서 AWS로부터 자

---

2 옮긴이_ 오른쪽 위 언어를 '한국어'로 선택하고 진행할 수 있으며, 휴대폰을 통한 문자 메시지를 통해도 확인이 가능합니다.

동 발신 전화를 받게 됩니다. 페이지에 표시된 네 자리 코드를 입력하라는 메시지가 나타날 것입니다(그림 A-5).

그림 A-5 계정 정보 확인: 네 자리 숫자 입력

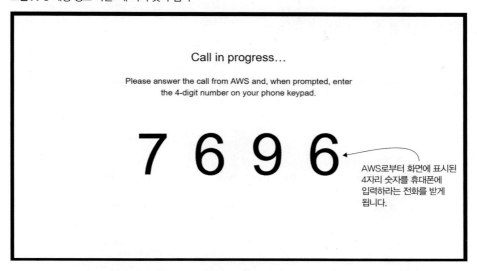

이제 확인되었습니다. 다음 단계로 계속할 수 있습니다(그림 A-6).

그림 A-6 AWS 계정 만들기: 4단계(신원 확인)

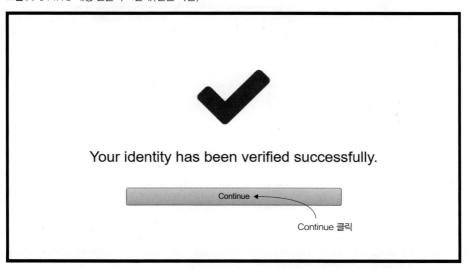

그런 다음 원하는 AWS Support Plan[3]을 선택합니다(그림 A-7). 이 책의 독자는 무료로 이용할 수 있는 Basic Plan(Free)를 선택해도 충분합니다.

그림 A-7 AWS 계정 만들기: 5단계(지원 계획 선택)

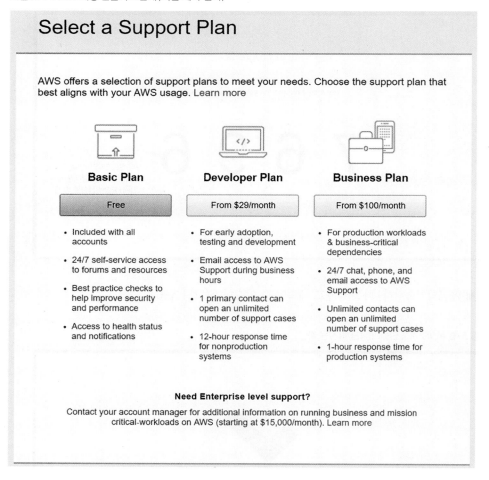

---

3 옮긴이_ AWS 서포트 플랜은 AWS 사용 시 문제점이나 전문 지식에 대한 기술을 지원해주는 고객지원 상품입니다. 긴급하게 지원을 받아야하는 실 서비스 계정이 아니라면 Free를 선택합니다.

축하합니다! 이제 계정이 등록되었습니다(그림 A-8). AWS 콘솔에 로그인하고 부록 B로 이동하여 S3(AWS의 파일 스토리지 서비스) 및 세이지메이커(AWS의 머신러닝 서비스)를 설정하는 방법을 배울 수 있습니다. 다음 절에서는 AWS 결제에 대해 간단히 설명합니다.

그림 A-8 AWS 계정 만들기: 성공!

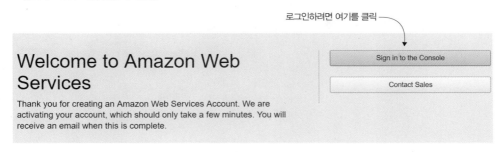

로그인하려면 여기를 클릭

A.2 AWS 결제 개요

AWS는 이 책에서 사용하는 머신러닝 서비스인 세이지메이커와 같은 리소스 사용에 대해 초 단위로 요금을 부과합니다.[4] 새 AWS 계정을 만들면 처음 12개월 동안 이 책을 위한 학습을 수행하는 데 필요한 리소스를 무료로 사용할 수 있습니다. 사용할 수 있는 AWS 리소스 양에는 제한이 있지만 프리티어[5]만으로도 이 책의 모든 예제를 완료하는 데 충분합니다.

> **NOTE_** https://aws.amazon.com/sagemaker/pricing/에서 AWS 서비스에 대한 최신 요금 정보를 확인할 수 있습니다.

이미 AWS 계정이 있는 경우 AWS 리소스 사용에 대한 요금이 부과됩니다. 하지만 사용하지 않을 때 리소스를 종료하면 10~20달러 정도의 비용으로 이 책의 모든 예제를 완료할 수 있습니다.

---

4 옮긴이_ AWS 프리티어 과금 방지는 다음 링크를 참고하기 바랍니다(https://docs.aws.amazon.com/ko_kr/awsaccountbilling/latest/aboutv2/checklistforunwantedcharges.html).

5 옮긴이_ https://aws.amazon.com/ko/free/

파일을 저장하기 위한 S3
설정 및 사용 방법

S3는 AWS의 파일 스토리지 시스템입니다. 이 책에서는 세이지메이커에서 데이터 파일을 생성한 후 S3를 사용하여 머신러닝 및 머신러닝 모델을 위한 데이터 파일을 저장합니다. 부록 B에서는 이 책의 예제 코드를 보관할 S3 버킷을 설정하는 방법을 안내합니다. 아직 AWS에 가입하지 않았다면 부록 A를 참고하기 바랍니다.

AWS 콘솔에 로그인하려면 http://console.aws.amazon.com으로 이동하여 이메일 주소와 암호를 입력합니다. 로그인하면 AWS 서비스 제목이 표시됩니다. AWS 서비스 아래의 텍스트 상자에 S3를 입력하고 Enter를 누르면 S3 서비스를 찾을 수 있습니다.

AWS는 **버킷**bucket이라는 개념을 사용하여 파일을 저장하는 위치를 식별합니다. S3를 이용하기 위해 가장 먼저 해야 할 작업은 이 책의 파일을 저장할 버킷을 설정하는 것입니다. 이미 버킷을 생성한 경우 S3로 이동하면 여러분 버킷을 보여주는 버킷 목록이 표시됩니다(그림 B-1).

그림 B-1 이 책에서 사용하는 코드 및 데이터를 저장하는 데 사용하는 S3 버킷

이 책에서는 S3에 버킷을 생성한 뒤 그곳에 작업에 필요한 각 데이터셋을 담을 폴더를 생성합니다. 이런 과정은 모든 작업에 있어서 좋은 습관입니다. 버킷을 사용하여 액세스 권한이 있는 사람에 따라 작업을 분리하고 폴더를 구분하여 데이터셋을 분리합니다.

B.1 S3에서 버킷 생성 및 설정

버킷을 디렉터리의 최상위 폴더라고 생각하면 됩니다. AWS 버킷 이름은 전 세계적으로 고유합니다. 즉, 다른 사람이 만든 버킷 이름과 같을 수 없습니다. 이것의 장점은 웹에서 접근할 수 있는 고유한 주소를 각 버킷에 할당할 수 있고 버킷 이름을 아는 모든 사람이 해당 버킷을 탐색할 수 있다는 것입니다(물론 버킷과 그 안에 들어 있는 내용을 확인하기 위해서는 버킷에 대한 액세스 권한을 가지고 있어야 합니다).

새 계정에서 S3 서비스를 처음 접근하면 버킷이 없다는 알림이 표시됩니다(그림 B-2).

그림 B-2 S3 버킷을 생성하기 전 대시보드

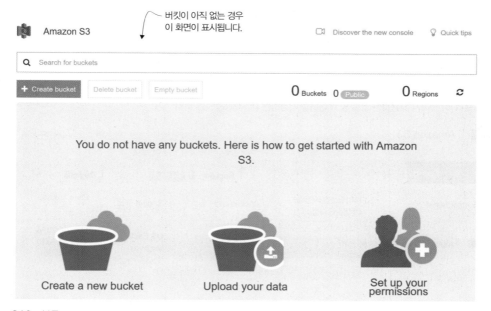

여러분의 첫 번째 버킷을 생성하려면 Create bucket을 클릭합니다. 이제 버킷에 대한 정보를 제공하라는 메시지가 표시됩니다. 마법사는 다음 4단계를 안내합니다.

- 버킷 이름을 지정합니다.
- 버킷 속성을 설정합니다.
- 권한을 설정합니다.
- 설정을 검토합니다.

B.1.1 마법사 1단계: 버킷 이름 지정

[그림 B-3]은 버킷 생성 마법사 1단계입니다.

그림 **B-3** 버킷 생성 마법사 1단계: 버킷 이름

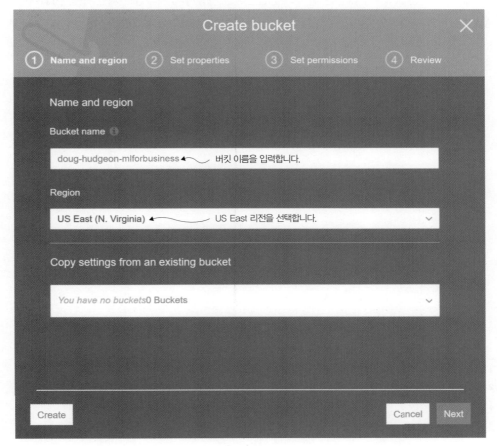

이 단계에서는 버킷의 이름을 지정하고 생성될 버킷이 위치할 원하는 리전[1]을 선택합니다. 이 책의 예제 수행을 위해 mlforbusiness를 포함한 고유한 버킷 이름(예를 들면 자신의 영문 이름을 사용해서)을 만듭니다. 누군가 이미 같은 이름의 버킷을 만든 경우 이름 뒤에 임의의 숫자를 추가해야 할 수도 있습니다.

> **NOTE_** 버킷 이름에는 웹 주소에 입력할 수 있는 문자만 포함할 수 있습니다. 즉, 공백은 포함할 수 없습니다. 일반적으로 대시(-)를 사용하여 단어를 구분합니다.

리전을 US East (N. Virginia)로 변경합니다. AWS는 세이지메이커를 모든 리전에서 서비스할 계획이지만 아직 모든 리전에서 서비스하고 있지 않습니다.[2] 따라서 이 책의 내용을 모두 수행 가능한 US East ^{미국 동부}를 선택하는 것이 좋습니다.

US East와 같은 AWS의 리전은 서비스에 접근하는 사용자의 지역을 말하는 것은 아닙니다. AWS 서버의 물리적인 위치를 나타냅니다. 미국 동부를 리전으로 선택한 후 어디에서나 AWS S3 버킷을 사용할 수 있지만 서버는 미국 동부 해안 어딘가에 위치합니다(정확히 말하자면 북부 버지니아).

---

1 옮긴이_ 리전(region)은 AWS의 데이터 센터(IDC) 위치를 부르는 명칭이라고 생각하면 이해하기 쉽습니다.

2 옮긴이_ AWS는 리전마다 신규 서비스 출시 일정이 다르거나 지원하지 않을 수 있습니다. 세이지메이커는 2020년 8월 기준으로 서울 리전(ap-northeast-2)에서 제공하고 있습니다. 따라서 아시아 태평양(Asia Pacific)-서울(Seoul)을 선택해도 이 책의 예제를 수행할 수 있습니다(https://aws.amazon.com/ko/about-aws/global-infrastructure/regional-product-services/).

B.1.2 마법사 2단계: 버킷 속성 설정

다음으로 버킷의 속성을 설정해야 합니다. [그림 B-4]는 마법사 2단계입니다. 여기서는 버킷에 있는 파일의 버전 지정, 로깅 및 태그 지정 방법을 설명합니다. 아무것도 변경하지 않고 Next 버튼을 클릭합니다.

그림 B-4 버킷 생성 마법사 2단계: 속성 설정

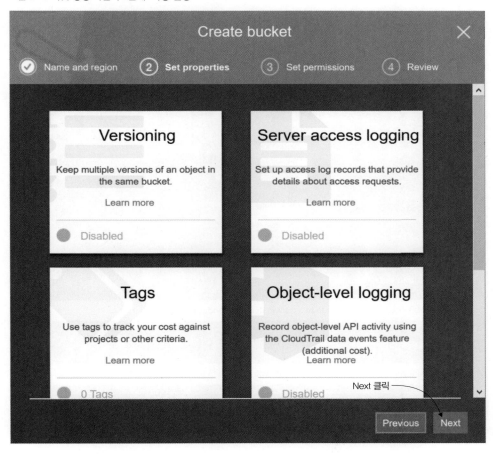

B.1.3 마법사 3단계: 권한 설정

권한을 통해 버킷에 액세스할 수 있는 사용자를 제한할 수 있습니다. [그림 B-5]는 마법사 3단계입니다. 대부분의 경우 사용자 자신만 버킷에 액세스하기 원하므로 기본적으로 설정된 권한을 그대로 둡니다. 여기서도 아무것도 변경하지 않고 Next 버튼을 클릭합니다.

그림 B-5 버킷 생성 마법사 3단계: 사용 권한 설정

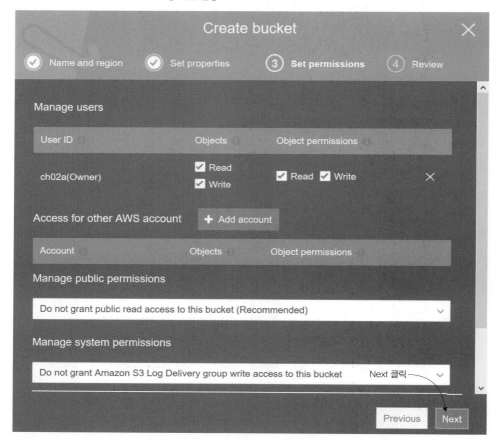

B.1.4 마법사 4단계: 설정 검토

여기서는 [그림 B-6]과 같이 설정을 확인하고 필요한 사항을 변경할 수 있습니다. 이전 지침을 따랐다면 변경할 필요가 없으므로 그냥 Create bucket^{버킷 만들기} 버튼을 클릭합니다. 그러면 S3 버킷 리스트 화면으로 돌아갑니다.

그림 **B-6** 버킷 생성 마법사 4단계: 검토 설정

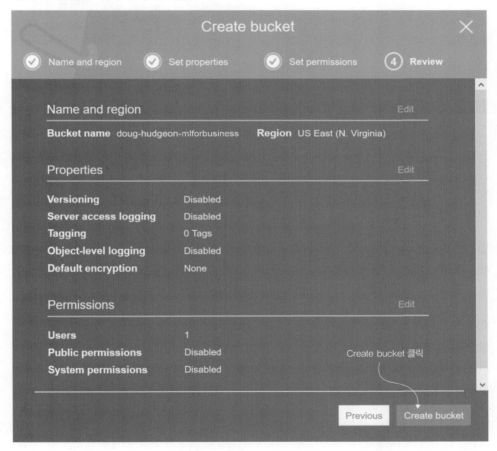

[그림 B-7]은 방금 생성한 버킷을 보여줍니다. 버킷을 설정했으므로 이제 버킷에 폴더를 설정할 수 있습니다.

그림 B-7 방금 만든 버킷을 포함한 S3의 버킷 목록

B.2 S3에 폴더 설정

앞 절에서 이 책의 모든 파일과 코드를 보관할 버킷을 만들었습니다. 이 절에서는 2장의 파일과 코드를 보관할 폴더를 설정합니다. 일단 익숙해지면 다른 장의 폴더도 쉽게 설정할 수 있습니다.

S3의 버킷을 최상위 폴더로 생각할 수 있습니다. 여기서 만들 폴더는 최상위 폴더인 버킷의 하위 폴더입니다.

이 책에서는 버킷의 내용을 설명할 때 '폴더'라는 용어를 사용해서 설명했지만 사실 정확한 용어는 아닙니다. 실제로 S3 버킷에는 폴더가 존재하지 않습니다. 사용자 인터페이스에는 폴더가 있는 것처럼 보이지만 S3 버킷은 실제로 파일을 계층적(폴더 구조)으로 저장하지 않습니다.

S3의 버킷은 쉽게 접근을 제한할 수 있는 웹상의 특정 위치라고 하는 것이 더 정확합니다. S3 버킷에 있는 모든 파일은 물리적으로 버킷의 최상위 수준에 위치합니다. S3에서 폴더를 생성하면 폴더처럼 보이지만 단순히 폴더처럼 보이는 방식으로 이름이 붙여진 버킷의 최상위 수준에 저장된 파일일 뿐입니다.

예를 들어 부록 B에서 설정한 버킷에 ch02 폴더를 만들고 여기에 orders_with_predicted_value.csv라는 파일을 넣을 것입니다. 이것은 실제로는 버킷에 해당 이름의 파일을 생성하는 것입니다. 보다 정확한 용어를 사용하려면 파일 이름이 **key**이고 파일 내용이 **value**입니다. 따라서 버킷은 key/value 쌍을 저장하는 웹상의 위치를 나타내는 것뿐입니다.[3]

---

3 옮긴이_ AWS의 S3는 객체 저장소라고 합니다. 사용자는 접근할 수 있는 파일의 위치 정보(URI)만 확인하며 물리적으로 어떻게 저장되는지는 서비스 제공자가 관리합니다.

작업하는 각 머신러닝 데이터셋에 대해 방금 생성한 버킷 내에 별도의 폴더를 생성할 것입니다. 우선 [그림 B-8]과 같이 Create folder를 클릭합니다.

그림 **B-8** S3에서 폴더 생성

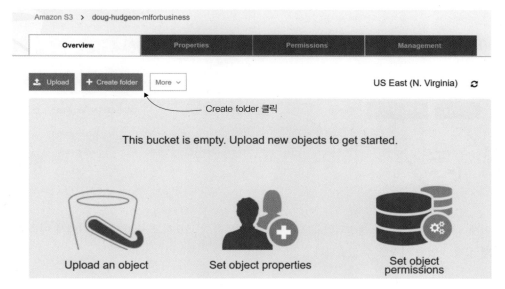

[그림 B-9]와 같은 화면이 나타나면 폴더 이름을 ch02로 지정하고 Save를 클릭합니다.

그림 **B-9** S3의 폴더 이름 지정

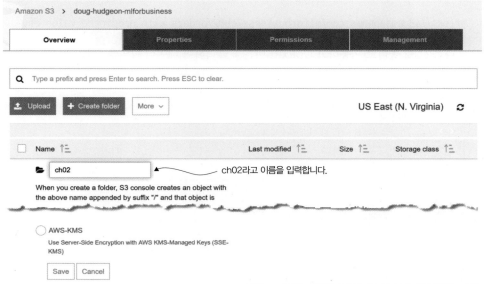

S3 페이지로 돌아오면 방금 만든 버킷에 있고 [그림 B-10]에 표시된 대로 ch02라는 폴더가 있음을 알 수 있습니다.

그림 B-10 새로 생성한 ch02 폴더

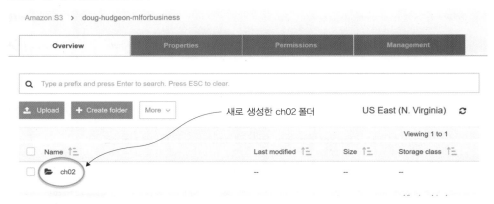

이제 S3 버킷에 폴더가 생성되었으므로 데이터 파일을 업로드하고 세이지메이커에서 예측 모델 설정 작업을 시작할 수 있습니다.

B.3 S3에 파일 업로드

데이터 파일을 업로드하려면 다음 링크에서 데이터 파일을 다운로드하세요.

https://s3.amazonaws.com/mlforbusiness/ch02/orders_with_predicted_value.csv

그런 다음 ch02 폴더로 이동하고 Upload 버튼을 클릭하여 데이터 파일을 ch02 폴더에 업로드하세요(그림 B-11).

그림 B-11 데이터를 S3에 업로드

파일을 업로드하면 S3에 표시됩니다(그림 B-12).

그림 B-12 S3의 데이터셋 목록

부록 C에서는 AWS의 세이지메이커를 설정하는 방법을 배웁니다.

AWS 세이지메이커를 설정하고
머신러닝 시스템 빌드하기

세이지메이커는 아마존의 머신러닝 모델을 빌드하고 배포하는 환경입니다. 우선 어떤 기능이 있는지 알아보겠습니다. 세이지메이커는 혁신적인 서비스라고 말할 수 있으며 그 이유는 다음과 같습니다.

- 개인 컴퓨터에서 개발 환경을 구축할 필요 없이 클라우드 환경에서 개발 환경을 구성할 수 있습니다.
- 사용자의 데이터에 세이지메이커에 미리 준비된 머신러닝 모델을 사용할 수 있습니다.
- 머신러닝 모델의 정확도를 검증하기 위한 기능이 있습니다.
- 머신러닝 모델의 호스팅이 가능합니다.
- 새로운 데이터를 입력하고 예측을 반환해주는 엔드포인트를 자동으로 설정합니다.

C.1 설정하기

시작하기에 앞서 독자 여러분이 사용할 세이지메이커가 제공하는 AWS의 서비스 리전을 선택합니다. [그림 C-1]은 세이지메이커 서비스를 배포할 AWS 리전을 선택하는 드롭다운 메뉴입니다. 여기서 리전을 US East (N. Virginia)로 설정합니다.

그림 C-1 세이지메이커를 배포할 리전을 US East로 선택

❶ AWS의 오른쪽 상단 메뉴에서 현재 설정되어 있는 리전을 선택합니다.

❷ 리전을 US East (N. Virginia)로 선택합니다.

세이지메이커 인터페이스에는 다음 4가지 주요 기능이 있습니다.

- **Dashboard**: 세이지메이커의 기능과 최근 활동 내역을 확인할 수 있는 대시보드입니다.
- **Notebook instances**: 노트북을 호스팅해주는 AWS의 EC2 서버입니다.
- **Models**: 사용자가 주피터 노트북으로 생성한 머신러닝 모델 목록입니다.
- **Endpoints**: 다른 서비스 또는 사용자가 접근할 수 있도록 머신러닝 모델을 호스팅하고 예측 서비스를 하는 EC2 서버입니다.

이제 세이지메이커를 설정해서 데이터 작업을 할 수 있습니다. 이에 대해서는 다음 절에서 알아보겠습니다. 그 후 세이지메이커의 사용 방법과 2장에서 다룰 파일을 어떻게 업로드하는지 알아볼 것입니다. 또한 이 파일에 접근하는 방법을 알아보겠습니다.

C.2 Dashboard에서 시작하기

세이지메이커 서비스로 처음 이동하면 Create Notebook Instance라고 표시된 주황색 버튼이 포함된 워크플로를 볼 수 있습니다. 주피터 노트북을 실행할 서버를 설정하려면 이 버튼을 클릭하세요.

C.3 노트북 인스턴스 생성

[그림 C-2]는 노트북 인스턴스를 생성하기 위해 입력해야 하는 입력창입니다.

그림 C-2 새 노트북 인스턴스를 생성하기 위해 입력창에 노트북 인스턴스 이름, 인스턴스 타입, IAM 역할 정보 설정

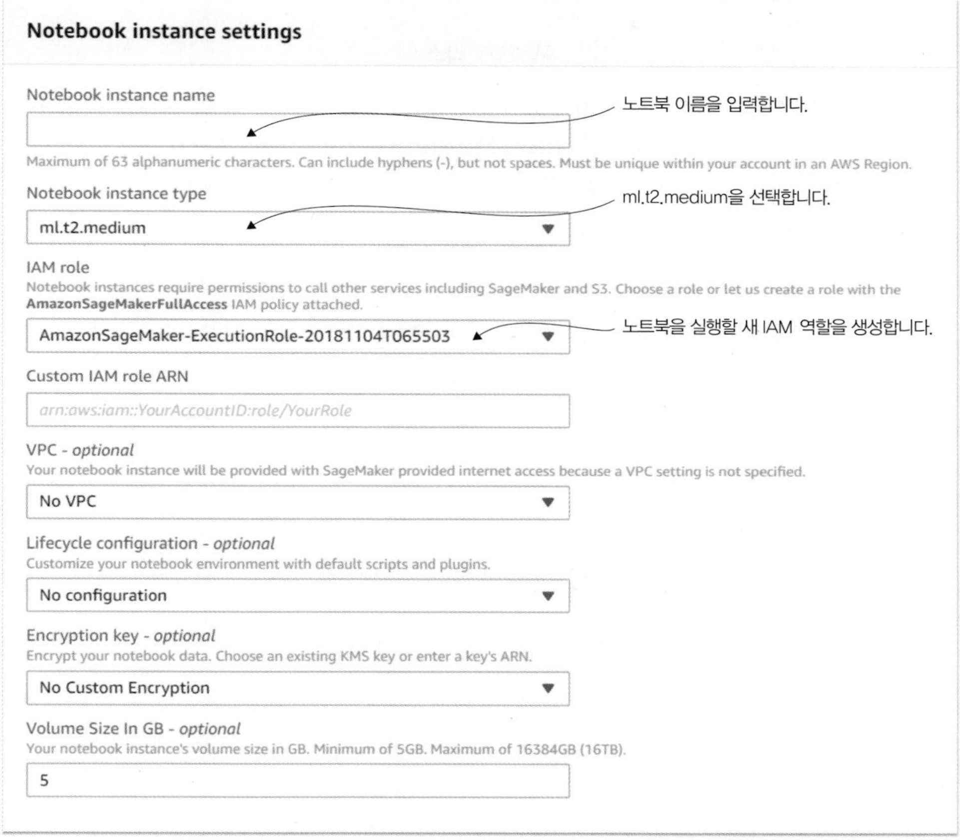

첫 번째 입력창에서는 노트북 인스턴스의 이름을 정합니다. 이 책 전체를 진행하면서 같은 노트북 이름을 사용할 것입니다. 노트북 이름을 mlforbusiness로 입력합니다.

두 번째 입력창에서는 노트북 인스턴스의 타입(주피터 노트북을 사용할 AWS 서버)을 정합니다. 이는 노트북이 사용할 서버의 사양을 정하는 것입니다. 이 책의 노트북 예제에서는 중간 사양의 서버만 사용해도 충분하므로 ml.t2.medium을 선택합니다.

세 번째 입력창에서는 IAM 역할을 정합니다. 노트북 인스턴스를 실행할 IAM 역할을 새로 생성하는 것이 가장 좋습니다. Create New Role을 클릭합니다. 그리고 사용자가 생성한 모든 S3 버킷에 접근 가능하도록 Any S3 bucket 옵션을 선택하고 Create Role을 클릭합니다. 그 후에 나오는 설정은 기본 설정 그대로 사용합니다.

AWS와 리소스

AWS 서버는 다양한 사양으로 제공됩니다. 무료로 제공하는(12개월 후 유료로 넘어가는) 리소스를 초과해서 사용하면 AWS는 사용하는 컴퓨터 자원(AWS 서버 포함)에 대해 비용을 청구하는데, 다행스럽게도 초당 사용 비용을 청구합니다. 해당 머신러닝 작업에 필요한 가장 최소 사양의 서버를 선택해서 사용하기 바랍니다.

이 책에 나오는 예제를 실행할 때는 ml.t2.medium만으로 충분합니다. 이 책을 쓰고 있던 시점의 사용 비용은 시간당 0.05달러였습니다. 다음 링크에서 현재 시간당 비용을 확인할 수 있습니다.

https://aws.amazon.com/ec2/pricing/on-demand

C.4 노트북 인스턴스 시작

이제 노트북 인스턴스 리스트에서 우리가 생성한 노트북 인스턴스를 볼 수 있습니다. 노트북 인스턴스를 생성하면 상태가 진행중^{Pending}이라고 나오며, 세이지메이커가 주피터 노트북용 EC2 서버를 생성하는 데 약 5분 정도 소요됩니다. AWS로부터 예기치 않은 요금이 청구되는 것을 막으려면 서버 생성 작업이 완료된 후 현재 화면에서 EC2 서버가 사용 대기 중(혹은 사용 중)일 때 'Actions → Stop'을 클릭하여 노트북 인스턴스를 중지시켜야 합니다.

'Actions' 메뉴 하단에 'Open' 메뉴가 보이면 클릭하여 노트북 인스턴스를 엽니다. 그러면 주피터 노트북이 웹 브라우저의 새 탭에 생성될 것입니다. 이제 몇 번의 클릭으로 여러분의 머신러닝 모델을 만들 수 있습니다.

C.5 노트북 인스턴스에 노트북 파일 업로드하기

노트북 인스턴스가 시작되면 폴더 몇 개를 볼 수 있습니다. 이 폴더들은 세이지메이커 모델을 포함하고 있지만 지금은 이 파일들을 살펴보지 않겠습니다. 대신 [그림 C-3]에 나온 것처럼 이 책에서 사용할 코드를 저장할 새 폴더를 생성할 겁니다. 'New → Folder'를 클릭하면 새 폴더가 생성됩니다.

그림 C-3 세이지메이커 인스턴스에서 사용할 수 있는 노트북 리스트

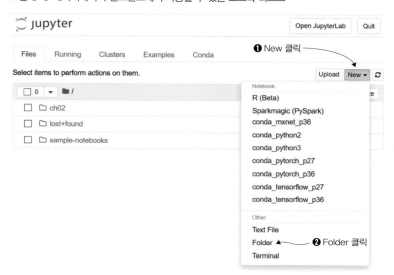

새로 생성된 폴더 옆에 있는 체크박스를 클릭하면 상단에 Rename 버튼이 나타납니다. Rename 버튼을 클릭하고 폴더 이름을 ch02로 변경합니다. ch02 폴더를 클릭해보면 비어 있는 상태를 확인할 수 있습니다. [그림 C-4]는 새로 생성된 폴더의 내부를 보여줍니다. 독자 여러분이 사용할 데이터셋을 CSV 파일로 S3에 미리 준비했던 것처럼 주피터 노트북 파일도 미리 준비해두었습니다. 다음 링크에서 사용할 노트북 파일을 다운로드할 수 있습니다.

    https://s3.amazonaws.com/mlforbusiness/ch02/tech_approval_required.ipynb

그림 C-4 새로 생성된 폴더 리스트와 Upload 버튼

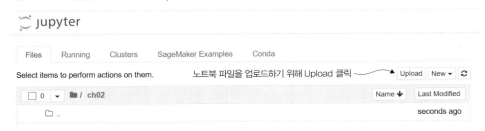

Upload를 클릭해서 앞서 다운로드한 주피터 노트북 파일인 tech-approval-required.ipynb 를 ch02 폴더에 업로드합니다. 업로드가 끝나면 ch02 폴더에서 방금 업로드한 파일을 볼 수 있 습니다. [그림 C-5]는 파일이 업로드된 상태를 보여줍니다. 이제 노트북 파일 tech-approval-required.ipynb를 클릭해서 열어봅시다.

그림 C-5 노트북 리스트: tech-approval-required.ipynb

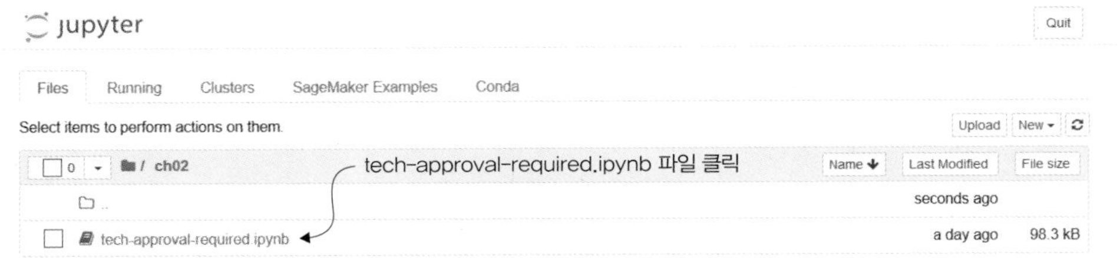

C.6 노트북 파일 실행

노트북 파일을 실행할 때는 한 셀의 코드를 실행하거나 여러 셀의 코드를 한 번에 실행할 수 있 습니다. 한 셀의 코드만 실행하려면 해당 셀을 클릭하고 Ctrl+Enter를 누릅니다. 셀의 코드를 실 행하면 셀 앞에 별표(*)가 표시됩니다. 이는 해당 셀의 코드가 실행 중이라는 뜻입니다. 만약 이 별표가 숫자로 바뀌면 그 셀에 들어 있는 코드의 실행이 끝났다는 뜻입니다(숫자는 노트북을 실행한 후 셀이 몇 번째로 실행되었는지 순번을 표시합니다).

여러 셀의 코드를 실행하려면(혹은 전체 코드를 실행하려면) 상단 메뉴에서 'Cell → Run All' 을 클릭합니다.

이제 준비가 다되었습니다. 2장의 시나리오를 진행하면서 머신러닝 애플리케이션을 만들어보는 여정을 떠날 수 있습니다.

리소스 삭제 및 중지

세이지메이커에 익숙해지는 마지막 단계는 생성한 엔드포인트를 삭제하고 노트북 인스턴스를 중지하는 것입니다. 그렇지 않으면 AWS는 노트북 인스턴스와 엔드포인트에 대해 시간당 몇 센트를 계속 청구합니다. 이 절에서는 다음 두 과정을 설명합니다.

- 엔드포인트를 삭제합니다.
- 노트북 인스턴스를 중지합니다.

D.1 엔드포인트 삭제

엔드포인트 사용 요금이 부과되지 않도록 하려면 엔드포인트를 삭제해야 합니다. 작업을 잃어버리지 않을까 걱정할 필요 없습니다. 노트북을 다시 실행하면 엔드포인트가 자동으로 다시 생성됩니다.

엔드포인트를 삭제하려면 다음 [그림 D-1]과 같이 세이지메이커 서비스 화면 왼쪽 메뉴에서 'Endpoints'를 클릭합니다. [그림 D-1]은 Inferences 하위 메뉴의 Endpoints 항목을 보여줍니다.

그림 D-1 Endpoints 메뉴 항목

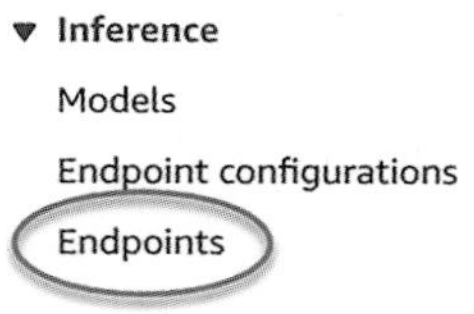

▼ Inference

    Models

    Endpoint configurations

    Endpoints

[그림 D-2]는 현재 사용 중인 엔드포인트의 목록을 보여줍니다. 사용하지 않는 엔드포인트에 대해 비용을 지불하지 않으려면 해당 엔드포인트를 삭제해야 합니다(엔드포인트는 생성하기 쉽기 때문에 단 몇 시간 동안 사용하지 않을 때도 삭제하면 비용을 절약할 수 있습니다).

그림 D-2 활성화된 엔드포인트 목록 표시

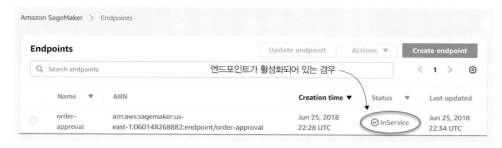

엔드포인트를 삭제하려면 [그림 D-3]과 같이 Name 항목의 order-approval 이름 왼쪽에 있는 라디오 버튼을 클릭하고 'Actions → Delete'를 클릭합니다.

그림 D-3 Delete를 크릭하여 엔드포인트 삭제

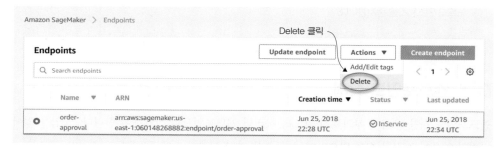

엔드포인트를 삭제했으므로 이제 더 이상 AWS 요금이 발생하지 않습니다. [그림 D-4]와 같이 엔드포인트 페이지에 'There are currently no resources'라는 메시지가 나오면 모든 엔드포인트를 삭제한 것입니다.

그림 D-4 모든 엔드포인트가 삭제되었는지 확인

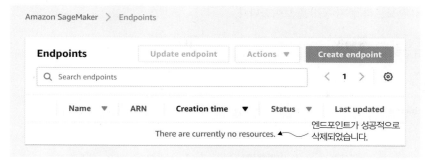

D.2 노트북 인스턴스 중지

마지막으로 해야 할 작업은 노트북 인스턴스를 중지하는 것입니다. 엔드포인트와 달리 노트북은 삭제할 필요가 없습니다(오히려 삭제하지 않는 것이 좋습니다. 삭제할 경우 지금까지 작성한 코드가 함께 삭제됩니다). 사용을 중지하면 나중에 다시 시작할 수 있고, 이전에 작성한 모든 코드를 사용할 수 있습니다.

노트북을 중지하려면 세이지메이커가 열려 있는 브라우저 탭으로 돌아갑니다. [그림 D-5]와 같이 세이지메이커 서비스 화면 왼쪽 메뉴에서 'Notebook instances'를 클릭하여 사용 중인 노트북 인스턴스를 조회할 수 있습니다.

그림 D-5 세이지메이커 왼쪽 메뉴에서 'Notebook instances' 클릭

노트북을 중지하려면 Stop 링크를 클릭합니다. 세이지메이커가 중지되는 데 몇 분 정도 걸립니다. [그림 D-6]은 노트북 중지 동작을 보여줍니다.

그림 D-6 Stop을 클릭하여 노트북 종료

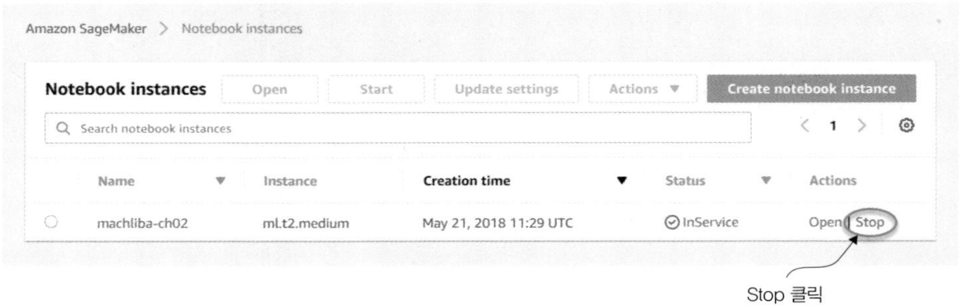

Stop 클릭

노트북이 중지되었는지 여부는 세이지메이커 서비스 화면의 Status(상태)에서 확인할 수 있는데, Status가 Stopped로 표기되어 있으면 중지된 것입니다(그림 D-7).

그림 D-7 노트북 인스턴스가 중지되었는지 확인

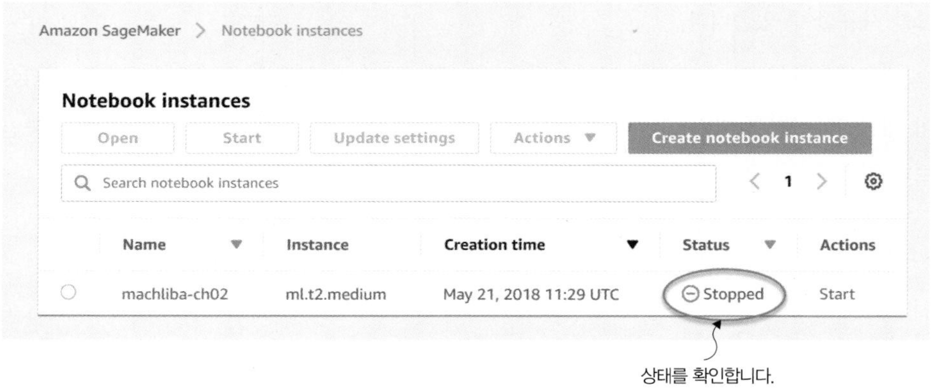

상태를 확인합니다.

축하합니다. 세이지메이커 노트북 인스턴스 중지 및 엔드포인트 삭제를 성공적으로 수행했습니다. 이렇게 하면 불필요한 비용이 발생하는 것을 방지할 수 있습니다.

파이썬 설치

파이썬을 컴퓨터에 설치하는 작업은 쉽고 간편합니다. 윈도우를 사용하는 경우 다음 링크의 Windows Store에서 직접 설치할 수 있습니다.

```
https://www.microsoft.com/ko-KR/p/python-37/9nj46sx7x90p
```

이 책의 예제를 수행하기 위해서는 기본 설정값으로 설치하면 됩니다.

맥OS 또는 리눅스 시스템을 사용하는 경우 이미 파이썬이 설치되어 있을 수 있지만 버전이 3.x가 아닌 2.7일 수 있습니다. 최신 버전을 설치하려면 다음 링크에서 파이썬 최신 버전을 다운로드하여 설치하기 바랍니다.

```
https://www.python.org/downloads
```

웹사이트에는 필요한 OS 환경에 맞게 자동으로 파이썬 다운로드 버튼이 표시됩니다. 웹 페이지에서 OS를 자동으로 확인하지 못하는 경우 페이지 하단에서 자신의 OS에 맞는 올바른 파이썬 설치 패키지를 확인하기 바랍니다. 다시 한번 말하지만 이 책의 8장 예제를 수행하기 위해서는 파이썬을 기본 설정값으로 설치한 후 8장으로 돌아가기 바랍니다.

INDEX

INDEX

INDEX